U0063563

江南古鎮

费孝通

江南古鎮

阮儀三 主編

三聯書店（香港）有限公司

《江南古鎮》

主編

阮儀三

撰文

阮儀三　　邵　甬

攝影

金寶源　　爾冬強

書名題簽

費孝通

責任編輯

張錫昌　　朱憶雯

沈怡菁

裝幀設計

洪清淇

書名

江南古鎮

聯合出版

三聯書店 (香港) 有限公司

香港域多利皇后街九號

上海畫報出版社

上海長樂路672弄33號

發行

三聯書店 (香港) 有限公司

香港域多利皇后街九號

JOINT PUBLISHING (H.K.) CO., LTD.

9 Queen Victoria Street, Hong Kong.

製版

友誼分色公司

香港鰂魚涌船塢里十號八樓A室

印刷

中華商務彩色印刷有限公司

香港新界大埔汀麗路三十六號

版次

1998年7月第一版第一次印刷

規格

8開 (228×305mm) 296 面

國際書號

ISBN 962.04.1503.5

© 1998 Joint Publishing (H.K.) Co., Ltd.

Published & Printed in Hong Kong.

編者的話

江南古鎮，多麼令人神往的魚米之鄉、文化之府、旅遊之地。

它好似一幅疏密得當、虛實相生、樸實淡雅、氣韻生動、詩情畫意的山水畫長卷，在有限的地域中，使人們領略到無限的空間意蘊和人間樂趣。

這是一本學術性和藝術性相融合的建築類大型畫冊。它所包容的範圍，涵蓋了蘇南和浙北的江南古鎮。

這本畫冊以江南古鎮建築符號的三個層面：圖像、標誌、象徵，為研究視角，以千百年來「天、地、人」的和諧與秩序為核心思想，折射出東方農業文明、經濟技術進步、鄉土建築文化、社會發展文脈等眾生相。

它敘述了江南古鎮的形成、成熟和變遷。從江南古鎮的形態、江南古鎮的街巷、江南古鎮的建築、江南古鎮的保護等四個側面，無論是歷史縱伸感，還是空間的層面感，多方位地向讀者展示了氣勢恢宏的江南古鎮全景圖。

這本畫冊將告訴你：生態、形態和情態在由地理、歷史、自然、社會、文化、習俗等因素所形成的江南古鎮個體環境中，是如何得到有機的統一；聚合感、安全感、歸屬感和親切感是如何通過居住環境與建築構件的和諧協調，而得到充分的體現。

它還向人們提出一個值得思考的問題：江南古鎮如何從「消費傳統」到「生產傳統」，如何創造江南古鎮新的和諧、統一，以尋求生態、形態和情態有機結合的新模式。

願駐足在這本畫冊中的親愛的讀者，都能從中尋找到自己所需要的一份難忘的追憶。

目錄

第一章　導言

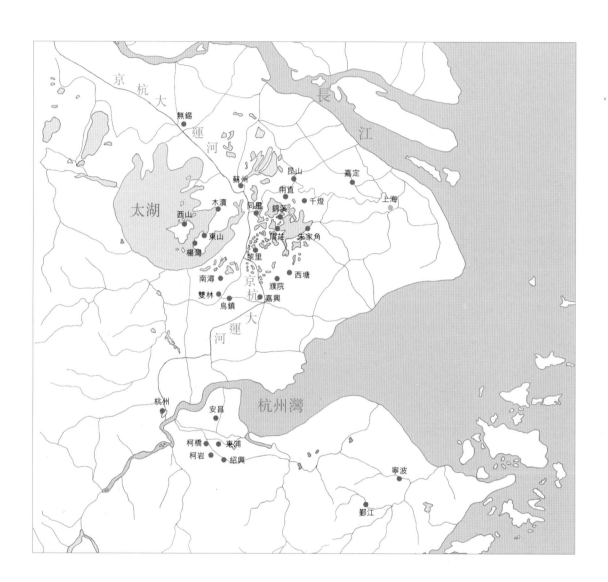

▲本書所調查研究的江
南古鎮位置圖。

江南古鎮研究

「江南好，風景舊曾諳。日出江花紅勝火，春來江水綠如藍。能不憶江南？」江南的自然景色和水鄉風情歷來令人神往。遍佈江南水鄉的大小古鎮，凝聚了江南的自然風光和人文景觀，是江南文明的聚焦點。八年來，我們以江南古鎮為研究課題，進行了實地的考察、測繪、調查，並在此基礎上查閱了各種史籍和資料，試圖對江南水鄉城鎮的形態特色和構成原理，以及中國傳統文化在古鎮中的反映等問題作一次總結。本書的主旨，在於探尋江南城鎮人居環境歷史發展的內在規律，這一研究對於在江南水鄉地區乃至更廣泛的範圍內創造有地方傳統特色的理想的人居環境有着重要的意義。

研究對象和範圍

這裏首先闡述「鎮」和「江南」兩個概念以界定本書的研究對象和範圍。

古代在邊要形勝之地設「鎮」，以駐兵戍守。北魏時設鎮之地有兩類：一類是設於州郡之地，鎮將兼理軍民政務。一類設於州郡治所，鎮將縮軍而刺史、太守管理民政。唐代鎮戍之權轉輕。《新唐書·兵志》：「唐初，兵之戍守者，大曰軍，小曰守捉，曰城，曰鎮。」鎮將只掌防戍守御，品秩與縣令相等。宋初，為了加強中央集權，罷鎮使、鎮將，將其權歸於知縣。宋代以後鎮是指縣以下小商業都市，這個概念一直沿襲至今。鎮往往位於水陸交通匯集之地，一個鎮擔負着周圍鄉村的生產資料和生活用品的供銷任務，除了常設的商店以外，還有這個地區行政管理機構，如鎮政府，以執行賦稅納租，負責一方安全，解決民事糾紛。所以現代意義上的鎮應該追溯到十世紀前後的宋代，是在唐末農村出現的大量草市的基礎上形成的日常交換商品和社交的場所，是介於城市與鄉村之間的自發形成的經濟社會空間，鎮是鄉村都市化的結果，鎮也是商品經濟發展的產物。

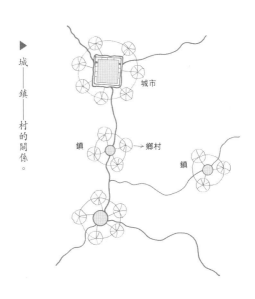

▶ 城──鎮──村的關係。

城市

鎮 →鄉村

鎮

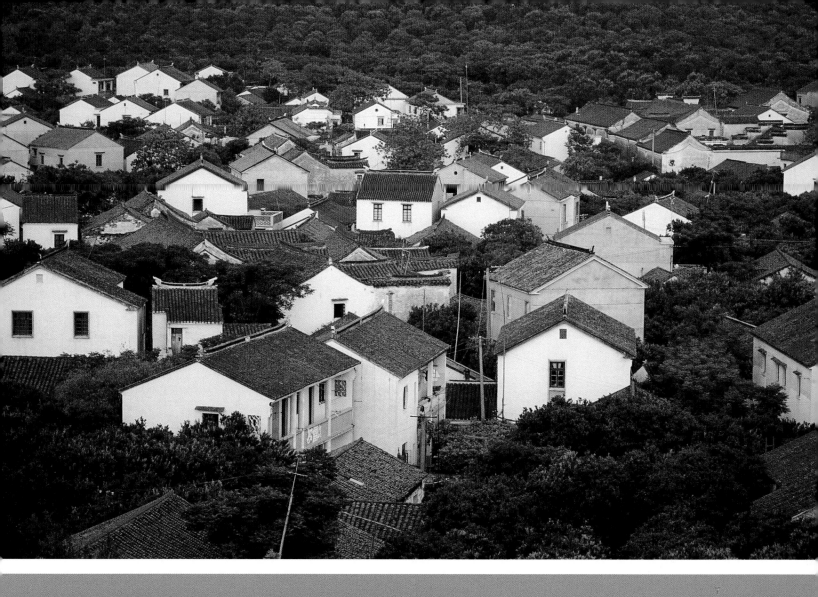
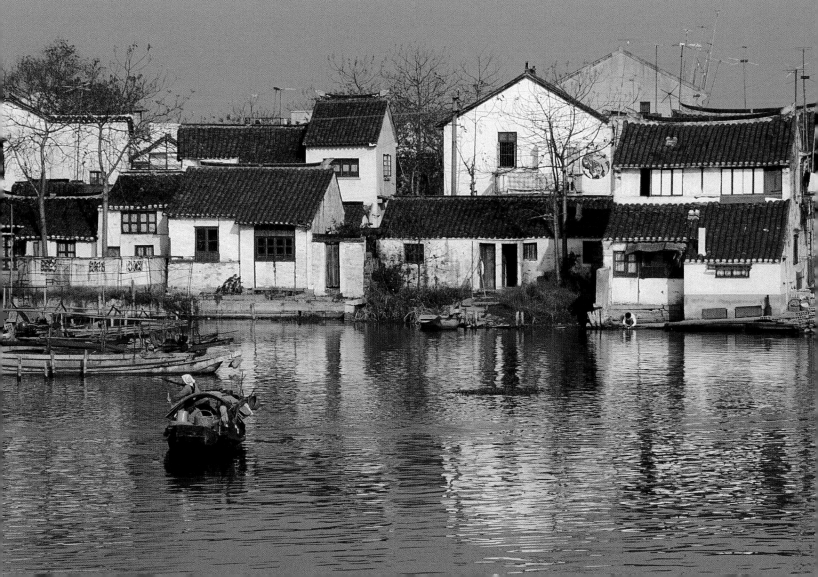

江南，泛指長江以南地區，在古代被稱為「江南」的地區
要比現在大得多，近代專指江蘇省南部和浙江省北部一帶，
即通常所謂的蘇(蘇州)、錫(無錫)、常(常州)地區和杭(杭
州)、嘉(嘉興)、湖(湖州)地區。本書對「江南」的劃定是基
於三個因素：相似的自然環境條件、密切關聯的經濟活動、
同一的文化淵源。大致由太湖平原、杭嘉湖地區和寧紹平原
三部份組成。整個地區處於亞熱帶，地勢平坦，氣候溫潤，
日照充沛，無霜期長，物產豐富，交通便利。由於有長江、
太湖、陽澄湖、以及富春江、曹娥江等密佈的河湖，所以水
源豐富，「小橋、流水、人家」、粉牆黛瓦，便是小鎮的寫照。

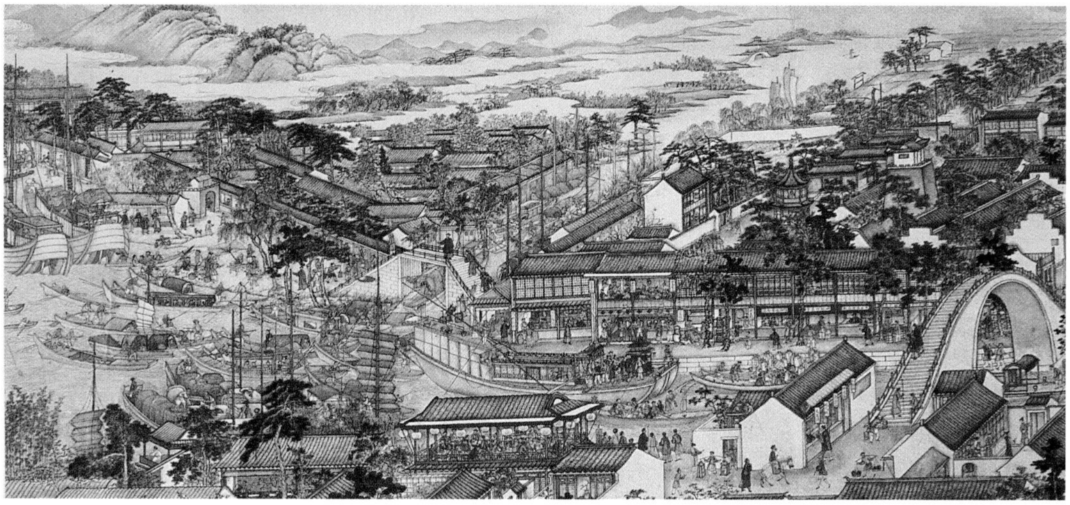

研究內容

本書並不着重於研究江南傳統民居或其他的單體建築，而是研究江南在商品經濟初期這個特定的歷史條件中形成的「鎮」的「聚居」環境，具體內容包括：江南城鎮網絡的形成和發展；與本地特定的自然環境相協調的鎮的格局；富有特色的建築形制。

江南古鎮是商品經濟的產物，鎮的生活圍繞着「市」，因而古鎮的建築類型也染上了商業的特性而頗具特色：廟、寺等宗教場所前的廣場往往作為定期舉行廟會的場所；鎮上繁榮的貿易市場吸引了各地商人來此地開設各種會館；鎮裏相應出現了為「市」服務的娛樂、社交場所——戲台、茶館等；此外，以四鄉農副業為依托，鎮中與之配套的家庭手工業和加工業亦十分發達，鎮上的居民大多是商人、作坊主和手工業者，前店後坊(宅)、上宅下店是江南古鎮很突出的一種建築形制，由店舖的密集而形成了長長的「商業街」，繁榮了鎮的經濟。由於江南河網型的地理環境，河道作為主要的交通紐帶聯繫着鎮與城市、鄉村以及鎮內部的流

圖三

圖一　青山環抱古鎮，素樸雅靜人
　　　家。
圖二　古鎮依水營建。
圖三　古鎮鳥瞰：此為木瀆中市、下
　　　塘一帶鳥瞰圖。沿河街市人群
　　　川流不息，米行、綢莊、銀
　　　樓、雜貨舖等面河而設，酒
　　　樓、飯店、糖果、糕點等店夾
　　　岸遍衢。河道內舟船相接幾無
　　　虛隙。

圖五 ▶
圖六（後頁）▶

通，從而構成了江南古鎮「因水成市，因水成街」的「親水性」的居住環境特色。

研究方法

本書從江南古鎮的歷史背景入手，深刻剖析其在特定的自然、歷史、人文環境下形成及演變的空間形態。古鎮之間的網絡互通關係形成外部空間形態，而古鎮的內部空間形態則指由鎮中的街市、巷和水系統所構成的鎮的骨架，以店舖、民居和公共建築所構成的鎮的主體，以及包容在其中的生活、生產、貿易、社交等活動。

本書截取了明、清這個江南古鎮較為成熟的時間片斷來研究。是由於：現存的古鎮大多保存了明清的風格，而且這個時期正是江南古鎮的鼎盛期，形態完整，可以有較全面的反映，有助於了解古鎮的形成、發展和衰落的縱向歷程。

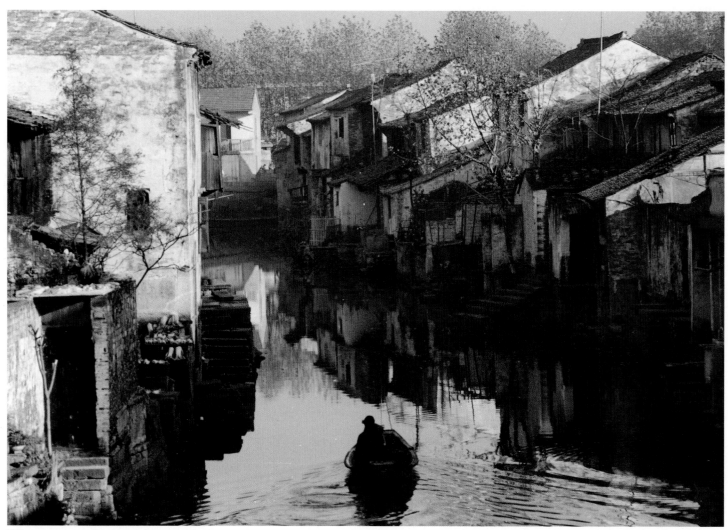

圖四

圖四　因水成街構坊里。
圖五　「小橋、流水、人家」。
圖六　（後頁）遠眺雙林古鎮全貌。

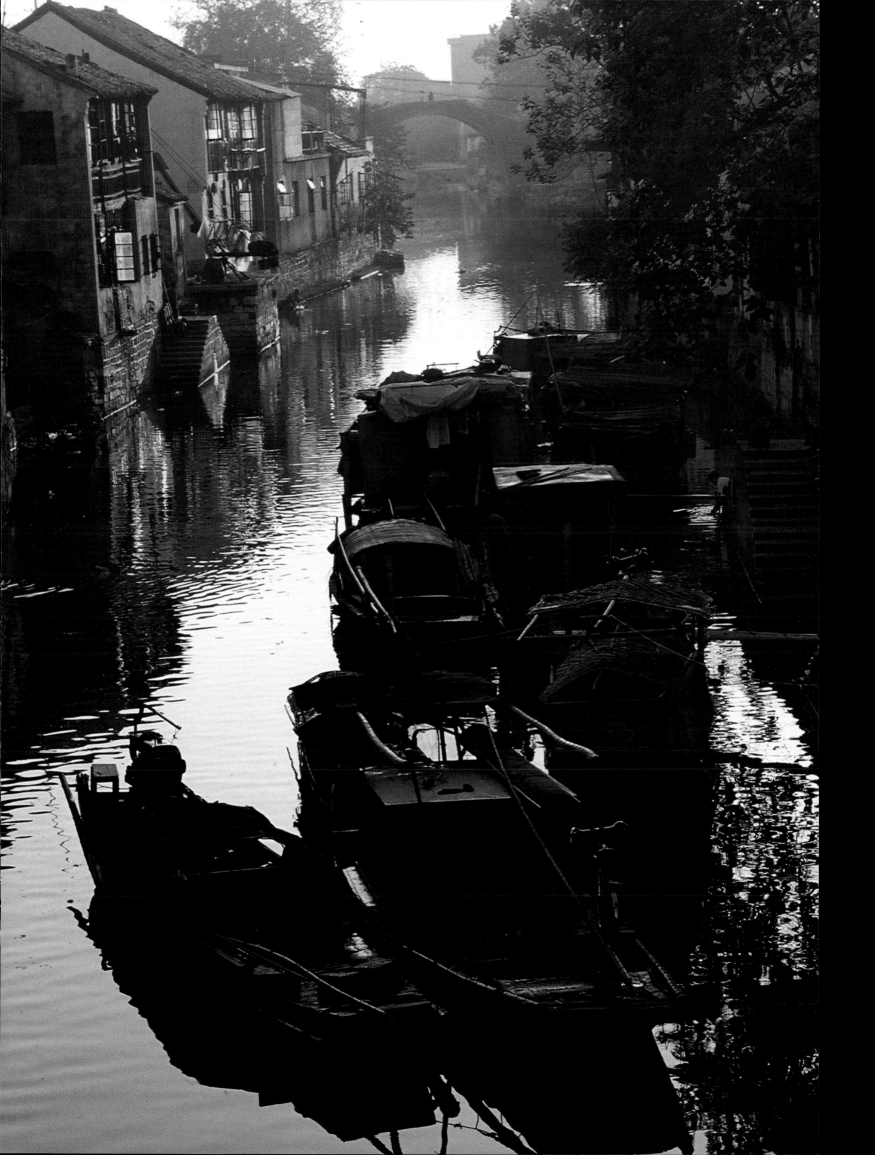

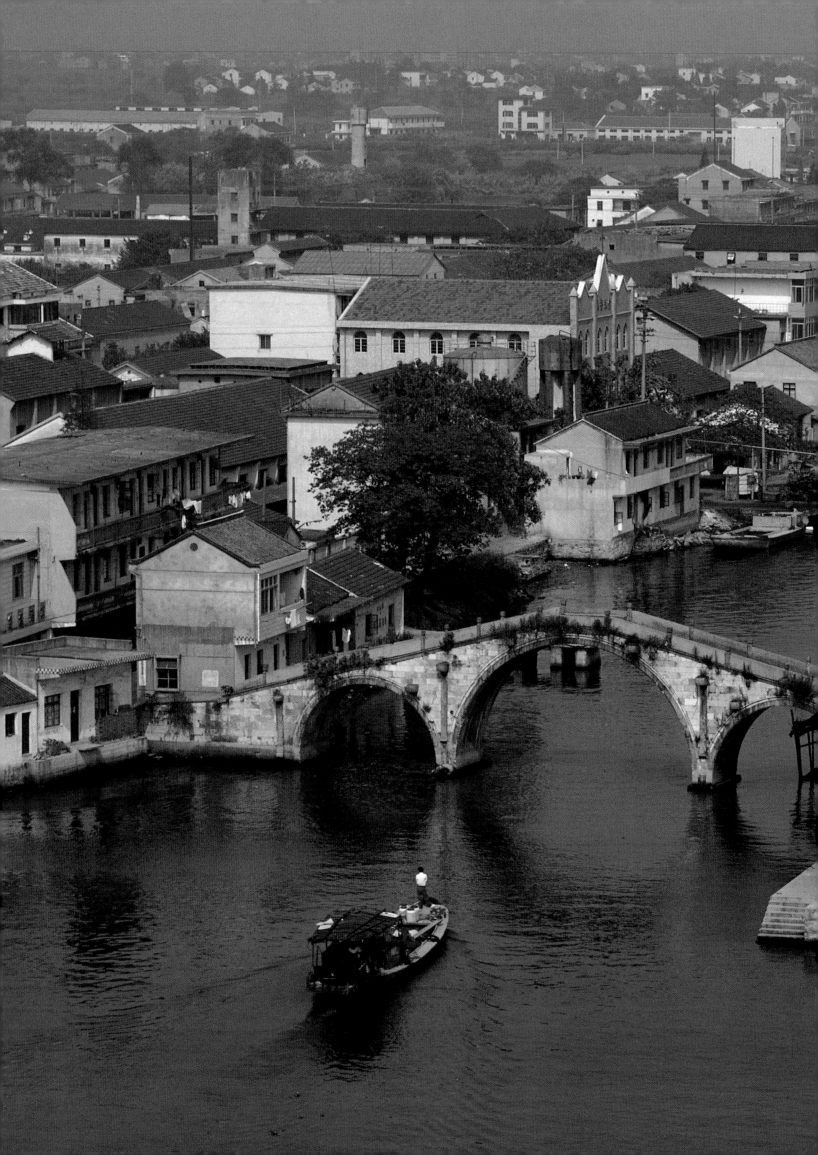

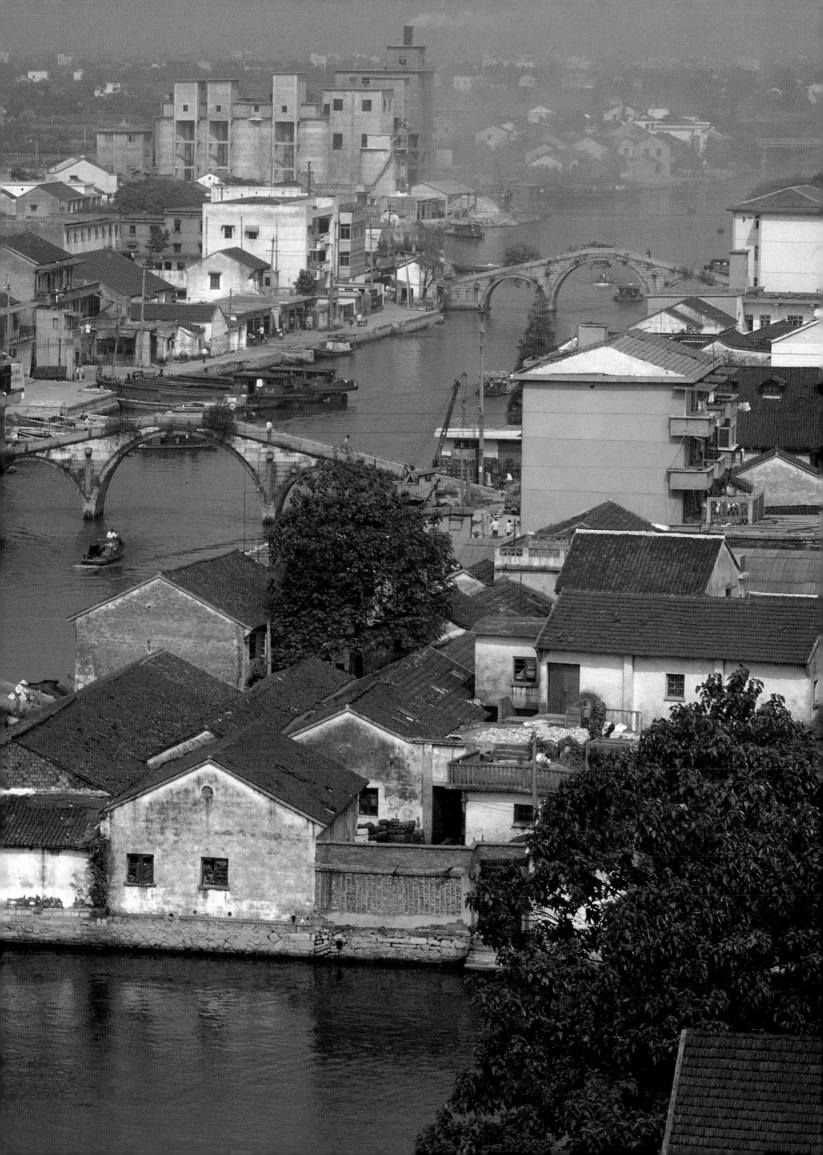

江南古鎮的形成
和發展

江南古鎮是江南經濟、文化發展的產物，它的產生和發展與江南的人文、地理、經濟活動息息相關。

泰、仲奔吳，道啟東南——江南古鎮的人文背景

江南古時為吳越之地，是中華文明的發祥地之一。吳，古稱句（句，古音勾）吳，東瀕大海，西與楚接壤，南到新安江上游，北與南淮、長江相望。在這片廣袤的土地上，生活着今蘇南、皖南、浙北一帶的先民。越亦即于越，古時活動在今浙江北部以及太湖一帶，與吳錯居於太湖東南。吳、越同屬於百越，百越族分佈於我國的東南及南部，「自交趾至會稽七八千里，百越雜處，各有種姓。」（《漢書·地理志》）

據《史記·吳泰伯世家》記載，周王偏愛幼子季歷，泰伯為了成全父親而與其弟仲雍奔吳，（注：「季歷賢，而有聖子昌，太王欲立季歷以及昌。」於是泰伯、仲雍「乃奔荊蠻，文身斷髮，示不可用，以避季歷。」）以「句吳」為號。泰、仲因有謙讓之賢，並尊重當地土著，又攜來先進的中原文化，故使吳人傾心擁戴。「數年之間，民人殷富，教化被於東南」（《吳越春秋·吳泰伯傳》）。今無錫梅里鎮還有泰伯廟和泰伯墓。春秋時，吳人言偃不辭勞苦，跋涉山水，到魯國師從孔子。他刻苦學習，潛心鑽研，終於成為孔子七十二賢人中最優秀的「十哲」之一，他將先進的中原文化帶回江南，「文開吳會」，「道啟東南」，開拓了江南的文化，人稱「南方夫子」，被尊為「言子」。今常熟虞山有言子墓，蘇州干將路遺有言子祠。

于越在百越中發展最早，考古發現早在舊石器時代越的先民已在這裏生活，新石器時代出現了河姆渡文化，遺址中發現了大量的稻作遺存，這是迄今為止我國發現的最早的人工栽培稻，說明古越曾經是稻作物起源的重要發源地之一。從遺址中還發現的大量木椿、木構件中可見當時已有相當高

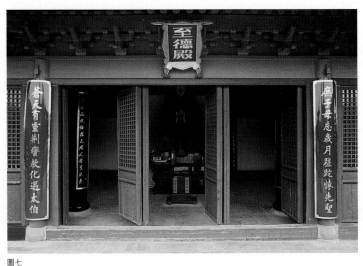

圖七

圖七　泰伯廟：位於江蘇無錫梅里鎮。
圖八　言子墓：在江蘇常熟虞山腳下。

的手工製作技藝，木構的干欄建築和玉質、象牙製成的藝術品顯示了河姆渡人的生活風情和原始的審美要求。河姆渡文化比黃河流域的仰韶文化、半坡文化都早，是中華文明的又一個起源。繼河姆渡文化之後，在杭州灣以北，太湖地區又發現了羅家角文化、馬家浜文化、良渚文化，他們都有內在的承接關係。吳、越的先民們就是在這片土地上步步成長、邁進，形成了江南文化的源頭。

古代人類對於自然環境的依賴性，形成了由自然區域界定的地域文化特徵，相同的地理環境和氣候條件下必然產生相似的物質文化和精神文化。在春秋之前吳越分別為兩個部落，但其相似的地域條件和共同的語言，即所謂「同音共律」、「同俗共土」，（《越絕書·紀策考》、《記范伯》）而被視為同一民族。如：「斷髮紋身」、「同川共浴」，「吳粵（越）之群皆好勇，故其民至今好用劍，輕死而易發。」（《漢書·地理志》）等等均為吳、越民族的習俗和性格特徵。吳越之地氣候暖濕，土地肥沃、河網縱橫，雨量充沛，以稻米為主食，輔以水產。杭嘉湖平原、寧紹平原在春秋時已有「穀倉」之稱。《吳越春秋·勾踐陰謀外傳》：「十年不收於國，而民有三年之食。」「在南之人食水產，食水產者，魚、鱉、螺、蚌以為珍味，不覺其腥臊也。」（《博物志》）水網的地形特徵使

吳越的水運特別發達，以舟代步也就是很自然的事。（注：「越人之性以船為車、以楫為馬」《越絕書·記地傳》）吳越先民為了通風、防潮、透氣，而採用了干欄式居住建築形制，也反映出中國古代「南人巢居，北溯穴居」的居住建築形態上的南北之別。

泰、仲奔吳，為吳帶來了先進的中原文化，包括周人的政治管理制度、貨幣制度和先進的鑄造技術等等。同時也表現出吳地善於接受外來文化的開放性，這也是它日後興旺的主要內因之一。越國在勾踐之前與中原的聯繫比較少，實力遜於吳和楚，勾踐會稽大敗後，臥薪嘗膽，重用四方賢良，壯大國力，最終打敗吳國而稱霸一方。以後楚又滅越，吳越文化與楚文化交融。秦始皇統一中國之後，在古越之地設會稽郡，這樣吳越文化漸漸融匯到了中原文化之中。

浩蕩長江水，悠悠古運河──江南古鎮的地理之便

古代的交通和物資交流，在陸路主要靠步行、車馬和馱畜，水路則靠船，而船的載重量大且最宜於遠程運輸，因而水運是重要的運輸方式，尤其是在自然河道發達的江

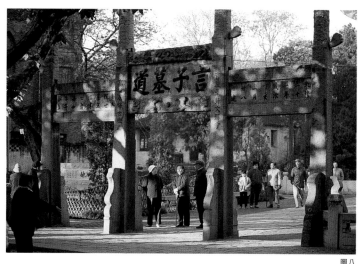

圖八

南地區。中國的大江大河都是由西向東的，南北之間沒有直接的水路交通，所以興修人工運河以方便南北船運為歷代所重視。最早的運河開鑿是在吳國，且是出於軍事目的。吳國據太湖一帶，國力強盛時，吳君闔閭、夫差為圖霸業，命大臣伍子胥開鑿了由太湖向西直達長江的「胥溪」(注：吳國分別於周敬王十四年即公元前５０６年和公元前495年、公元前486年開鑿胥溪，長一百餘公里，是中國也是世界上最早的運河)、向東達海口的運河「胥浦」，以後又北引長江水入淮水的運河「邗溝」(注：夫差於周敬王三十四年下令在長江北岸築邗城，即今揚州以北，作為討伐齊國的據點，自邗城向北鑿運河，故名「邗溝」，它是中國大運河最早的一段。)，從而分別沿這三條運河向楚國、越國和齊國進攻，獲得了勝利。隋朝統一後，中原地區作為政治、軍事中心，其物資財力已不敷需求，因此隋煬帝為了穩固政權、調運南方物資北上，於登基後的第二年(公元６０５年)，不惜動用空前巨大的人力、物力，修建了自北向南長達2700公里的南北交通大動脈——大運河，第一次溝通了海河、黃河、淮河、長江、錢塘江五大水系，運河開始成為中國南北物資和文化交流的紐帶。運河的開鑿使南北物資運輸得以暢通無阻，同時北方先進的生產技術也緩緩地沿着運河之水傳到了南方，先進的耕作經驗和轅犁、蔚犁等生產工具隨着南下的流民在此地推廣。勤勞的江南人民在這塊河道縱橫、雨量豐盛的土地上廣修塘堰、海塘、閘壩，興修水利用以治水和灌溉。唐中葉以後，北方連年兵火，南方相對穩定。這時，政府的財賦和糧食供應主要「仰於東南」。(《新唐書》卷165《權德輿傳》)「地廣野豐，民勤本業，一歲或稔，則數郡忘飢。」(《宋書》卷５４)到了十三世紀，元世祖忽必烈定都大都(今北京)，政治中心北移，為連接北方政治、軍事中心與南方江淮富庶地區，元朝再次大規模開鑿運河，以大都為中心，南下直達杭州的京杭大運河，即今天中國大運河的基本路線。

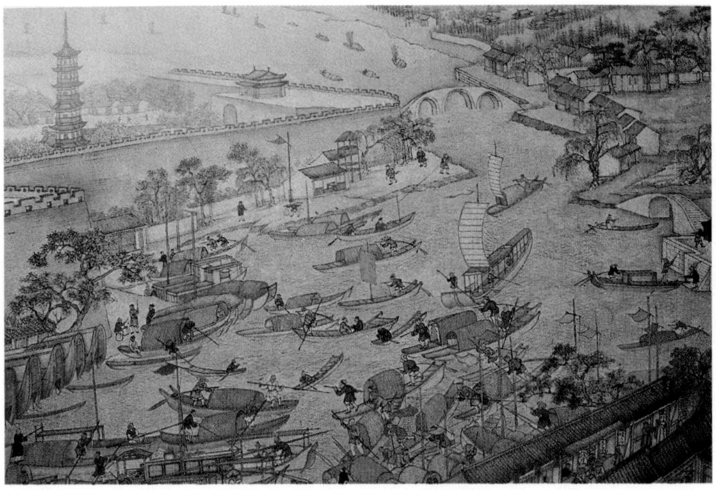

圖九

圖九　運河舟楫：蘇州胥門外運河上舟船雲集，百舸爭流，這裏不僅有來自郊縣的農船，尤多往來南北的大型貨船，以及游艇、畫舫和裝飾華麗的官船，加以擺渡和兜售食品的小船穿梭其間，篙動櫓搖，滿河帆檣。

江南以太湖為腹心，運河為通道，長江為走廊，大海為依托，在河網密佈的沃土上編織了一條條永不停息的運輸線，構成了吳越人民的生命線。長江流域後來居上，宋以後成為人口最稠密、經濟最發達的地區。

魚米豐足時，聚散兩依依
——江南古鎮的形成和發展

發達的自然水網、人工水網和成熟的農業經濟，為江南古鎮的形成奠定了重要的基礎。江南古鎮主要有兩個源頭：一是從唐開始，歷朝在交通要道和沿海要塞置鎮，作為軍事和行政建置，往往築有城垣作為防衛之需；一是在自發形成的草市基礎上發展起來的商業性城鎮。這兩種鎮的形成都因其地處交通要衝，而方便管理和物資的交流。鎮既是周圍農村四鄉物資的交易中心，又有便利的交通聯繫大城市，起到「集」和「散」的中轉站的作用。

從草市發展到鎮是一個漫長的過程，據《風俗通》記載：「市，恃也。言交易而

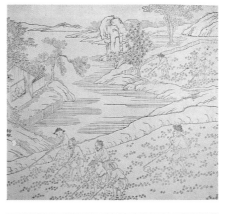

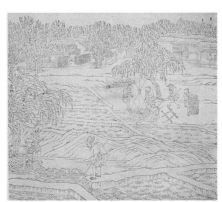

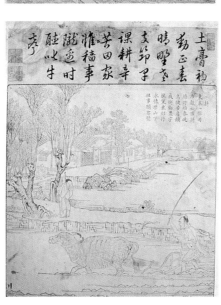

退，恃以不匱也。古者日中為市，致民而聚貨，以其所有者，易其所無者。」在自給自足的小農經濟時代，無論城市中的市，還是介於城市與鄉村之間交通要道上的市，都只是「朝則滿，夕則虛」（《戰國策‧齊策》）的草市，在市上沒有形成擁有常住人口的規模。在城市裏市是有規劃的固定區域，並設有令署，「以察商賈貨財買賣貿易之事，三輔都尉掌之」。（《三輔黃圖》卷二《長安九市》）而在地處交通要衝的城鄉間的交易市，隨着農業經濟日漸成熟、發達，宋以後集市密度加大，貿易日益興旺、頻繁。從十日一集，五日一集，三日一集的定期集市，發展成為日日集，市中出現了加工業、手工業固定的商店和定居人口，漸成鎮的格局，其中江南是集鎮發展最快的地區。

江南歷來主要是生產糧食的農業區域，宋王朝南遷以後（公元1127年），這裏成為全國經濟發展水平最高的地區。明代朱元璋下令：「民有田五至十畝者，栽桑、麻、木棉各半畝，十畝以上倍之。

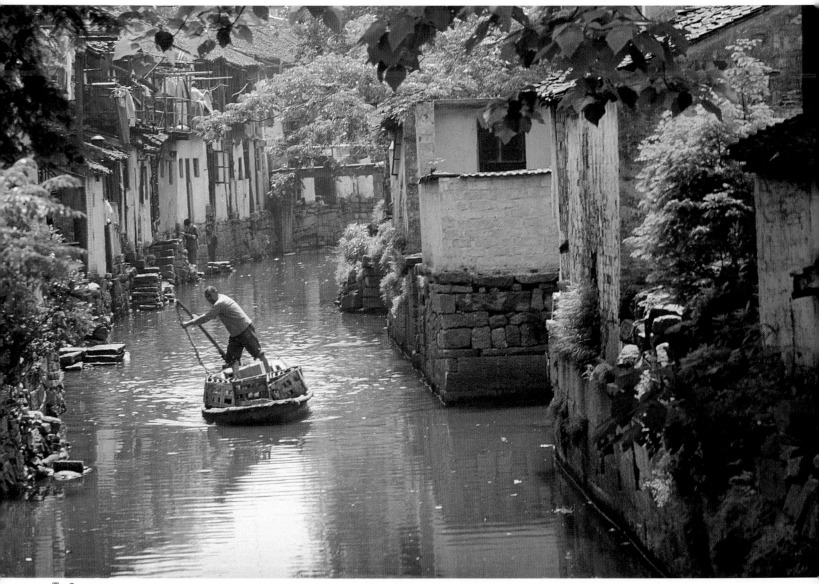

圖一〇

圖一〇　水巷行舟。
圖一一　因水成市匯舟航。

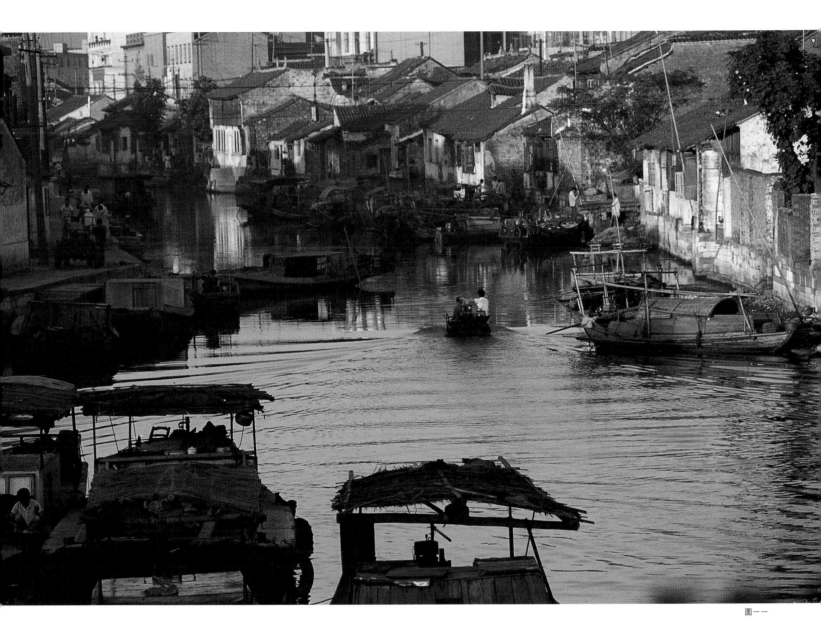

圖一二　紹興古縴道：位於浙東運河
　　　　紹興段的古縴道，西起錢清
　　　　江，途經湖埔、阮社、柯
　　　　橋、東湖、皋埠、陶堰、東
　　　　關等集鎮，東至曹娥江，全
　　　　長75公里。現存青石古縴道
　　　　橋是明弘治年間，山陰知縣
　　　　李良為防驟雨和洪水而改用
　　　　大青石鋪就的。縴道貼水而
　　　　過，上可行人背縴，遇風浪
　　　　時又可作中流砥柱，在延伸
　　　　中不時會出現一座座橫跨運
　　　　河的石拱橋，但見橋上行
　　　　人，橋下背縴，舟行畫裏，
　　　　人在鏡中。

圖一三　太湖漁風。

圖一二

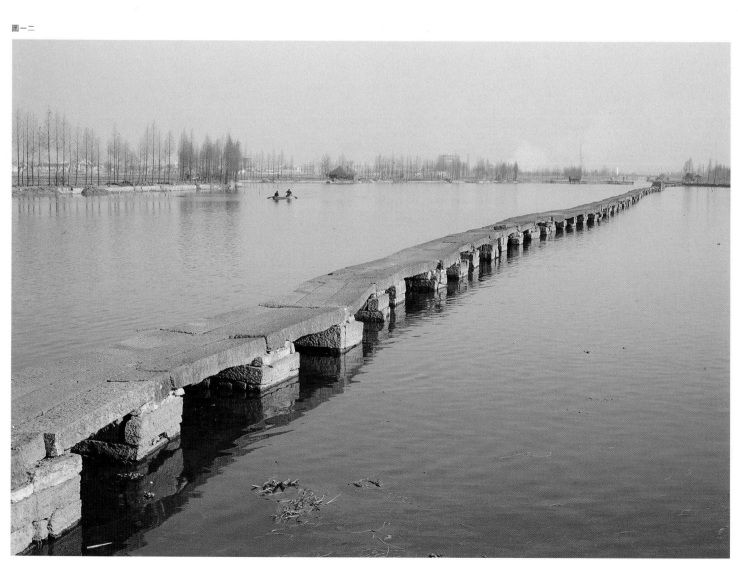

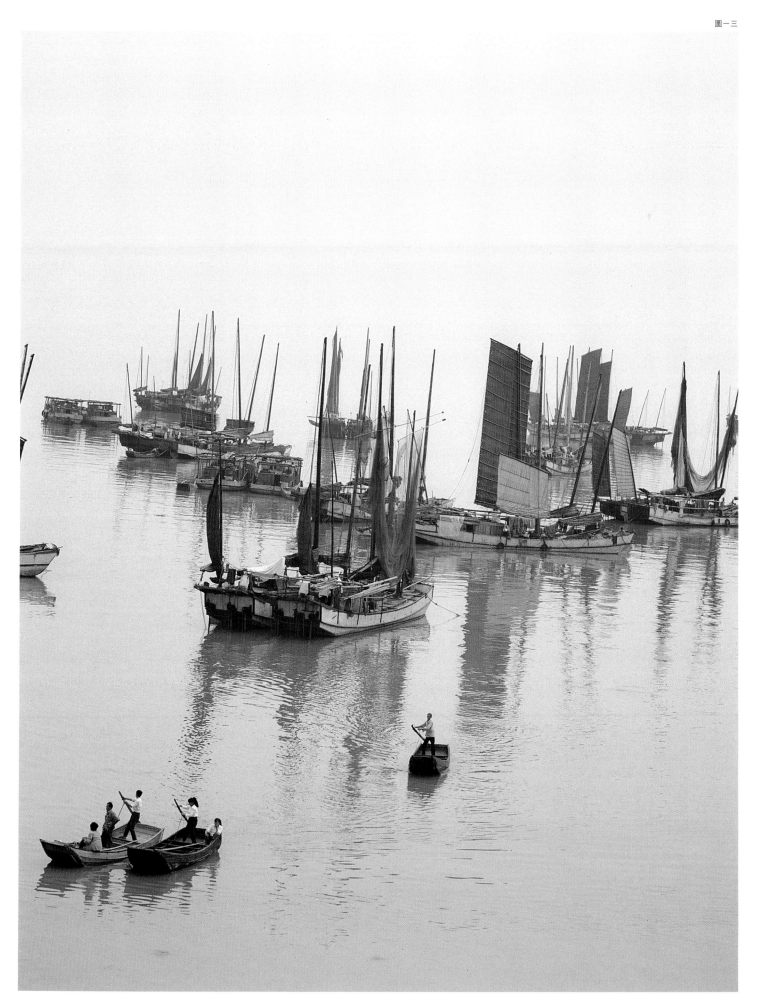

不種桑，罰每年出絹一匹，不種麻及木棉，罰出麻布、棉布各一匹。」(《明太祖實錄》卷１５)這個強制性的規定對經濟作物的推廣起到了相當重要的作用。江南地區改變了以糧食為主體的傳統農業結構，「寸土之堤，必樹之桑」。(乾隆《湖州府志》)植桑養蠶種棉，不僅為手工業提供了原料，而且使紡織成為普遍的家庭副業。「無尺地之不桑，無匹婦之不蠶」。(宋雷《西吳里語》卷４)就這樣，伴隨着這一經濟區內農家經營的商品化趨勢，絲綢和棉布的生產和交易的市場也大量的興起和發展，此時市的商品交換已不僅僅是為補充自然經濟及作為生產與消費間的橋樑，而是把原料產地和生產中心聯繫起來。如：湖州桑、蠶、水質皆好，其民善繅絲，是生絲的主要產地，各地絲商聚於雙林鎮，(注：「吳絲衣天下，聚於雙林，吳、越、番到於海島，皆來市焉。」唐甄《潛書》下篇《蠶教》)分送至盛產絲綢的蘇州、杭州等地。江南地區大體上形成了棉布業和絲綢業兩大類型

的市鎮系統，星羅棋佈的市鎮互相聯繫，結成一個市鎮網絡溝通全國各地的市場。可以說，市鎮網絡和專業化分工的形成是江南古鎮成熟的標誌。

江南的小城鎮在明清時期大體上形成了現在這樣的格局。蘇、松、常、杭、嘉、湖地區常五府或七府連稱，已初露經濟網絡實體的端倪，是一個有着內在的經濟聯繫和共同特點的經濟區，也就是當今以上海為中心的長江三角洲經濟區的雛形。這幾個府中又以蘇、杭為中心，在城鎮體系上形成了都會、府城、縣城、鎮、村等多層次結構的經濟網。

從全國範圍來講，明清時期江南地區市鎮發展最為迅速，分佈密度也最大，如蘇州府所屬有３７個鎮，到了清代(1644年)就增加到67個鎮。號稱「蘇湖熟，天下足」。(《渭南文集》卷二十《常州奔牛記》：「而嚅中為東南根柢，語曰：蘇湖熟，天下足。」)「閶闔鱗次，煙火萬家，苕水流碧，舟航輻輳」，「百貨齊

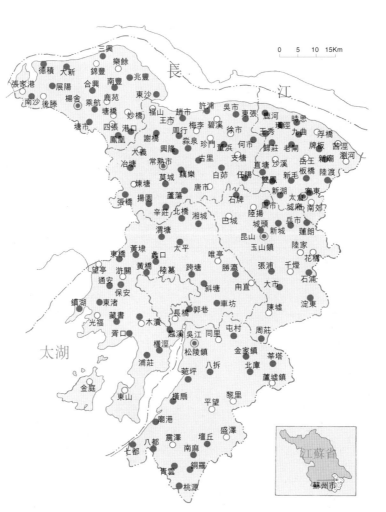

▶蘇州市城各縣鄉鎮分佈圖。(選自《蘇州民居》)

集，無異城市」，(潘爾夔《潯溪文獻》) 是對遍佈這一地區的市鎮的描述。

「百貨駢聚，商賈輻輳」——江南古鎮的類型

商品經濟是江南古鎮興起的根本原因，鎮依賴於四鄉所從事的農副業生產，並形成其專業生產和銷售，這些市鎮之間分工協作，互相競爭，互相依存，形成一個市場經濟網絡體系，所以每個鎮成為某類產品的特色專業市場。如絲業市鎮：南潯、烏鎮、菱湖、震澤等；綢業市鎮：盛澤、雙林、濮院、王江等；棉布業市鎮：羅店、七寶、朱家角等；刺繡業市鎮：光福鎮；製筆業市鎮：善璉鎮；榨油業市鎮：桐鄉石門鎮；磚瓦窰業市鎮：千家窰、陳墓鎮等；「花果之鄉」東山和西山鎮。在江南古鎮經濟中尤以棉布業和絲綢業最為突出，形成了「日出萬匹，衣被天下」的局面。

還有一種市鎮，憑藉其優越的地理條件及方便的運輸，以集中和經營、轉運某種或幾種商品為職能。其中以糧食業

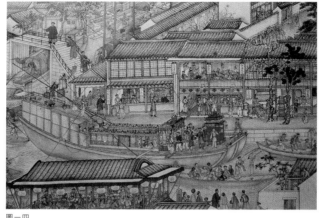

圖一四

城鎮最具代表性，宋代江南地區是全國最大的糧倉，這裏出產的稻米除運入京都之外，還遠銷各地。到明代發生了很大的變化，「蘇湖熟，天下足」的民諺包含了這一歷史嬗變的豐富內容。由於耕地改種經濟作物，出現了「仰食四方」的現象。商品糧的大量輸入，形成了以蘇州為中心的米市，首屈一指的糧食業古鎮是楓橋，「大都湖廣之米輳集於蘇郡之楓橋」，(乾隆《蘇州府志》卷十九《鄉都·市鎮》) 僅次於楓橋的米市有平望鎮、同里鎮、新市鎮等。

市鎮的專業分工，反映了生產分工的多樣性，顯示了農村商品經濟的發達及地區性特色行業的興起與發展，既有分工又有競爭，既呈現其專業協作的優勢，又促進了技藝的進步，因而有力地推動了江南地區經濟的整體發展，成為「百貨駢聚、商賈輻輳」的城鎮群體。所以我們按「古鎮在整個城鎮體系中的職能性質」這個分類原則來進行我們的研究。鎮的職能性質決定了鎮的功能分區以及分區之間的聯繫和組織，因而決定了江南地區的鎮的佈局形態。同時這是一個開放的城鎮網絡體系。這些鎮的間距約

圖一四　木瀆熙攘中市，夾岸咫尺間便有酒樓、飯館兩處，店面寬敞，座客盈席。在飯館的隔壁，接連有兩家飲食店：一家售饅頭，店前有爐灶；一家為糕團店，門外架上陳列各式香糕。酒樓下一小吃擔在沿街兜售。轉角處有一家茶食糖果店。飲食業如此興旺，應是古鎮經濟繁榮的重要徵象。

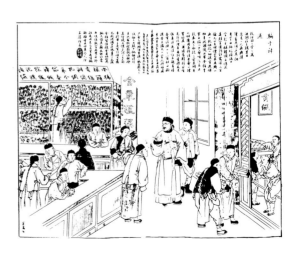

▶ 古圖均引自晚清《點石齋畫報》。該畫報原名《飛影閣畫報》。隨《申報》附送，由近代畫家吳友如繪製，主要反映城鎮社會生活和民俗。

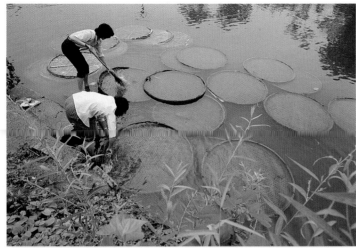

圖一五

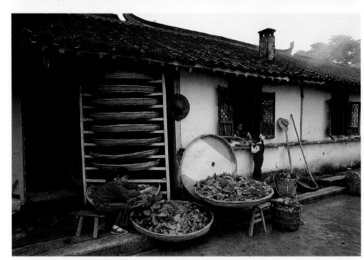

圖一六

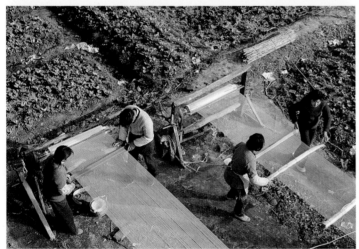

圖一七

蠶絲生產是江南農村主要副業，也是農戶重要的經濟來源。

圖一五　洗匾：清明後穀雨前，養蠶戶先要清洗蠶匾，洗淨曬透以備使用。

圖一六　飼葉：蠶的成長歷經四眠，幼時如蟻，餵桑葉要剪切成細絲，三眠後食整葉，葉要揩清、去梗，日夜餵飼，不可間歇。

圖一七　理經：手工織絲是經緯相織，經絲成排，需理清捲齊再上織機。

圖一八　絲業發達的古鎮，有許多家庭從事手工刺繡，心靈手巧的江南婦女用五色的絲線編織出名聞天下的繡品。

圖一九　運繭：養蠶戶將蠶繭收攏運送到集鎮，售與繭行或絲行，也有自行繰絲後出售。

圖二〇　整緯：將絲整成緯絲捲入絲錠供絲梭中用，是一項細心的活計。

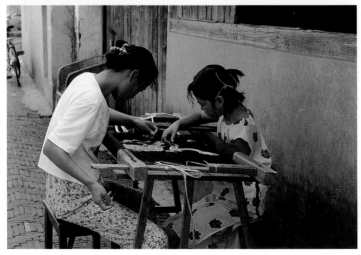

圖一八

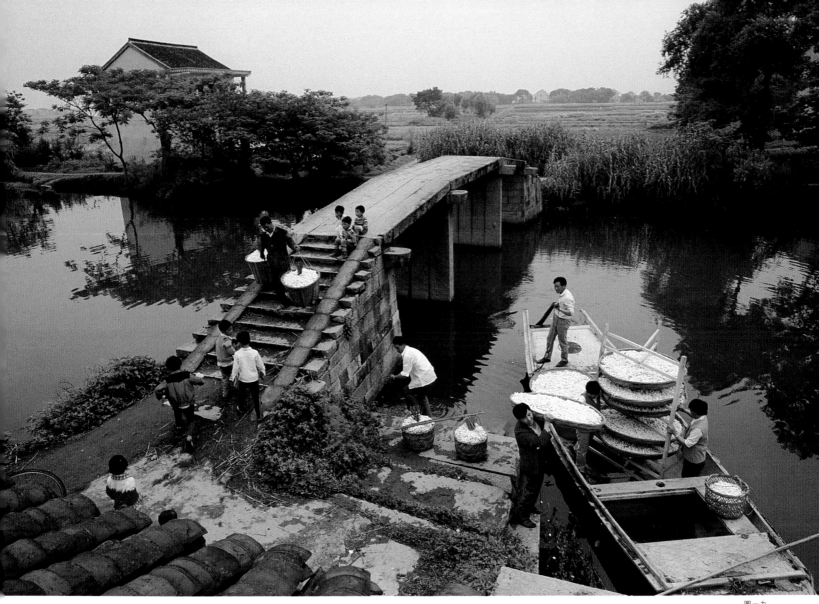

圖一九

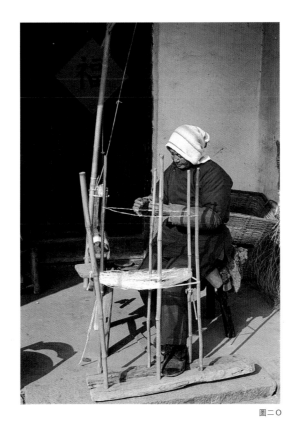

圖二〇

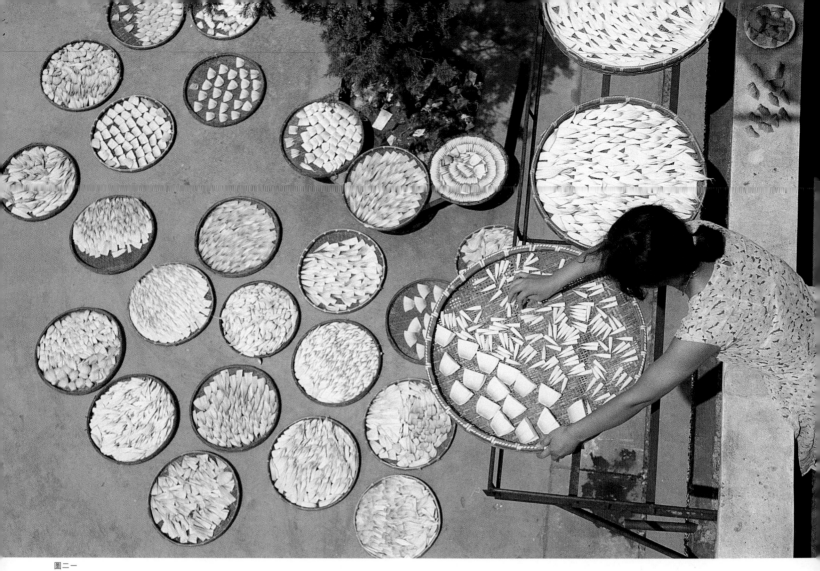

善璉鎮的湖筆聞名中外。鎮上有不
少世代相傳的製筆人家。

圖二一　分曬。
圖二二　理胎。
圖二三　刻桿。
圖二四　製成的大白雲長毫。

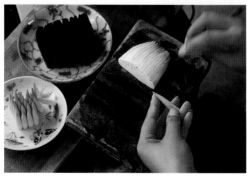

圖二二

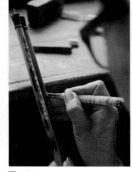

圖二三

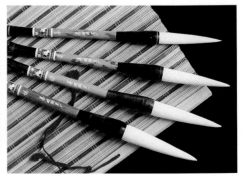

圖二四

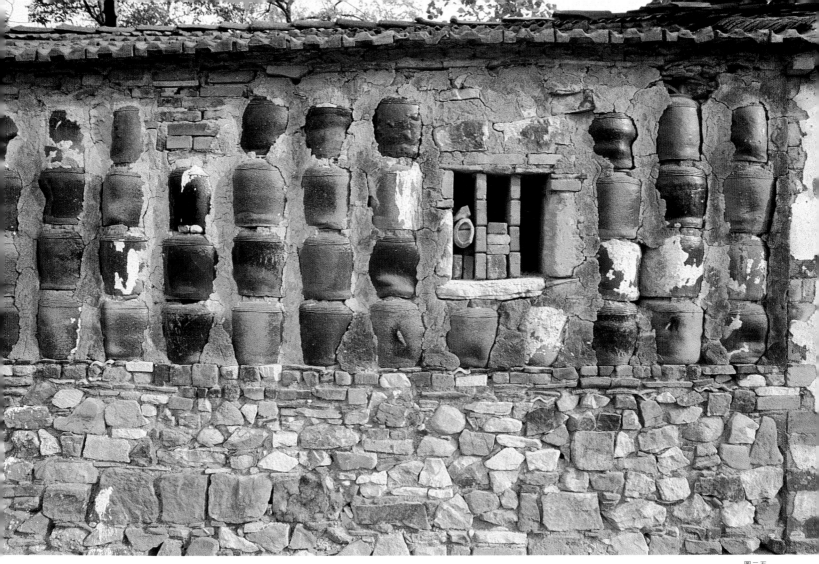

圖二五 宜興丁蜀鎮產陶土，盛產陶
　　　器，紫砂茶壺聞名於世。精
　　　湛的製作技藝使其成為一種
　　　藝術品，為人們所珍藏。鎮
　　　上家家戶戶的圍牆皆以陶製
　　　品填砌，不愧「陶都」的美
　　　譽。

圖二六 陶器市場。

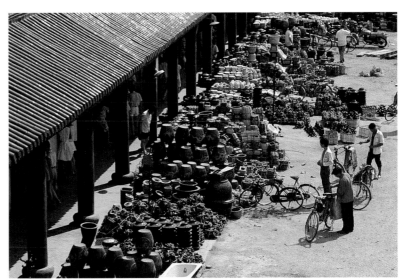

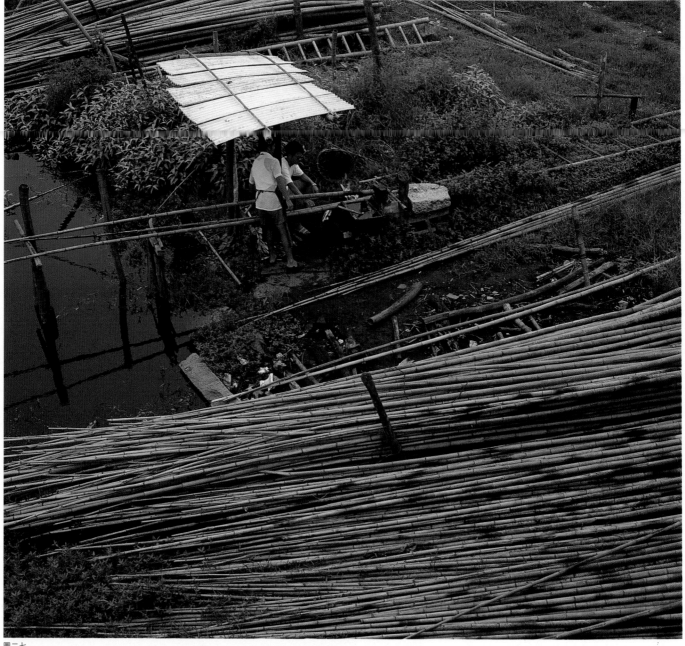

圖二七

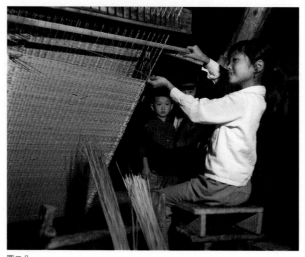

圖二八

江南盛產毛竹，有些集鎮多有製竹
工場，產品分竹器和篾器。前者用
整竹製作的，後者是將竹劈成細
條、薄片編製而成。

圖二七　薰竹：用火將竹薰烤，使其
　　　　變軟後按要求拉直或彎曲。

圖二八　編蓆。

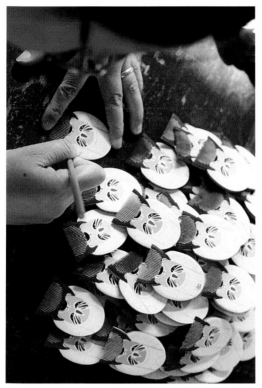

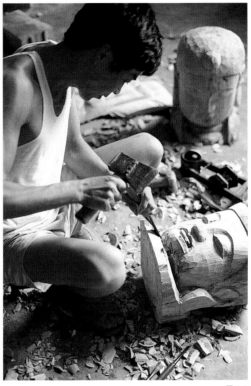

圖二九

圖三〇

常州一帶為木梳產地，木梳用黃楊
木或竹子製作。由於其工藝精良而
深得人們喜愛。
圖二九　京劇臉譜造型木梳。

江南多巧匠，建築裝飾、家具器
物、神佛雕像等木雕技藝代代相
傳，形成許多木雕世家。
圖三〇　製作木雕佛像。
圖三一　佛堂木雕作品。
圖三二　家庭木雕作坊。

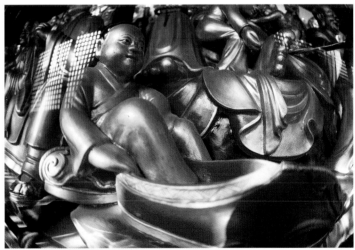

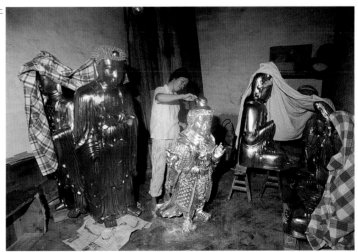

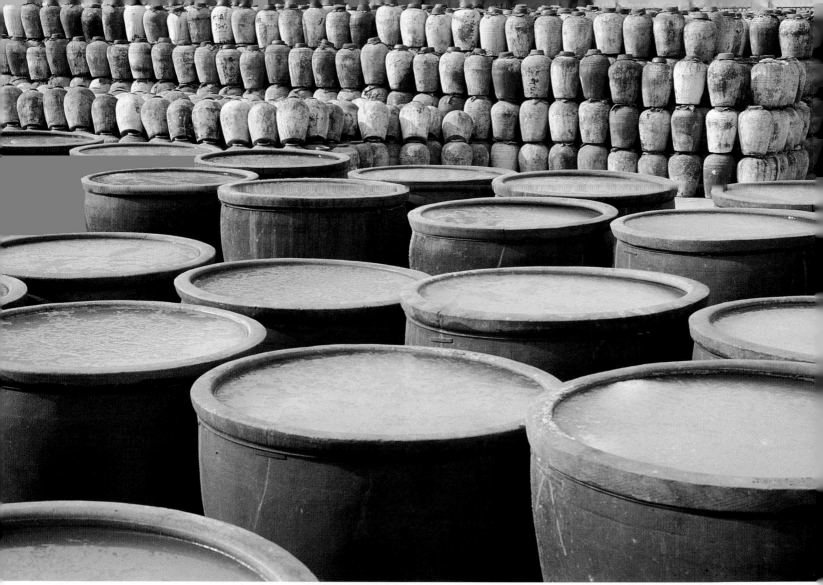

圖三三

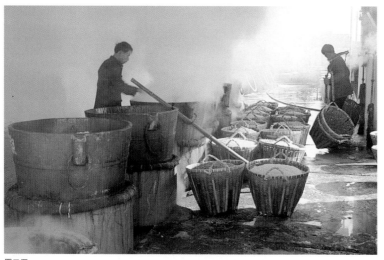

圖三四

江南各地均有釀酒業，以米酒為多。黃酒為低度米酒，色黃味醇香，含多種氨基酸，營養豐富，其中以紹興黃酒最為著名。

圖三三　東浦鎮釀酒廠儲酒於缸中進
　　　　行冷浸工序。
圖三四　「上蒸籠」工序。
圖三五　運酒上市。
圖三六　酒罈待裝。

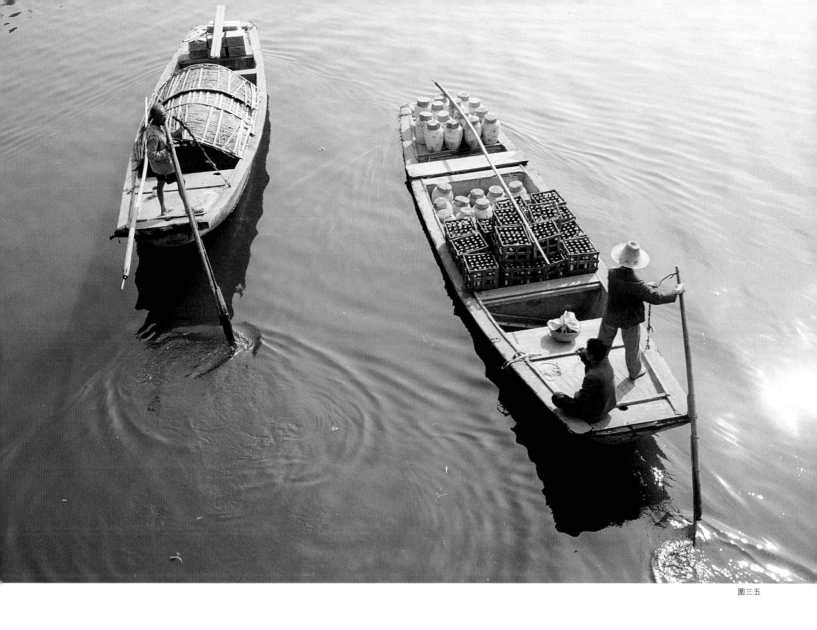

圖三五

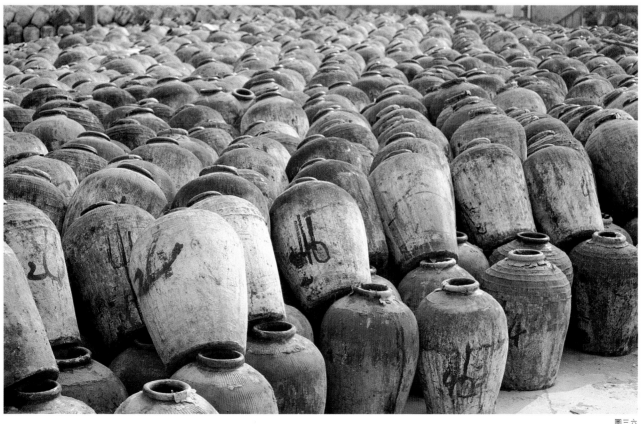

圖三六

在12里到36里之間，正好是以手搖櫓木舟一天往來的距離。鎮的密度隨着經濟發展而呈上升趨勢，但是當鎮的密度在傳統經濟體制和傳統交通條件下已趨飽和時，數量就不再增長，所以儘管清朝康熙、雍正、乾隆盛世，江南經濟有較大發展，但鎮卻沒有增加。

業商賈、務耕織、誦詩書、尚道義 ——
江南古鎮的社會意識和民俗風情

古鎮大都是商品的集散地，大宗貨物轉運和零售貿易是鎮的主要生產經營活動，政府在此設有賦稅機構。江南古鎮以消費性為其主要特徵，古鎮的人口構成大致有五類：地主官僚、商人、士大夫、平民(小手工業主、手工藝人)和農民。農民是鎮上的流動人口，他們的頻繁來往促使了城鄉物資的交流，使集市顯得興旺、熱鬧。其餘的四種人口均為常住人口。

第一種人口佔有相當的比重，他們以儒家思想為中心的一整套完整的封建倫理道德觀念，作為鎮的主導社會意識直接影響古鎮的生活和習俗。長幼有序、內外有別的家族制度，以及由此形成的中軸對稱、內向、封閉的院落式住宅；「宗教稱孝焉」、「鄉堂稱弟焉」、「德不孤，必有鄰」等等都成

為日常生活所遵循的「仁」、「禮」的倫理觀。江南富裕的自給自足的小農經濟使「中庸無為」的處世哲學得以深入人心。滿足現狀，只求與世無爭、與人無患，同時崇尚自然，寄情山水，故而或有經濟實力，或官場失意的大戶人家在均衡對稱的住宅之外建一片有田園野趣的自然園林，寄托清高、安逸、不求聞達的人生觀；而一般的平民百姓也喜歡種花蒔草，常常形成一定的規模，甚至遠近聞名。如西塘鎮幾乎家家種植杜鵑花，名品之多，品種之優，聞名全國，直至現代，西塘鎮的杜鵑還成為贈送國賓的禮物。

發達的經濟支撐起興盛的文化，鍾靈毓秀的江南「為人文淵藪，千百年來人材輩出，文章事業，震耀前後」。江南地區一直崇文重教。稻米蓮歌，耕桑讀律，科名相繼，吟詠成風。據《明清進士題名碑錄索引》記載，江南地區一直是全國科舉中捷足人數最多的地方。南潯鎮在明萬曆年前後出了三個內閣大學士和兩個尚書，有「九里三閣老、十里兩尚書」之諺。良好的文化氛圍、富裕安定的生活環境、旖旎的水鄉風光，吸引了許多文人名士的到來，正是「東南財賦地，江浙人文藪」。文人士大夫階層的存在使得江南古鎮的人口層次變得更加豐富，也為江南的古鎮留下許多歷史文化遺跡。如烏鎮，早在公元 500 年左右，南朝梁武帝的兒子昭明太

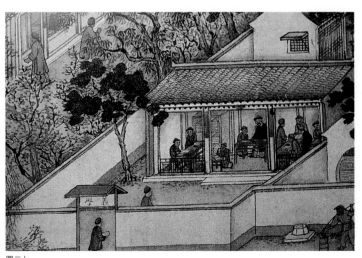

圖三七

圖三七 義學：蘇州地區文風昌盛，有府學、縣學、社學和私塾，而清寒子弟無力攻讀，遂有義學之舉。義學最早創於北宋范仲淹，「建義宅，置義田以贍族人，又設義學以教族人子弟」(《民國吳縣志》)。

子，就跟隨他的老師沈約回鄉到烏鎮求學，留下了昭明書室的遺址。西晉文學家張季鷹、唐代詩人劉禹錫、陸龜蒙都曾先後寓居和遊釣於周莊南湖。甪直鎮附近曾是春秋吳王離宮遺址，唐代詩人陸龜蒙、皮日休、羅隱長期居住在這裏，留下了陸龜蒙的鬥鴨池、清風亭和甫里先生墓等。宋、元、明、清著名的畫家、書法家倪雲林、趙孟頫、文徵明、歸有光、董其昌等人也常在甪直聚會吟詩作文，以文會友。這種文化傳統，一直延續到近代，如烏鎮是著名的文學家茅盾的故鄉，他的多部作品如《春蠶》、《秋收》、《林家舖子》等都是以烏鎮為背景的。周莊是清末革命文學組織「南社」的發祥地，至今還保留當時「南社」三十餘名社員的住宅，其中著名的有國民黨元老葉楚傖、王大覺、費公直、沈體蘭等人，以及他們和著名詩人柳亞子、陳去病等人品酒吟詩集會的「迷樓」。甪直的甫里小學，許多著名的學者曾在此任教，如葉聖陶、王伯

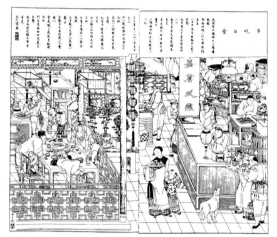

祥、董士堯、朱蘊石等人，培育出不少優秀人才，有旅美物理學家戴振鐸、旅美醫學家綏如以及朱育蓮等知名專家。文人士大夫階層的存在使整個社會形態，包括社會意識和風俗習慣都受到熏染，為瀰漫着市井氣息和商業色彩的古鎮抹上了一筆淡淡的風雅，從而使江南古鎮物質形態方面呈現出亦雅亦俗、亦儒亦道的特徵。我們隨處可見的雕刻、門檻聯，甚至繫船用的纜船石（俗稱「船鼻子」）上都能夠感受到一種文化的意境，古鎮人經營着一種精緻的生活氛圍。

富裕的生活和「無為」的人生哲學也造就了一批閒適的人群，他們大致有四種人：「業、蟻、催、數」，「業」即業主；「蟻」即「白螞蟻」，指房產買賣中介人；「催」是催子，專門替人催租的人；「數」是知數，是商業、錢莊或是大地主的賬房先生，茶館就是他們最經常的去處，所以茶館亦是古鎮社會的一個縮影。歷史學家顧頡剛先生對江南的茶館有這樣一

段話:「家庭以天倫合,學校以道義合,工商以職業合,而茶肆以市井遊蕩合。」「無職業者,茶肆為其第二家庭」,「怡情會友,享社會之樂」。所以附庸閑散亦是古鎮生活的一個層面。

江南特殊的地理環境、經濟因素、人文因素形成了獨具一格的「水文化」的城鎮環境形制。人們的衣、食、住、行也具有濃郁的水鄉特色。至今我們還可以看到頭戴三角包頭巾,身穿大襟紐攀布衫,腰繫裙束腰兜,腳登百納布底繡花鞋的江南女子,艷而不俗的服飾世代相傳。又如:富有地方特色的紹興烏氈帽,因其隔熱保暖、不易受潮、不透雨水、耐磨耐用而沿用至今。江南四時分明,隨着季節的變化和節令的更替,也就有了相應的民俗活動,如:正月蠶事之前的「燒田蠶」。每年春來之際,有「報春」的習俗,同時祭田公田婆以求一年的豐收。絲業是江南地區的主要產業,也就衍生出許多習俗,諸如祭祀「蠶花」,12月12日是「蠶花娘娘」的生日等。瀕海、多河流的江南地區,漁家人不少,他們半年在水上,以船為家,半年修整,積攢到足夠的錢就在岸邊建房居住,太湖邊的太湖鄉鎮就是這樣形成的,水上作業風險大,漁民們有「魚戲」活動,以示對神靈庇護的感激;又有很多的禁忌,如婦女不能跨越漁網、小孩不能在漁網下鑽來鑽

去地遊戲等等。江南的飲食十分豐富,如與各種節令相應的有各種食品,春節吃年糕、元宵吃湯糰、清明吃青糰、端午吃糭子、重陽吃重陽糕、「七巧日」吃千層餅、中秋吃月餅等等,不一而足。民間流傳的《十二月時令歌》、《十二月風俗歌》即是一幅生動的風俗畫卷。在衣食住行中,江南以行最具特色。「家家門前泊舟航」是古鎮最富水鄉風情的一景,即使是小舟亦有地方風格,紹興的烏篷船即為一例。用手掌舵,用腳划槳,故俗稱「腳划船」,黑色的篷,窄窄的船身,長長的划槳,蕩起一圈圈的漣漪,是河上的一道風景。

古鎮人樸雅、勤儉,謙和而崇尚道義,古鎮的生活舒坦、雅致。詩云:「林香通佛寺,岸語到商船。」(姚廣孝《夕次同川》)是古鎮生活的寫照。古鎮人懂得體味和珍惜大自然的恩賜,古鎮雖是彈丸之地,人們仍滿足地欣賞着它的美,於是就有八景、十景的命名,並被繪製成圖記錄下來,被吟詠成詩誦傳下來。這些景並不宏偉,而是那麼樸素和貼近生活,如:描繪與鎮相銜的外水的景致有:南湖秋月(周莊南湖)、急水揚帆(周莊急水巷)、曲水環山等;有描繪農莊的:莊田落雁、東莊積雪;有描繪漁塘的:漁沼荷風;有描繪古鎮古橋的:石橋夜月;有描繪集市的:西匯曉市;有描繪鎮中寺廟的:全福曉鐘;等等。

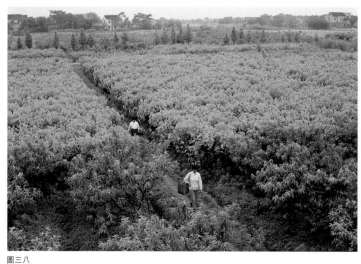

圖三八 廣袤桑田。
圖三九 江南四月。
圖四〇 水鄉魚塘。

圖三八

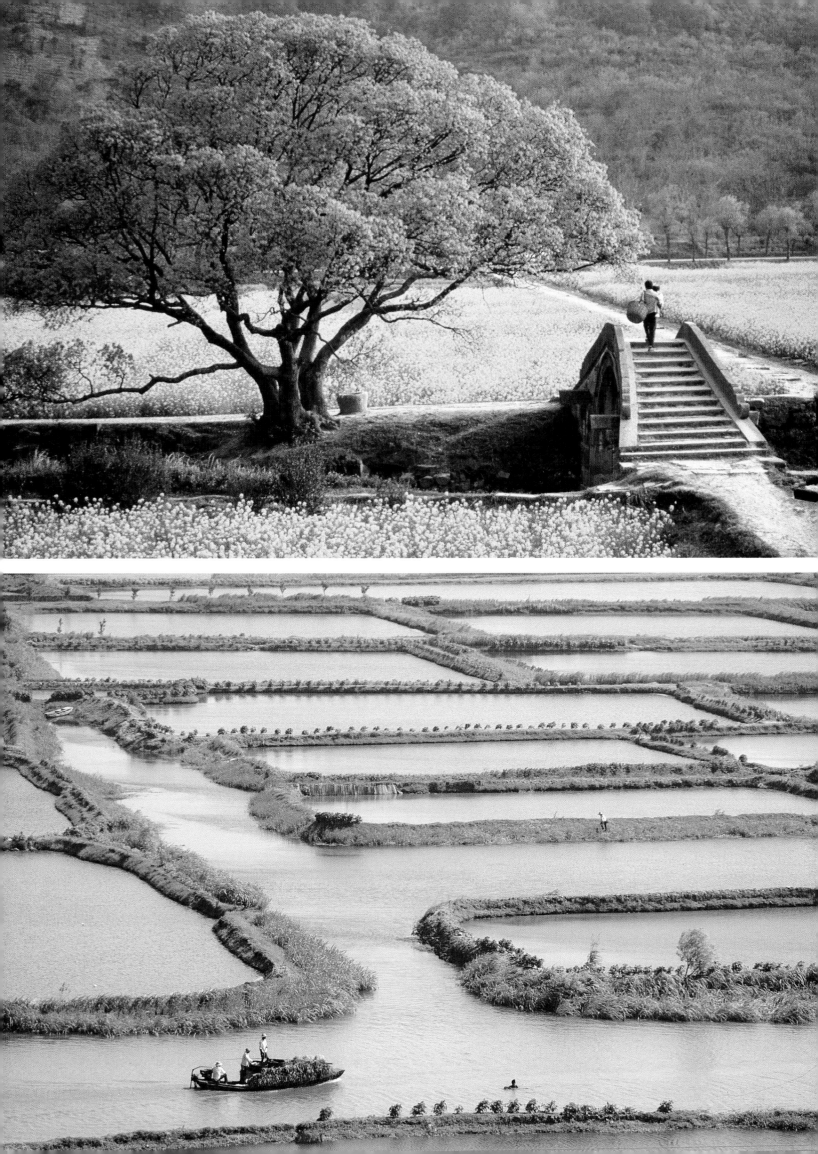

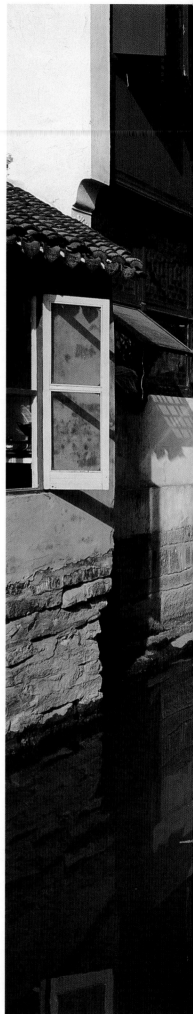

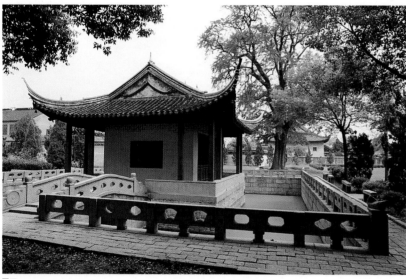

圖四一

圖四一　用直鎮清風亭：唐代詩人陸
　　　　龜蒙，別名甫里先生，性野
　　　　逸，所作詩文大都關於農
　　　　事，有《刈草歌》、《放牛歌》
　　　　等，曾耕讀於用直鎮，挖池
　　　　建亭，留下了清風亭、鬥鴨
　　　　池遺跡。

圖四二　周莊鎮「迷樓」：周莊鎮在清
　　　　末民初時是進步文學社「南
　　　　社」的發祥地。近代革命家
　　　　詩人柳亞子、葉楚傖、費公
　　　　直等人「嘗集里中賣漿者
　　　　家，曰迷樓者，酣歌、痛
　　　　飲，窮日夜忘返」。(柳亞子
　　　　《迷樓集序》)集刻其詩成《迷
　　　　樓集》。

圖四二

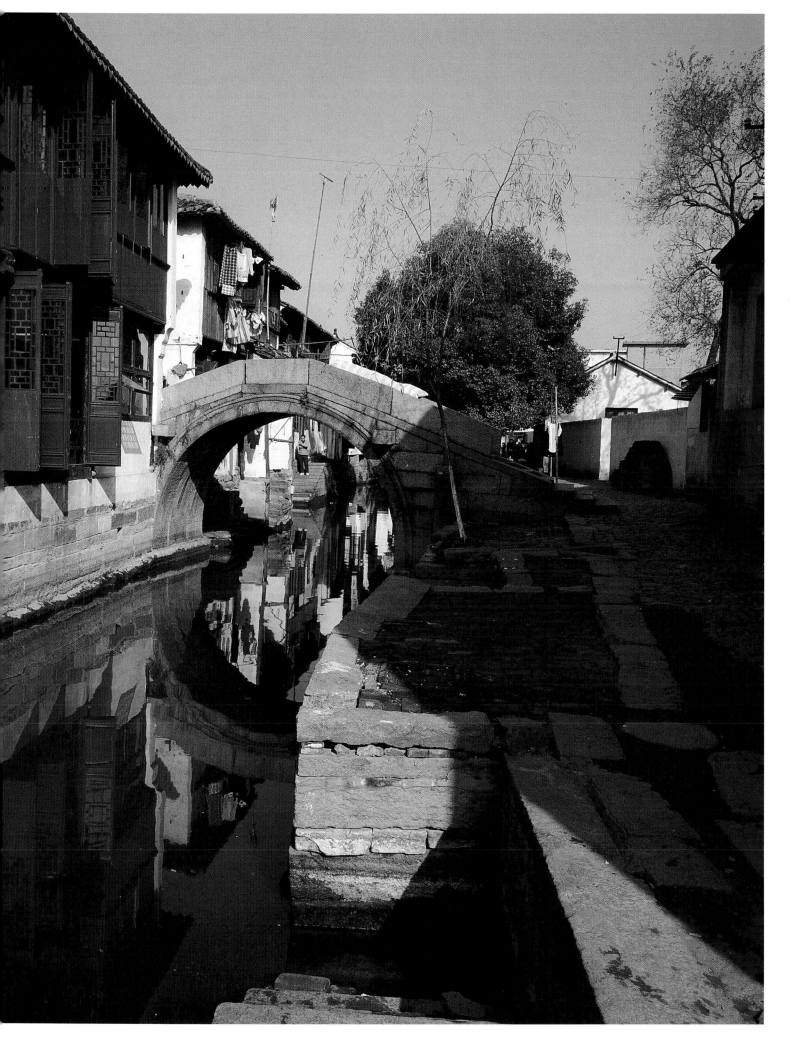

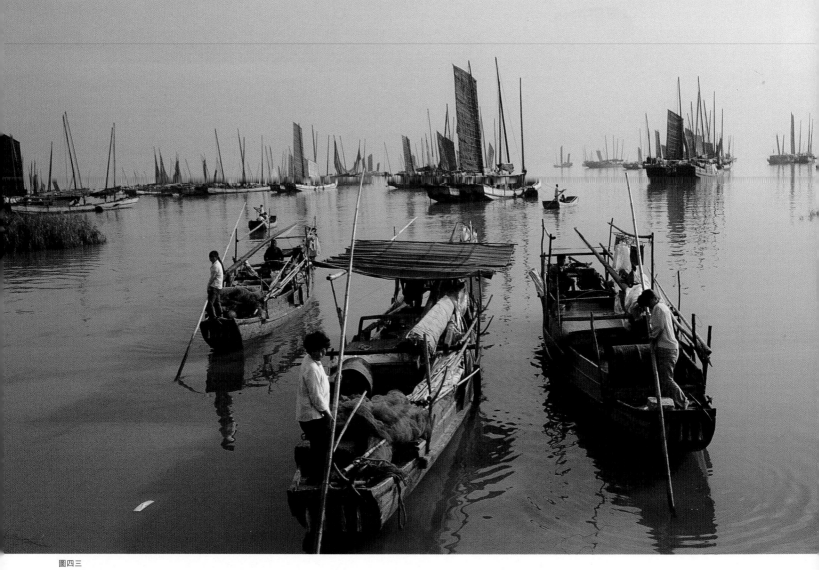

圖四三

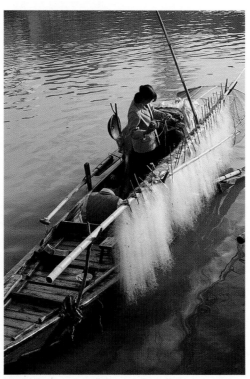

圖四四

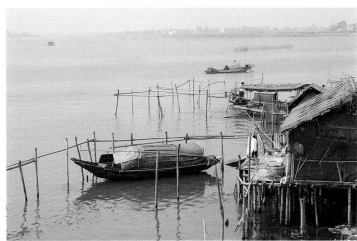

圖四五

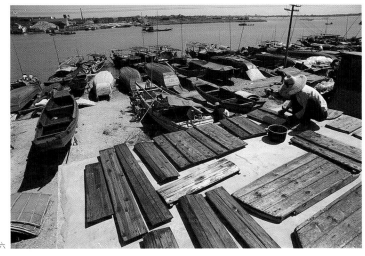

圖四六

太湖鎮的捕魚人家：

圖四三　每年九月初，太湖漁汛，漁
　　　　民們駕船遠行，開始為期半
　　　　年的湖上捕魚作業。

圖四四　曬網。

圖四五　圍網養魚。

圖四六　漁汛前整修船具。

圖四七　靠岸後的漁船要進行維修保
　　　　養，上桐油即是重要一環。

圖四八　密密排列在水邊的捕蝦簍。

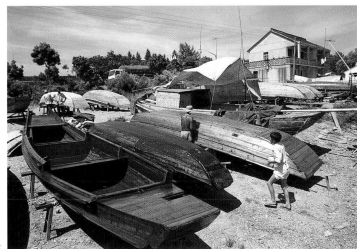

圖四七

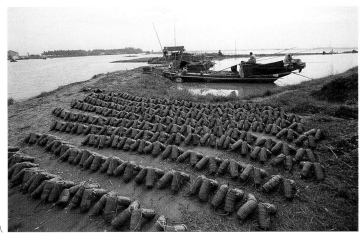

圖四八

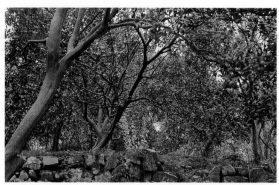

圖四九

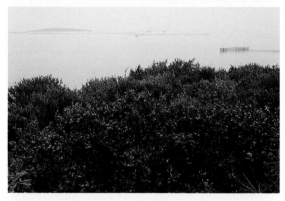

圖五〇

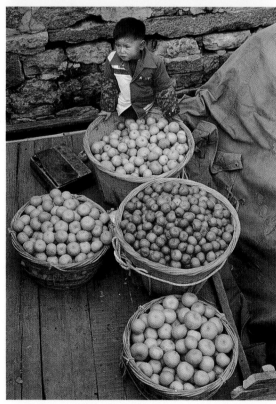

圖五一

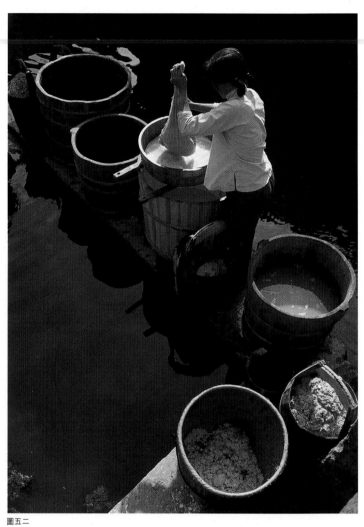

圖五二

圖四九、五〇
吳縣東、西山鎮素有「花果
之鄉」的美譽。每當夏秋之
季，枇杷、梨、桔子等水果
相繼成熟，漫山金翠。

圖五一　桔熟後，運往市鎮售賣。

江南水鄉的應時飲食：

圖五二　家製豆腐。

圖五三　桶舟採蓴菜：用蓴菜配銀魚
　　　　做羹湯，是江南的一道名
　　　　菜。

圖五四　走街串巷小貨擔：頭飾、針
　　　　線、糖果零食，最吸引婦女
　　　　和孩子。

圖五五　裝有鮮活的水產和各種時令
　　　　素菜的菜籃了。

圖五六　七月鮮菱上市，有紅菱、綠
　　　　菱，尖角菱、圓角菱，二角
　　　　老菱、四角嫩菱。脆甜清
　　　　香，是消暑的時鮮水果和零
　　　　食佳品。

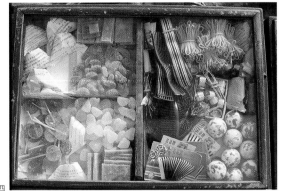

圖五四

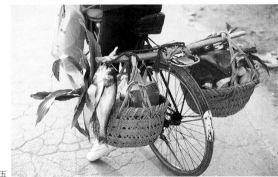

圖五五

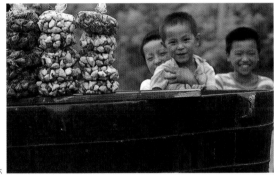

圖五六

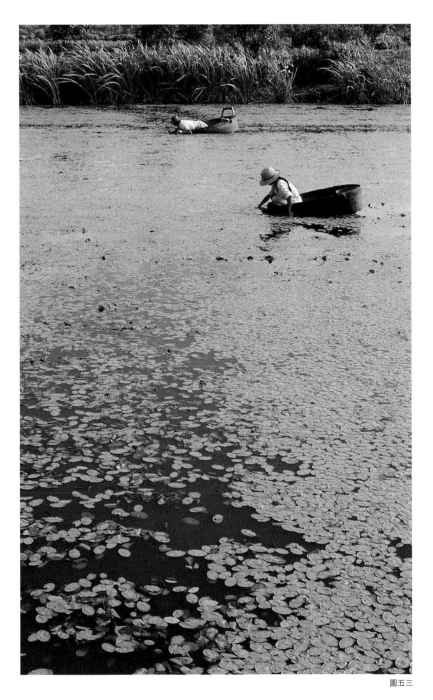

圖五三

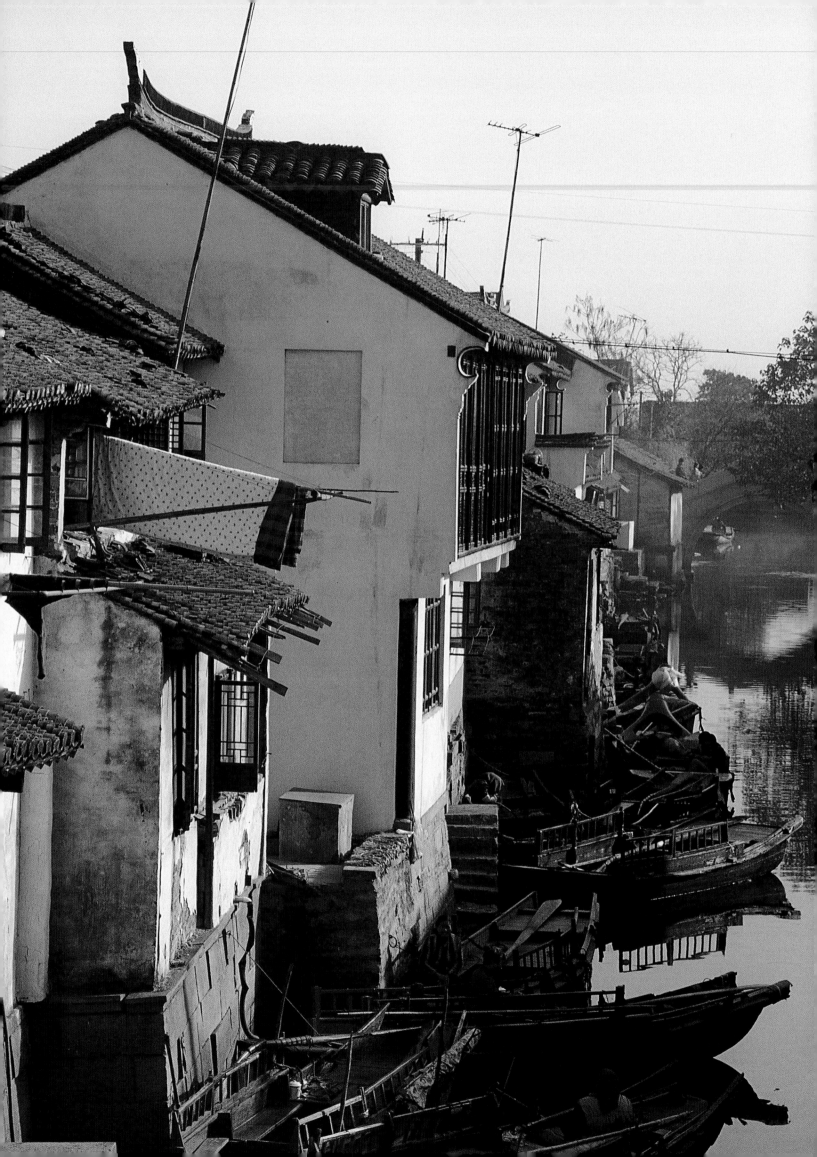

◀圖五七

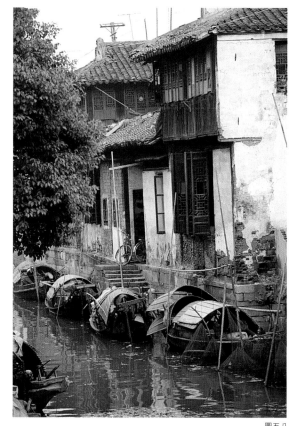

圖五八

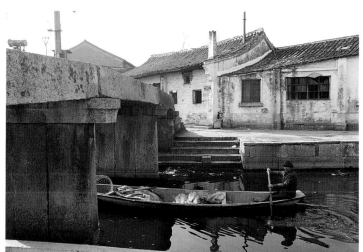

圖五九

江南水鄉的行：

圖五七、五八
「家家門前泊舟航」是江南最
富特色的景觀。

圖五九　江南以舟楫代車行，無論日
常出行還是生產運輸大都用
船。

圖六〇　腳划船。

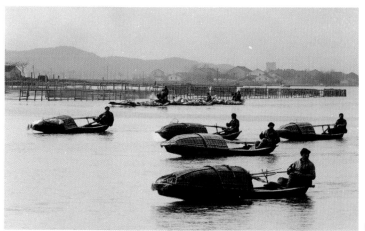

圖六〇

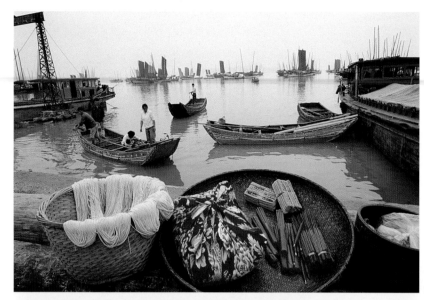

圖六一

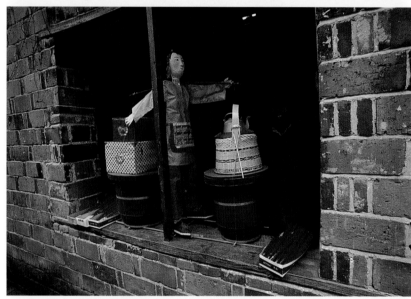

圖六二

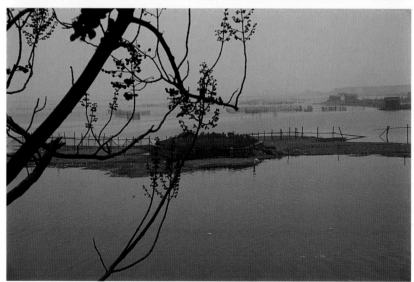

圖六三

江南民俗：

圖六一　駕船前來上香的鄉民。

圖六二　江南人篤信陰陽兩界，焚
　　　　燒紙紮品以祭先人，古鎮
　　　　上就有出售壁龕、紙紮巧
　　　　娘等祭奠用品的小店。

圖六三　水塚是江南特有的墓地形
　　　　式，在湖中堆土成塚。圖
　　　　為陳墓（今名錦溪鎮）古鎮
　　　　的陳妃墓，南宋徽宗南
　　　　遷，經此鎮，有妃陳姓者
　　　　病歿，葬於湖中。小鎮亦
　　　　因此而得名。

圖六四　江南古鎮的寺廟有許多面
　　　　水而築，一來便於人們駕
　　　　船進香，二來臨水開闊，
　　　　風光無限，從而亦成為運
　　　　河上的一處處景點。

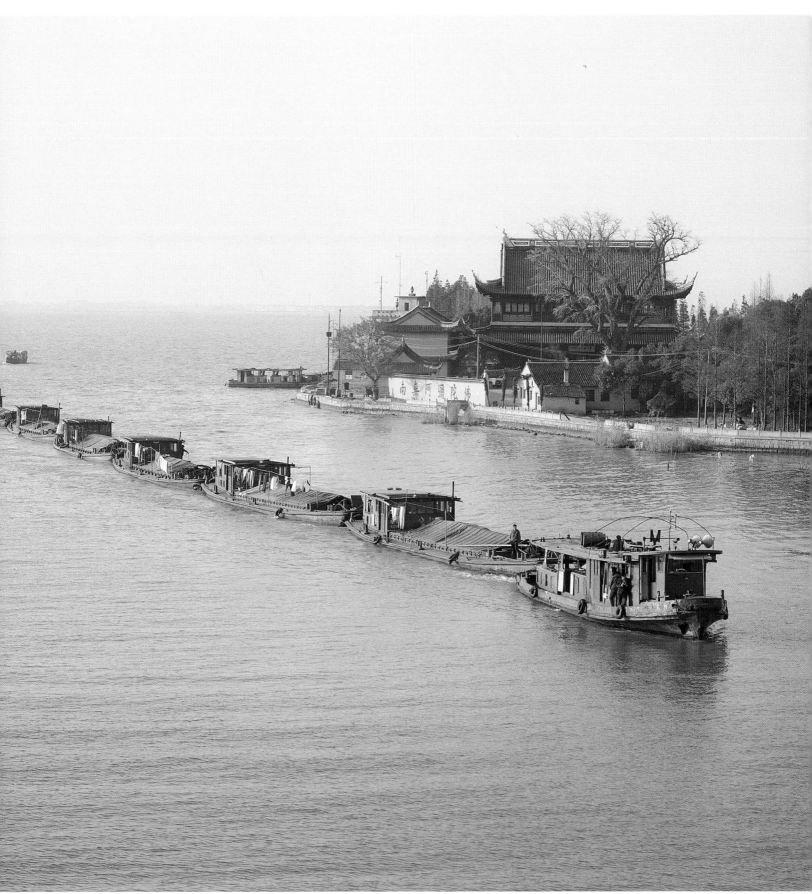

第二章 江南古鎮的形態

古鎮的平面形態

中國古代的城市，特別是都城的建設，大多是先有周密的規劃，然後是有計劃地營建。中國封建統治者崇尚儒教，《周禮·考工記》上所闡明的城池佈局就成為遵循的模式：「匠人營國，方九里，旁三門，國中九經九緯，經涂九軌，左祖右社，面朝後市，市朝一夫。」上至都城，下至州、府、縣城，大多方整規則，井字格網道路，宮城或衙城居中，成為不變的格局。中國古代村落的營建往往受宗族觀念的影響，以家祠、族祠為中心，聚族而居，較為封閉，且體現很強的風水觀，因而往往也是先規劃後營建。

江南的古鎮完全不同於城市和村落，也不同於內地城鎮，古鎮的建置大都位於交通要道，又因各種因素而聚集住戶，漸漸發展為鎮。如平望鎮是由驛站發展而成巨鎮。平望地處蘇、杭南北通衢和上海、湖州間東西要道交叉點上，唐時建驛站，「設驛以待客」（《百城煙水》），北宋時人口遞增，初具鎮的雛形，元末吳王張士誠築土城，故有城牆。蘆墟鎮則是因市興

鎮，三國時此地為一村落，唐景龍二年（公元708年）建泗洲寺，因香火興盛，漸有住戶定居，宋元明設汾湖巡檢司署，發展為小鎮，至清設鎮。松陵鎮是以軍事要塞為鎮的起點。松陵位於淞江源頭，三國時築寨成水口要塞，唐設鎮，屯駐軍隊，居民僅千家，明成化弘治年間有居民二千餘戶，清雍正四年與震澤縣縣衙同設松陵，至乾隆年間商貿日盛。還有些古鎮是由大的農莊發展而成的，由於地處四鄉交通最便利之處，周圍村民以此地為集市，人口漸密，成為鎮。如西塘鎮，元陶宗儀《輟耕錄》云「秀之斜塘（西塘古名），有故宋大姓居焉，家富饒，田連阡陌」，元初因市在西，以市得名，至明代建鎮。中原王室兩次南遷，一些子臣大戶在江南擇地而居繁衍，發展市業，漸成大鎮。以嘉興府的濮院鎮為例，北宋子臣濮鳳攜妻挈子「扈從康王趙構至臨安」，因鎮西岸多梧桐，有「鳳凰非梧桐不棲」之說，於是定居。濮氏家族「構居開街，立四大牙行，召民貿易，居民咸聚而依之，以貿遷成市（永樂市），收購各機戶

所產絲綢，招來遠商近賈。」(《桐鄉文史資料》第四輯) 鎮的格局也因此受到影響，「元代永樂市，東臨大街，南北具為橫街，西則義路街，繞濮氏居宅之四周。」(《濮氏家乘》) 以濮氏巨宅及其市為中心，鎮中主要街道圍繞中心佈局以方便貿易。

由此可見，古鎮的形成、發展帶有明顯的自發性，這種自發性受到環境因素的制約。城鎮的形成起始於人口的聚集，以後隨商業流通而發展，交通又是流通的主要因素，因而，鎮的形態往往與交通道路或河道密切相關。

古鎮的形態大致有以下幾種：

帶形城鎮

沿道路或河道伸展形成的，道路或河道兩邊是市街店肆，鎮呈帶狀。例如：紹興的安昌鎮，蕭紹運河的支流在鎮西邊南北向穿過，安昌河由西向東橫貫安昌鎮。河岸兩邊店肆林立，形成了長達1.6公里的細長形的鎮的形態。

「十」字形（或「丁」字形）城鎮

大的古鎮有十字交叉的道路或河道，十字港或十字街就是全鎮的中心，古鎮沿交叉的道路或河流向四面擴展。例如南潯鎮，自西向東的運河與自南而北的市河相交，構成十字

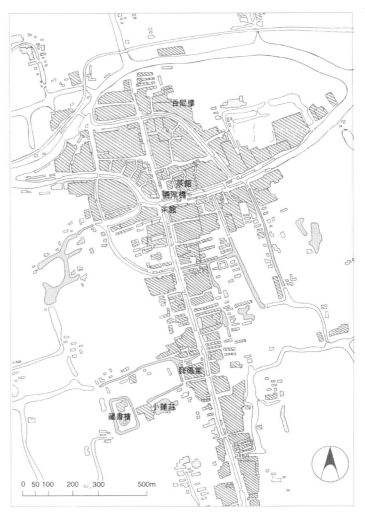

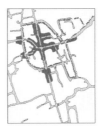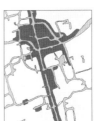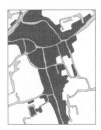

▲「十」字形城鎮：南潯鎮平面圖（一九五五年）及歷史形成圖。

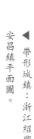

◀ 帶形城鎮：浙江紹興安昌鎮平面圖。

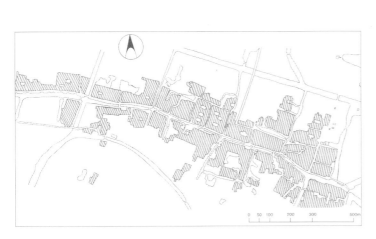

港，四周有通津橋、清風橋、明月橋相連，成為商賈雲集的水陸碼頭。運河與南市河、北市河兩岸是通衢大街、東柵上塘、西柵上塘、絲行埭等。

星形城鎮

鎮由中心沿河或道路呈放射狀擴展。例如甪直鎮，南北向的南市河、東西向的東市河與東南、西北向的西市河交匯，鎮的形態因而以三河交匯點為中心呈放射狀分別向東面上海，北面蘇州，南面周莊的方向伸展。

團形城鎮

更大一些的古鎮可能就有幾橫幾直的道路或小街，但不像城市那樣呈棋盤狀整齊排列，街道的走向常常是隨勢而彎，並不刻意規直，整個鎮區也呈不規則的形狀。有的古鎮用地受縱橫交錯的水道分割，呈密網形佈局。這種城鎮水陸交通特別方便，規模較大，經濟相對發達，經常是所在地域的中心城鎮。其典型例子是吳江縣的同里鎮，鎮區被12條河分割成7個小島，54座橋樑又將這些小島聯為一體。

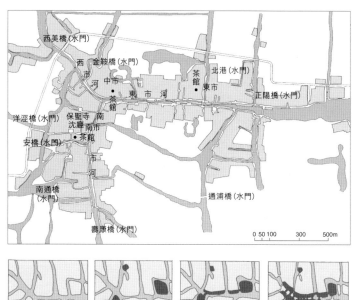

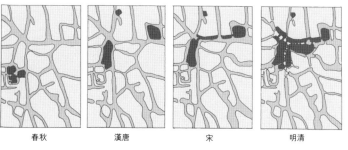

春秋　　漢唐　　宋　　明清

▲
星形城鎮：吳縣甪直
鎮平面圖及歷史形成
圖。

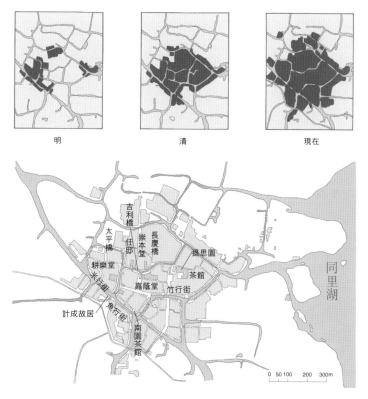

明　　　清　　　現在

▲
團形城鎮：吳江縣同
里鎮平面圖及歷史形成
圖。

雙體城鎮

　　由兩塊分離但相互依存，有機聯繫着的城鎮用地組成，這是比較特殊的一種形態。往往是因為在其形成和發展中受某些外部條件的作用，形成主、附體依存或雙體的局面。典型的例子有烏(青)鎮。烏、青兩鎮隔市河相望，分屬於湖州府烏程縣和嘉興府桐鄉縣。唐烏鎮碑文中還統稱為烏鎮，宋元豐間王存編修的《九域志》中，烏、青兩鎮已分立為二了。在當時烏鎮「宛然府城氣象」，堪稱江南巨鎮之首。(《烏青文獻》卷一《建置》) 這當然與兩鎮合併有關係了。

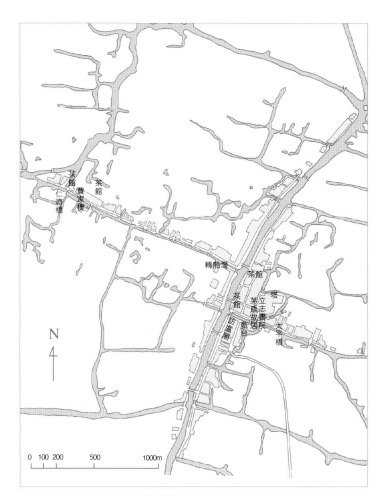

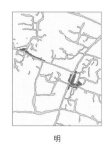

明

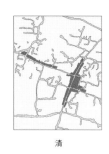

清

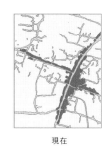

現在

▲ 雙體城鎮：浙江桐鄉
烏鎮平面圖及歷史形成
圖。

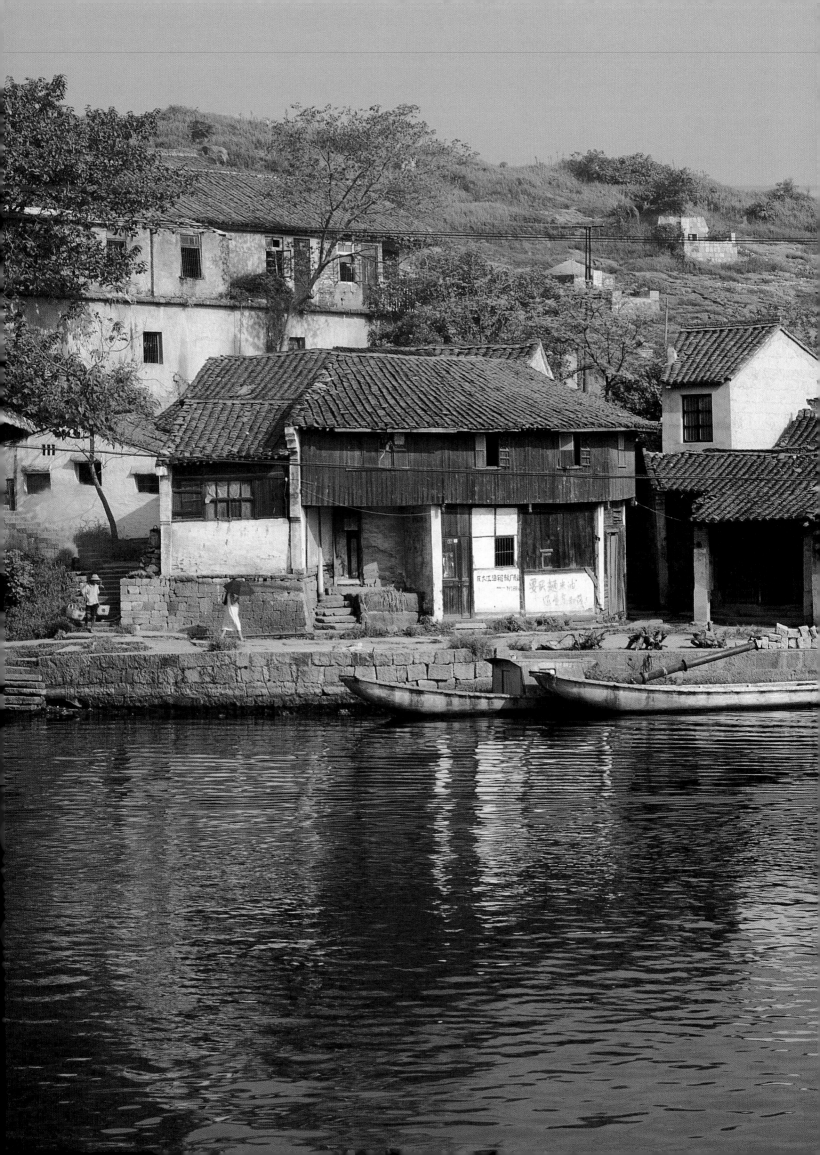

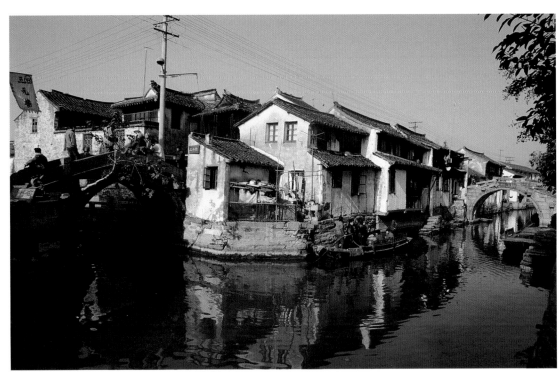

圖六六

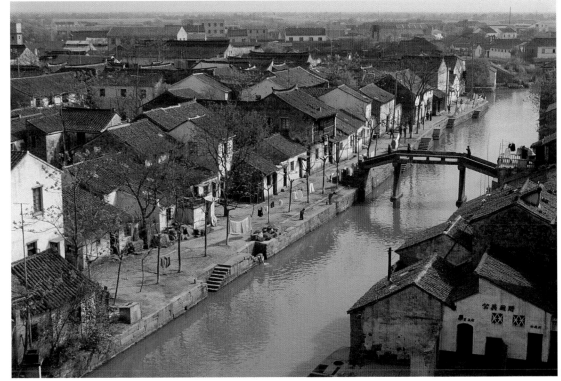

圖六七

圖六五　依山傍水的斗門鎮。

圖六六　周莊鎮的十字水巷。

圖六七　同里水巷。

圖六八　（後頁）柯橋鎮的十字水巷。

圖六八▶

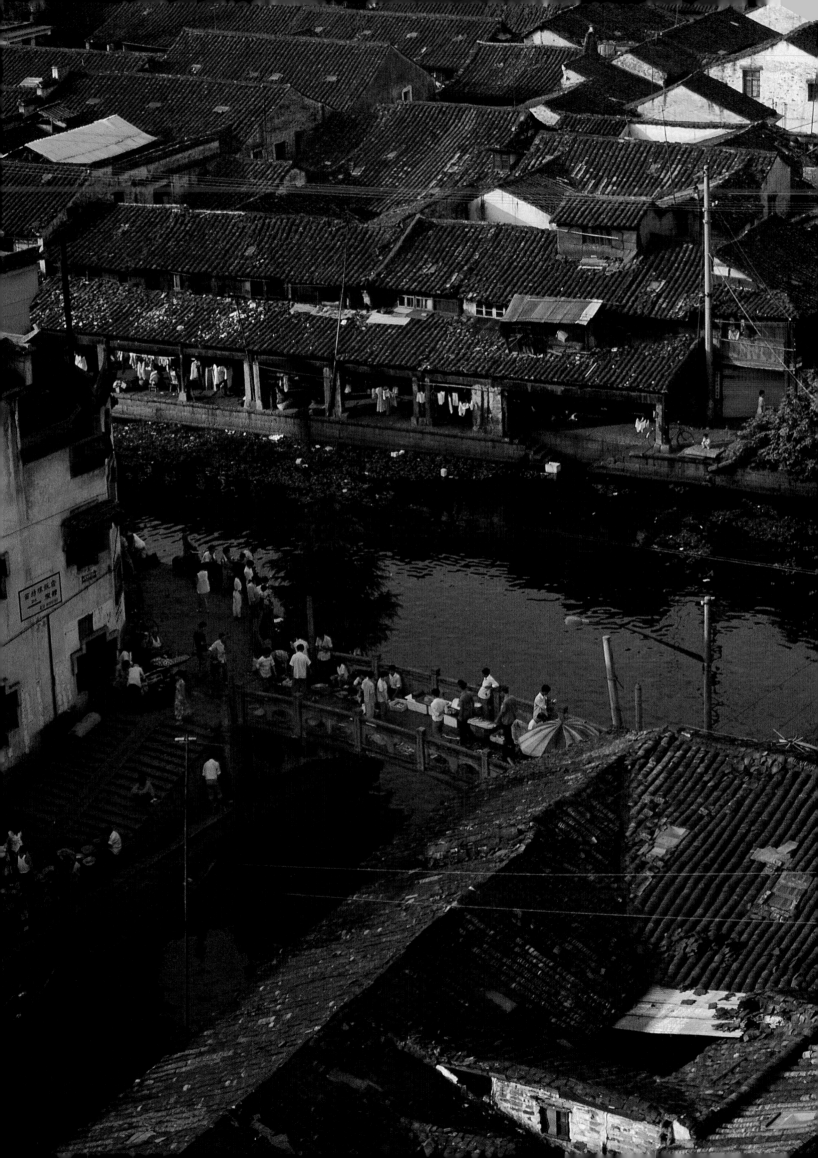

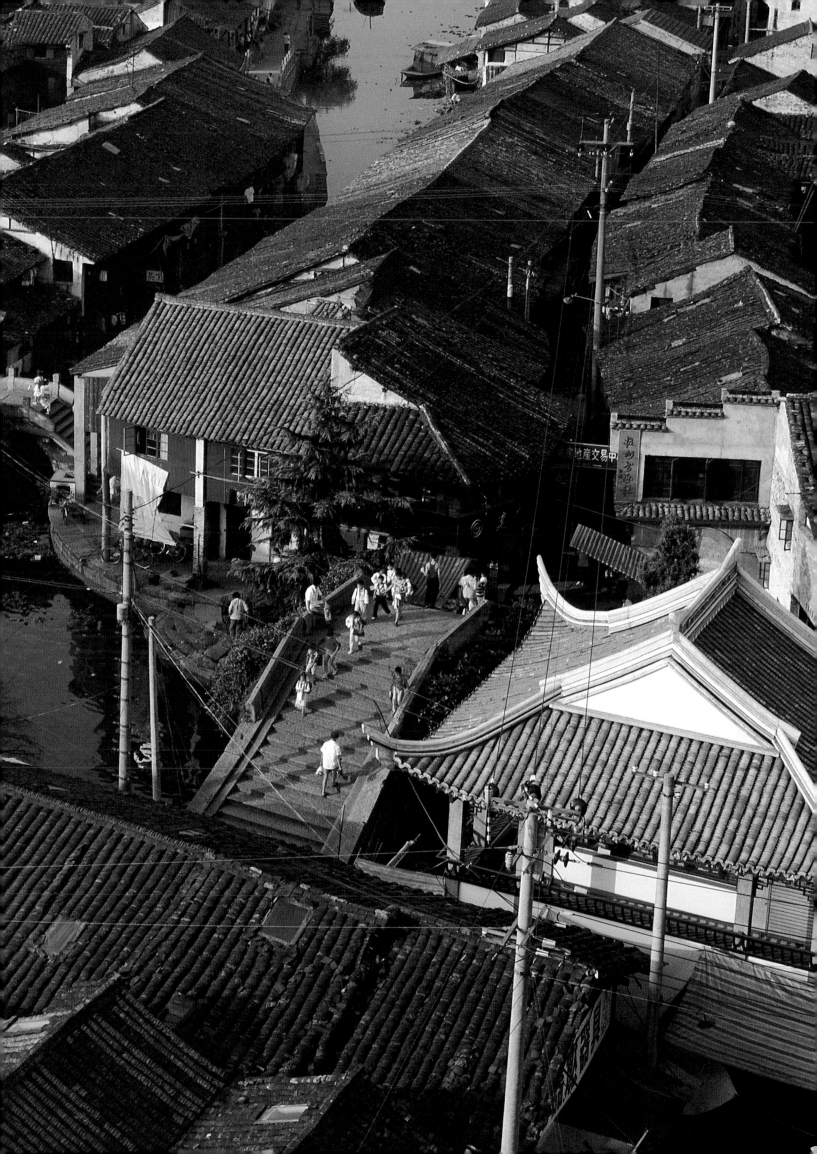

古鎮的空間形態

邊界

　　古鎮的形態是開放型的，以便於與周圍鄉村和其他鎮的聯繫，鎮以其中心為生長點，沿河道向外延伸，其邊界是模糊的。中國古代城市的那種硬質的城牆邊界在這裏被「軟化」為邊界象徵物：水口、柵、坊門等。柵門是江南水鄉古鎮特有的邊界形制，柵是設在河中的柵欄，往往在鎮中河道連接運河的緊要處，兩邊釘椿木三至四層，中作水門，白天開啟，夜間關閉以「扼運河孔道」，是鎮用來防範盜匪的。柵也

有以橋的形式出現，故稱「柵橋」，橋中間設柵欄，或為閘可上開下閉，或如門狀可開啟。如周莊，有北柵橋、南柵橋，現在尚存北柵橋殘跡；吳縣的甪直鎮設置了九座柵橋，控制了通往鎮外的主要河道，鎮內就非常安全，所以歷次戰爭都未波及甪直。在抗戰時期，甪直鎮堵死了這九座柵門，日軍的船隻無法進鎮，鎮內安然無恙，甪直鎮的居民們常常津津樂道這些柵橋的功德。

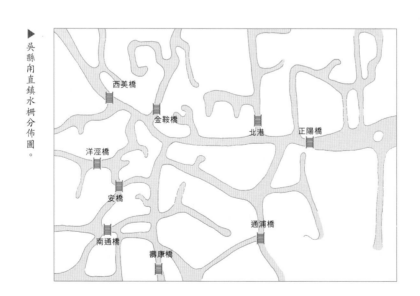

◀ 吳縣甪直鎮水柵分佈圖。

西美橋　金鞍橋　北港　正陽橋　洋涇橋　安橋　南通橋　蔣康橋　通浦橋

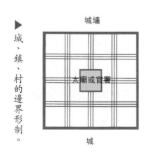

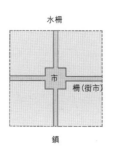

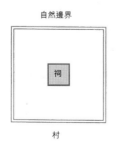

◀ 城、鎮、村的邊界形制。

城牆　太廟或官署　城

水柵　市　柵（街市）　鎮

自然邊界　祠　村

圖六九　西塘鎮入口處以橋相扼。沿河為集貿市場，往來船隻送運貨物，皆在此裝卸。

圖六九 ▶

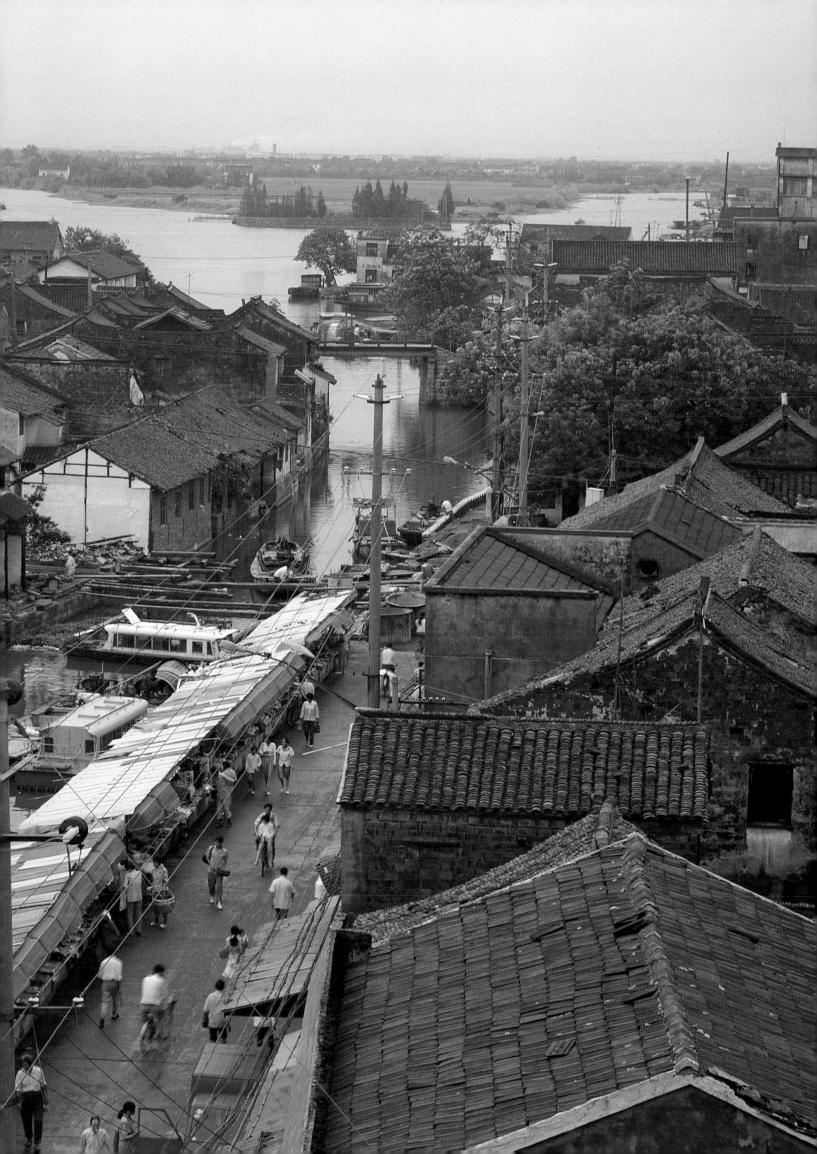

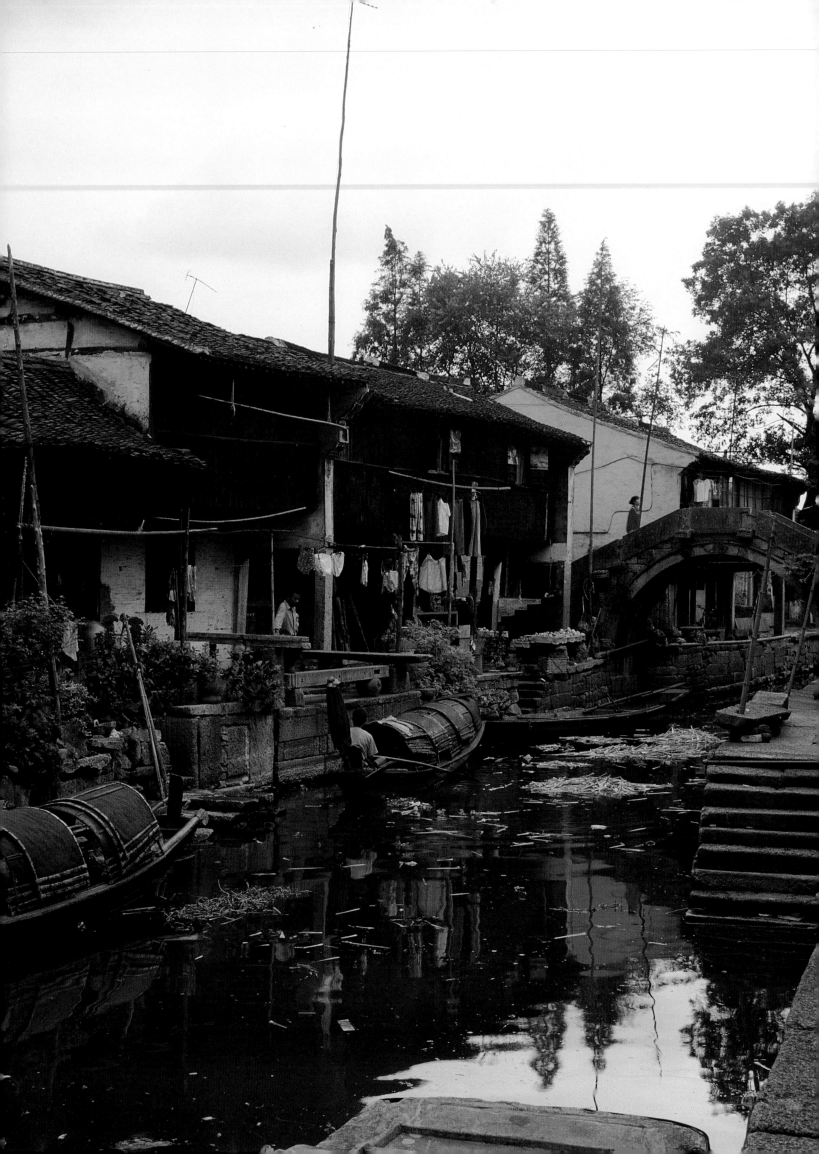

道路系統

　　江南城鎮基本沿着河道伸展，河是江南古鎮的命脈。鎮與鎮、鎮與鄉之間主要是通過河道聯繫的，而且鎮的內部也首先以河作為最主要的交通運輸通道，所謂「家家門前泊舟航」。外水經水關(一般為柵橋)入鎮後分成幾條幹河，均勻分佈於鎮區，並分出許多條與之相垂直的支河覆蓋整個鎮區。幹河可航行三四條船，兩幹河相交成十字或丁字口，並有較多的公用碼頭分佈於兩岸。兩支河的間距在80-100米之間，支河寬度約兩條船的寬度，大戶人家河邊往往闢一迴旋處，供停船和船隻交會用。開挖支河所取得的大量土方，填高了兩河之間所夾的地塊中央的地面標高，這便形成了住宅的「步步高」的地坪特徵，也應合了人們的心願，並使鎮的地面排水十分順暢。稠密的河道網不僅解決了排水、出行、日常生活的洗滌，而且解決了大量的基建材料的運輸、日常生活供應和廢物(糞便和垃圾等)的運輸。而陸路只是作為輔助系統，順應河道佈局。主幹道往往與主河道平行；次一級的街巷是在河道界定的地域內劃分組團，或與河道垂直，以使住戶能方便地到達水邊。水巷與街巷相互補充，形成平行並列的兩套交通系統，並以橋與河埠作為這水陸交通的連結點，構成古鎮的交通體系。水巷對外，舟楫迎來送往；街巷對內，主要為居民所用。陸上交通以轎子、挑擔、手推車為主。這很像現代城市中的「人車分流」的交通規劃方式，科學而且方便實用。

　　古鎮的道路是分等級的：一等御道，並非所有古鎮都有，青磚排成的人字形路面，是為迎接聖駕、聖諭或欽差的蒞臨而特地鋪設的，作為鎮史上值得榮耀的大事。二等青石板路，往往是古鎮的幹道。三等青磚或方石路，古鎮的支幹道、大戶人家的門口和小廣場大都鋪設這種路面。四等彈石路，用碎花崗石插鋪，為普通街巷的路面。五等泥路，是在鎮外、村內用石料在路邊填砌以固定路形。以上除青石板路外都在路的兩邊設排水溝。

　　以同里鎮為例：同里唐末為村，宋設鎮，以米油業為主要產業。清嘉慶十六年(公元1811年)有官牙72家，米行林立，形成方圓數十里的商貿市場。鎮區面積0.47平方公里，共有新填地、竹行、東埭、南埭、西埭五條商業街，總長1.5公里，街路長6.16公里，寬2.5至3米，有條石、片石、小金磚三種路面。三條東西向市河形似「川」字，鎮區有15條河道，橋樑46座(據民國《同里鎮志》)。

圖七〇　黃家橋鎮入口處以橋為誌。

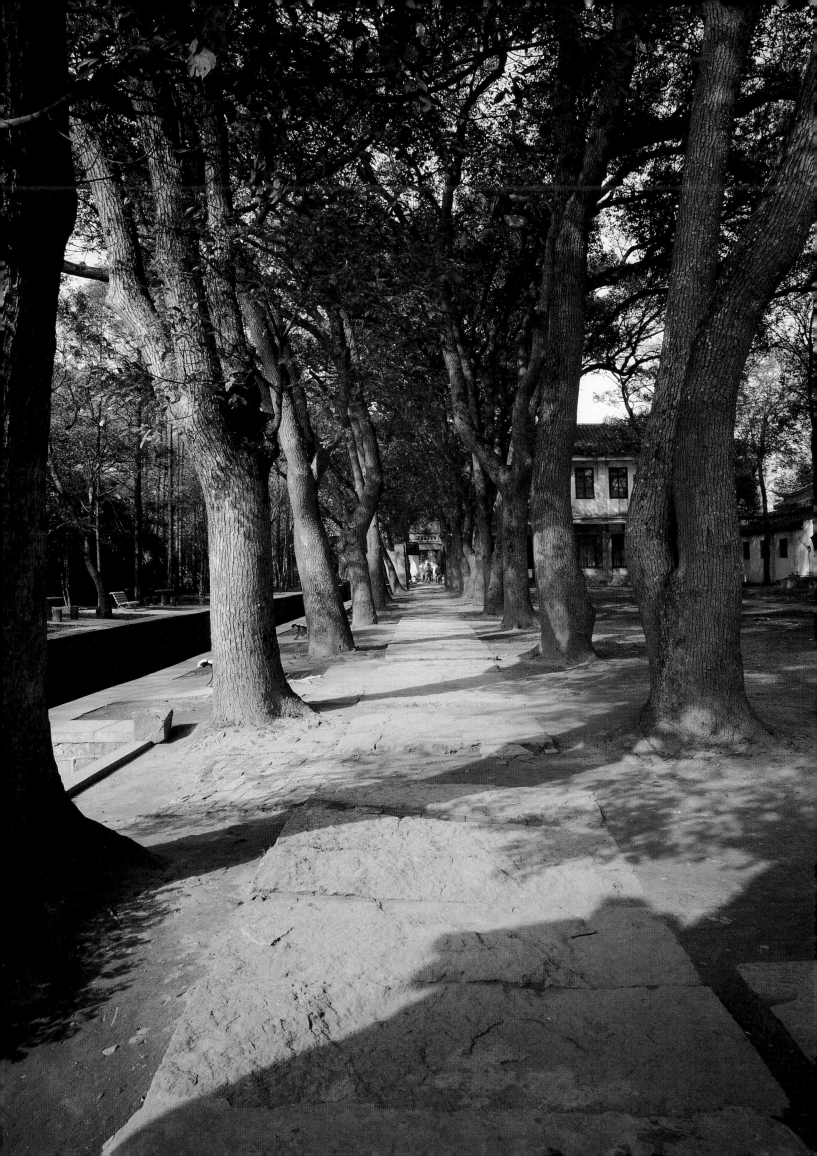

圖七一　御道：南潯劉氏住宅邊的大
　　　　路，是當時劉家接聖旨、祭
　　　　祖的儀仗隊通行所用，如今
　　　　兩側的古樟樹已是百齡。
圖七二　青石板路。
圖七三　龍門鎮通往四鄉的彈石路。
圖七四　周莊東西街方石路。

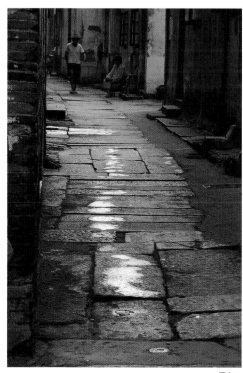

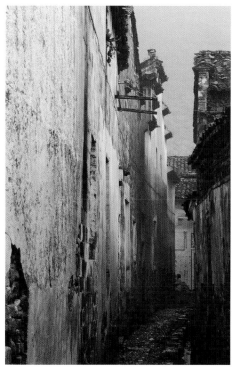

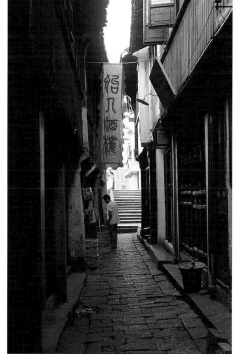

圖七二　　　　　　　　　　　　圖七三　　　　　　　　　　　　圖七四

◀ 圖七一

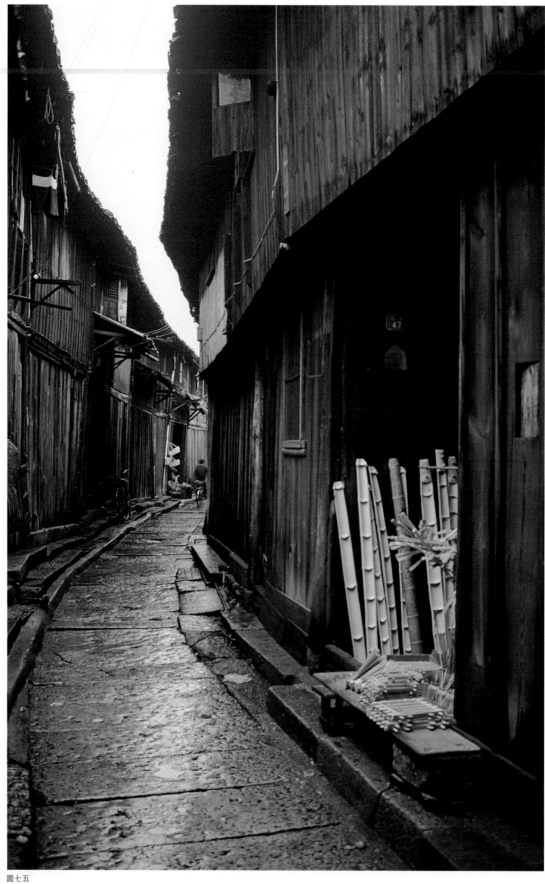

圖七五

圖七五　長條石板路，石板下是排水溝。

多級空間序列

由於居民對環境設施利用的不同頻繁度，以及家居生活與社會生活在空間上的活動分佈狀態，在古鎮內呈現出以住家為中心的不同的活動圈和活動領域。反過來，一個居住地區的空間狀態又影響着居民的活動。古鎮空間組構是居民長期生活習慣和活動的反映，具有十分適宜的空間層次。這是一個多級序列的空間，可以分為兩個方面：一是住宅內部，即「家」的空間層次：門前空間——天井——簷廊——大廳——室（我們將在第四章中詳細闡述）；二是鎮的空間層次，可以分為：家——門前空間——巷、小街或支河——街、市河。

商業性的街、市河和集市廣場是古鎮中最熱鬧最集中的空間，是鎮的交通幹線和人流匯集點；與主要街道、市河相交的巷、支河人流量極少，是封閉、安靜的半公共空間，居民平日裏大都從巷中的邊門進出，因為面對街的正門往往是店舖，大戶人家的正門則在迎接貴賓時才用，所以巷中來往的人大都是本巷的居民，或居住在附近街坊的居民為擇近路穿越。沿支河的小街往往隔一段有一塊闢作空地，住戶在此

種些花草，大都還設有半公用水埠，供沿河住家平日做家務和取水用，這種半公共的空間使附近的幾戶住家在一起勞作和交流，並互相關照着家門的安全。門前的空間，大戶人家比較考究，有照壁，一般的只是幾級台階和一個小屋簷，有時門半掩着，在天井裏做家務的主人會與過往的熟人打招呼，聊上幾句，構成一個半私密的空間。家，即住宅，則是這個序列的最後一個層次——私密性空間。這裏要說明的是這個序列是相對於鎮的範圍來講的，就住宅來說其層次序列又不一樣。這種多層次的居住環境序列構成人的活動領域，使人們的各種生活活動有較強的領域性，從而給人以安全感。家庭的人口構成是多層次的，繁忙的商業活動屬於中青年人，老人和孩子作為被撫養的人，亦是家庭和社會中的重要成員，更多地為外出營生的人所牽掛。古鎮中的各種半公共、半私密的空間過渡，給孩子和老人提供了日常活動的較開放的交流空間，居住在這裏既不會感到寂寞，又比較安全。古鎮通過這種多級序列的空間組構，營造出親切、融洽的人居環境。即使是遠方的客人，在這裏走街串巷，那半掩的門戶、親切的笑容、熱情的招呼聲都讓人感受到小鎮那開敞、宜人的情懷。

周莊古鎮位於江蘇昆山，舊名貞豐里，處於澄湖、白蜆湖、淀山湖和南湖的懷抱之中，北宋時形成集鎮雛形，元朝中葉因江南富豪沈萬三之父由南潯遷到周莊東面，經商而發跡，使貞豐里逐漸繁榮，形成了沿南北市河以富安橋為中心的集鎮。鎮廓到明代有較大的擴展，遷肆於後港街。清代人口稠密，商業中心由後港街遷至中市街，衍而成為大鎮，到康熙初年正式更名為「周莊鎮」。周莊鎮利用其地理優勢：白蜆江西接京杭大運河、東北接瀏河，出海貿易，使周莊成為一個糧食、絲綢及多種手工業品的集散地和交易中心。周莊鎮「鎮為澤國，四面環水」，是典型的江南水鄉古鎮格局。從前只能從水路進鎮，四柵有柵橋相扼，以後港街、中市街及南北市河至富安橋處為繁榮的商業街，垂直於幹河成安逸寧靜的居住環境。茶館、寺廟、道觀等各類公共建築和沈宅、張宅等大型住宅分佈於鎮中。十餘座古橋連接起水陸交通，整個古鎮的空間有序而又有變化，起承轉合、富於節奏。

圖七六

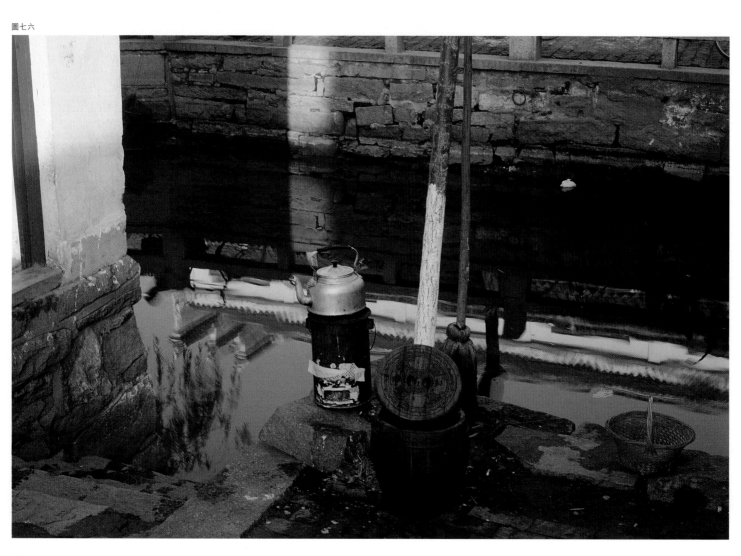

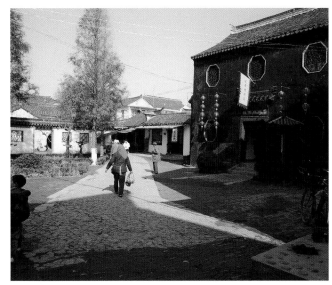

圖七七

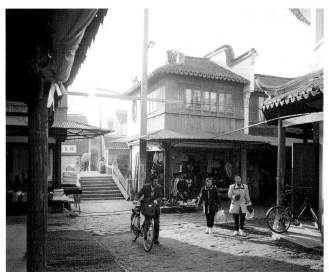

圖七八

周莊古鎮具有典型的江南市鎮組構：

圖七六　青龍橋畔，晨曦初起，古鎮
　　　　的人們開始了一天的生活。

圖七七　青龍橋塊蜆園弄的小廣場，
　　　　兩邊盡是店舖和酒樓。

圖七八　蜆園橋中市街口。

圖七九　南北市河是鎮的主幹河，較
　　　　為寬闊。東岸多大宅深院，
　　　　沿岸有水牆門和半公用水
　　　　埠。

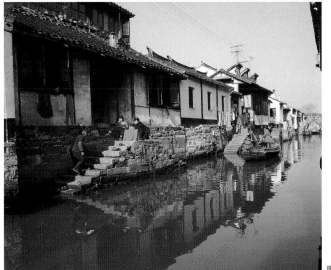

圖七九

河邊半公用水埠廣場，是卸
貨堆場用地，亦是居民們晾
曬、勞作之處。

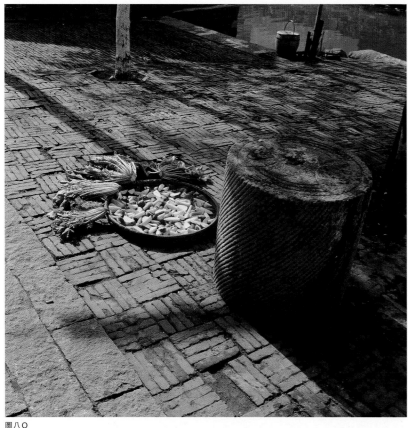

圖八○

圖八○、八一
　　河邊半公用水埠廣場，是卸
　　貨堆場用地，亦是居民們晾
　　曬、勞作之處。

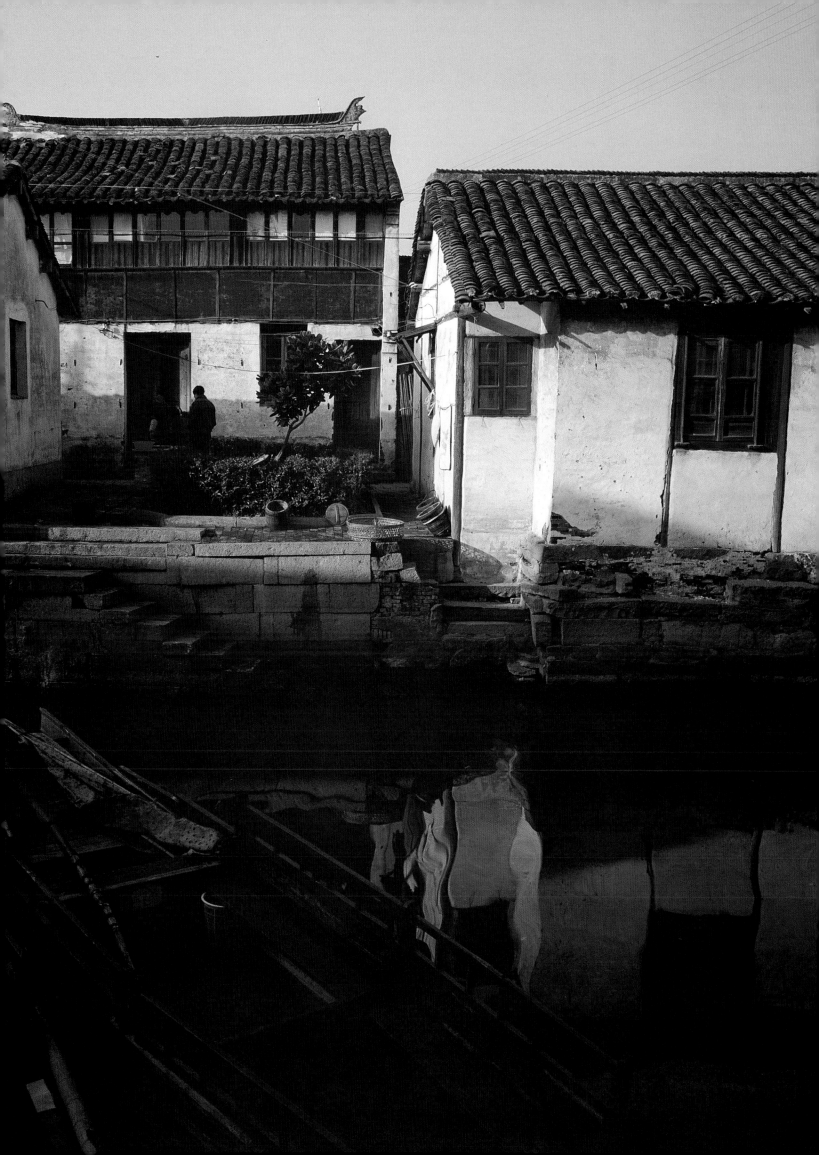

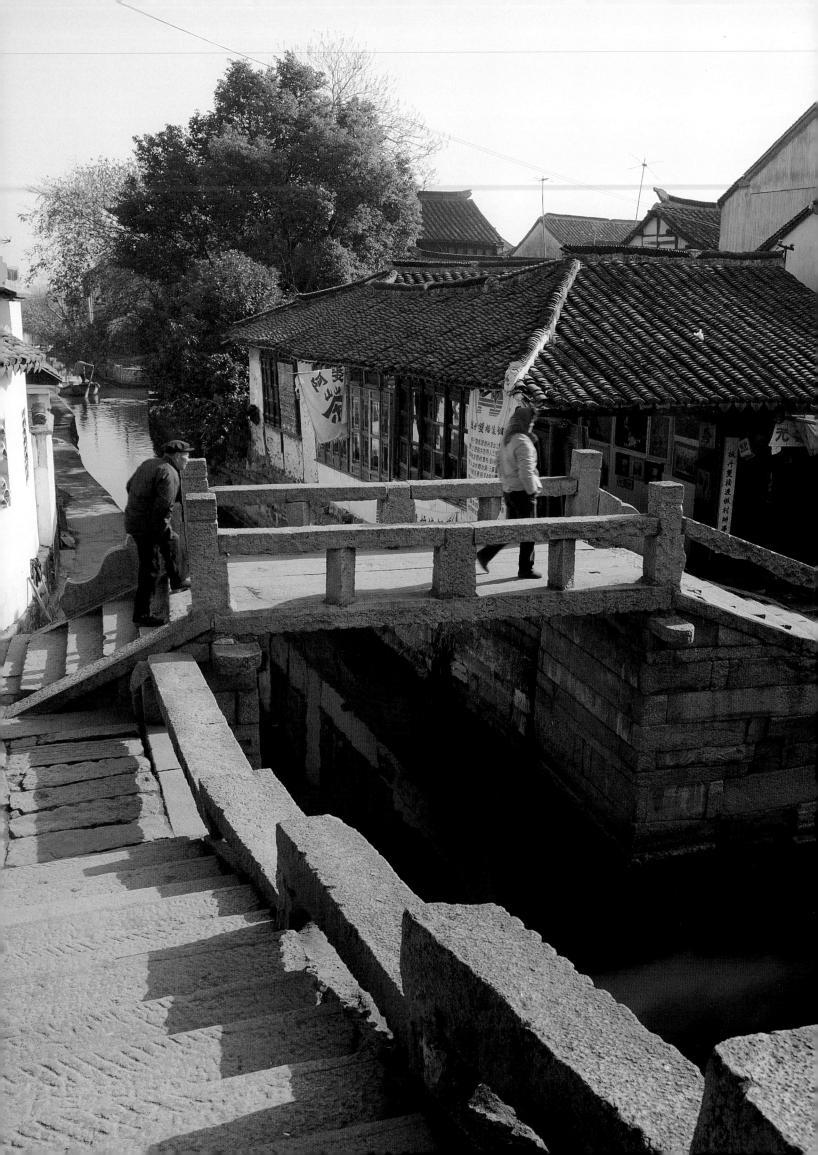

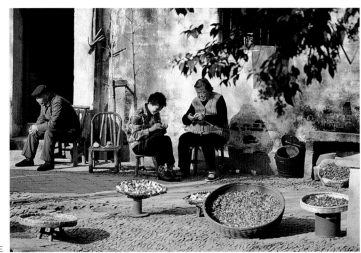

圖八三

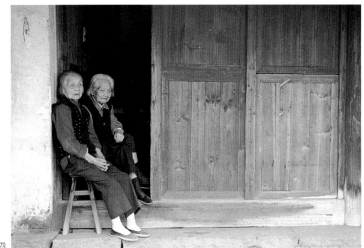

圖八四

圖八二　世德橋和太平橋成丁字相
　　　　交，像把古鎮匙，周莊人稱
　　　　做鑰匙橋，也稱雙橋。橋畔
　　　　有一座專為婦女們而設的阿
　　　　婆茶茶室。

圖八三至八六
　　　　古鎮巷子裏民居門前的半私
　　　　密空間，安靜、閑適。

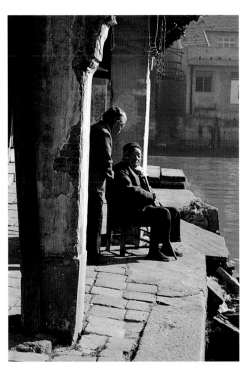

◀圖八二

圖八五

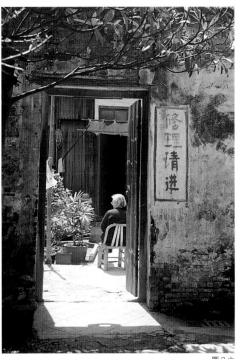

圖八六

第三章

江南古鎮的街·巷·橋·水埠

街市

集市

江南古鎮多是四鄉物資的集散地，小鎮逢單或雙日有集市，而在農閑時集市每天都有；大鎮的集市有固定的場所，相同的商品集中在一起，四鄉農民往往天未亮就起身趕集。如甫里八景中就有「西匯曉市」一景，想當年東方晨曦微露，西匯河已是篙動櫓搖，輕舟集匯，魚蝦滿艙，人聲鼎沸，場景喧鬧。隨着貿易的頻繁，鎮上逐漸形成了固定的街市，俗稱「柵」。（柵：柵先是在水上設的柵欄，後因鎮市由中心向柵門延伸而名之）因着這街市設了許多菜館、酒樓、茶館等供客商坐賈交談、宴飲、娛樂，沿街店面招幌林立，熱鬧非凡。

古鎮上的寺廟常有宗教活動，相應地往往在古鎮中心有了廟會。如甫直鎮的保聖寺是唐朝時就建造的古寺廟，《甫直鎮志》上載有：「每逢新正十日，保聖寺攤肆林立，百戲雜陳，盛況不讓蘇州之玄妙觀，里人扶老攜幼而往，名曰『遊保聖』。際時，寺內寺外，人車熙攘。」在烏鎮有烏將軍廟，每年的清明節，正是養蠶季節前夕，四鄉農民匯集於此，廟前人如潮湧，尤以蠶娘居多，焚香燃燭，祈求「蠶花」豐年。老嫗少婦們燒過香就在廟會集市上購買物品，這是烏鎮一年中最好的利市。廟會使鎮的貿易更加活躍。

▶ 青浦縣朱家角廟市俯視。

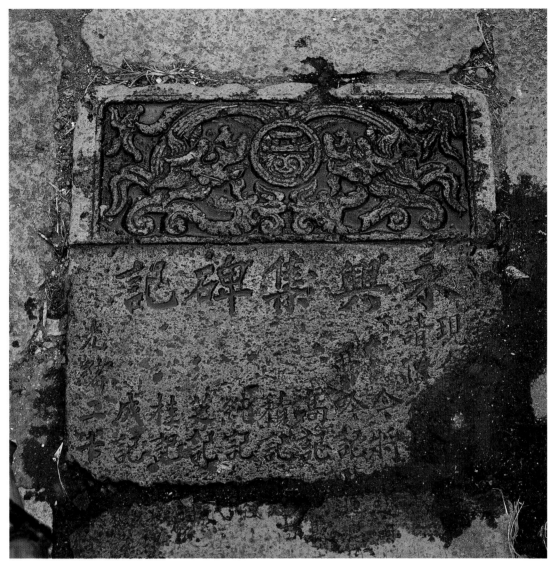

圖八七

圖八七　永興集碑，東浦鎮於清光
　　　　緒二十年(公元1895年)
　　　　立，清政府對集鎮地盤及
　　　　主要店舖進行稅收管理，
　　　　刻石以記。

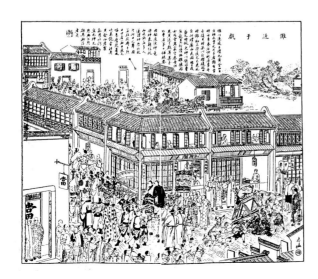

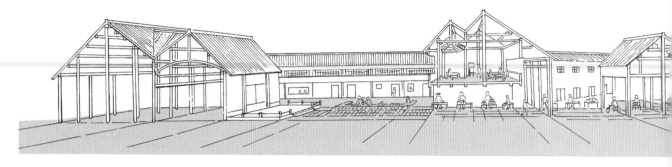

▶ 青浦縣朱家角城隍廟及廟前環境。廟院和大門前是開敞的，大門正對河橋，旁有水埠，沿河沿街全是店舖。

大殿　　　　　　　　　　中庭廣場　　　　　　　　前殿(戲台)　　　　　　山門

在鎮的中心，除寺廟外還有主要橋樑、大型茶館等公共建築所圍合的廣場。這裏「中心」的含義不是指鎮的地理意義上或幾何意義上的中心，而是由鎮的經濟活動形成的中心，最普遍的是早上的菜市、集市以及廟會的小商品市場。但是古鎮中的廣場與我們現代意義上的廣場或與歐洲傳統的廣場相比，其尺度要小得多，確切地說是鎮的線形街市中心部份的擴展。處在其中的人們除了在左右攤主前稍做停駐外，始終是或向前或向後流動的，所以這是一個既非靜態的、又非向心的流動性的空間。

具有代表性的有甪直鎮的橋頭廣場，它在兩座橋之間，有寬闊的河埠和兩條道路的交會，四方的農民、漁民從船上運來了新鮮的蔬菜、水果，鮮活的魚蝦，在這裏擺攤出售，圍繞廣場四周是各種商店和市場。此外，如朱家角城隍廟前正對市河小橋，沿河碼頭和廟門前方留出兩塊空地，成為廟前廣場。現在城隍廟已改作他用，但由於長期形成的習慣和周圍環境所造成的氛圍使它仍成為鎮中心。每天早晨天剛放亮，這裏已是熙熙攘攘的市場了。吳縣東山楊灣鎮有河端廣場，在廣場入口處建了一個圍牆券門，使廣場四周圍合起來，是楊灣古鎮入口的標誌。廣場的寬敞和小巷的狹窄形成了對比，這一收一放使整個空間既有自然的過渡，又有鮮明的層次。四鄉來的漁船、農船雲集於此，廣場自然成了農貿市場。

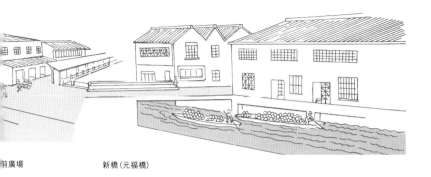

前廣場　　　　　新橋(元福橋)

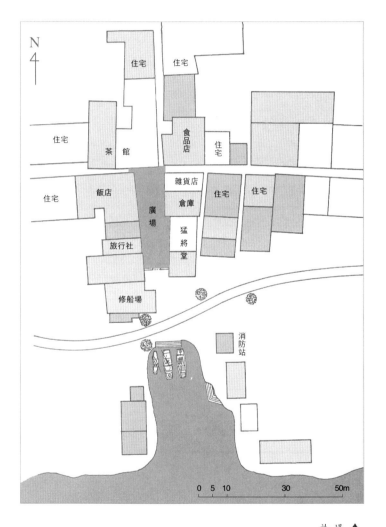

住宅　住宅
住宅
茶　館　食品店　住宅
住宅　飯店　雜貨店　住宅　住宅
廣場　倉庫　猛將堂
旅行社
修船場
消防站

0 5 10　　30　　50m

▲吳縣東山楊灣鎮河端廣場平面圖。廣場前的道路於一九七八年開通。

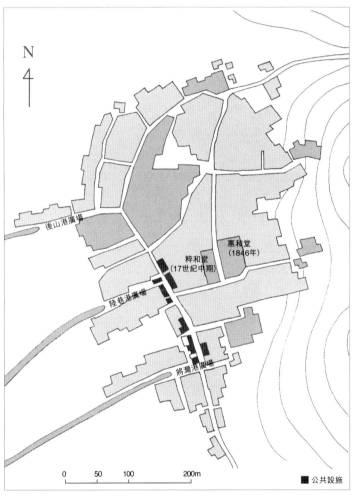

後山港廣場

粹和堂
(17世紀中期)

惠和堂
(1846年)

陸巷港廣場

將灣港廣場

0　50　100　200m　　■公共設施

▲吳縣東山鎮陸巷。三條河港形成三個港灣廣場。

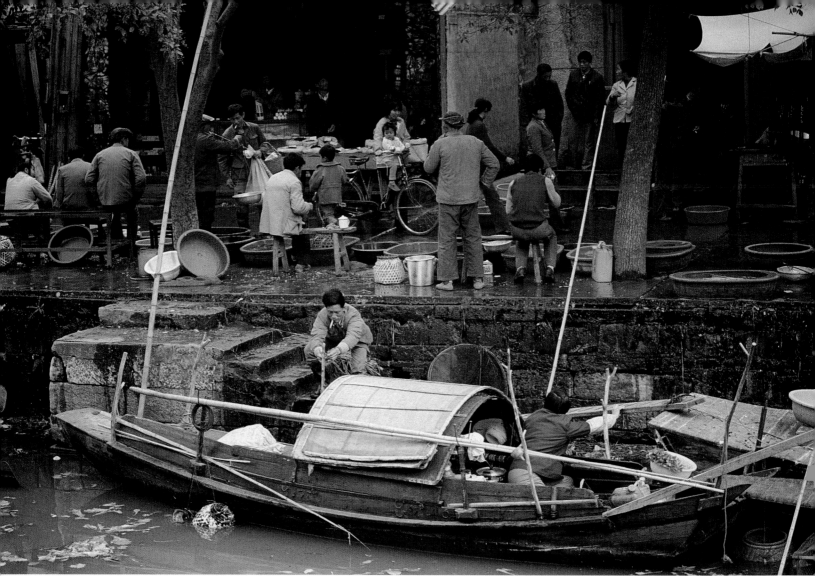

圖八八

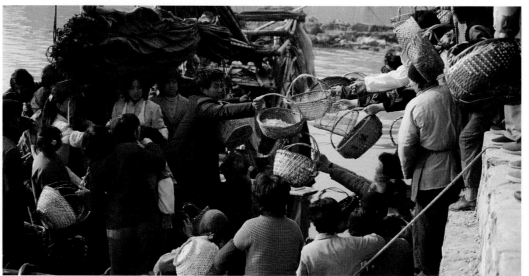

圖八九

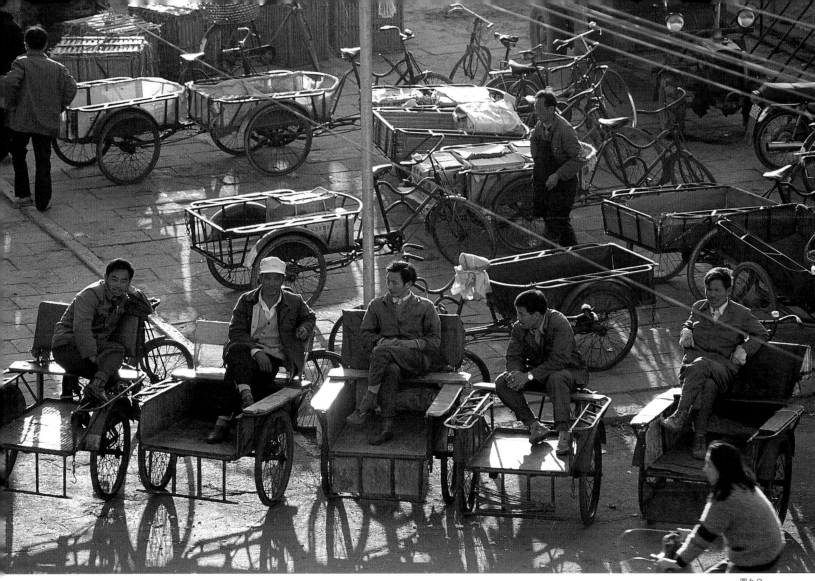

圖九〇

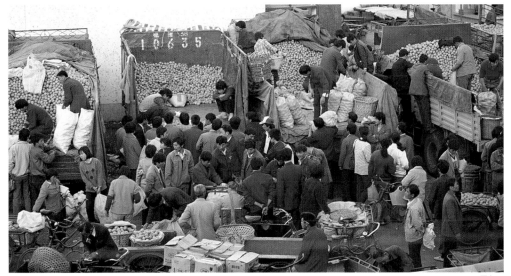

圖九一

集市：

圖八八　盛澤農貿市場，屬於自
　　　　產自銷的小本經營，便
　　　　民利市。

圖八九　清晨魚市。

圖九〇　販運桔子的三輪車，一清
　　　　早就在市場上等候顧客
　　　　了。

圖九一　東山鎮的桔子上市了。

81

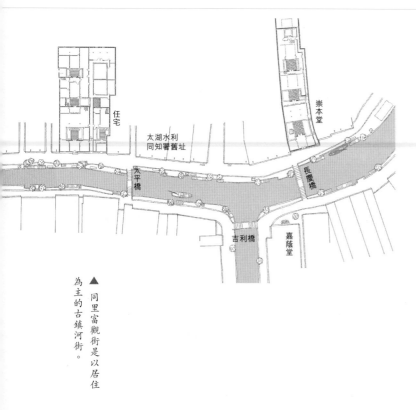

▲ 同里富觀街是以居住為主的古鎮河街。

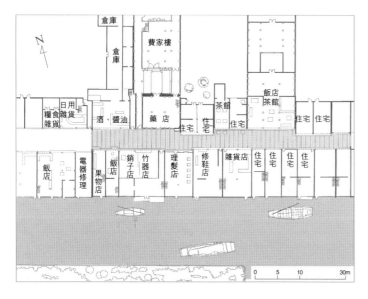

▲ 烏鎮西柵費家樓，沿河沿街盡是街市。

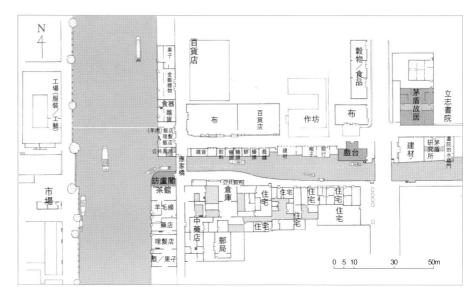

▶ 烏鎮中市街，沿河成街市，橋堍是最熱鬧的地方，有茶館、飯店、戲台和商店等。

街市

作為商業街功能的街市，在其中心有定期的集市，而鎮的長久的經濟實力是由設在街市上的固定的店舖來支持的，這些店舖一部份是因來此地的商人在鎮上的定居，即由「行商」變為「坐賈」而設的，坐賈使得街市還具有了居住的功能，出現了前店後宅或上宅下店的形式。此外，另一部份的店面則是由古鎮上的居民開設的，由於古鎮的傳統生產方式為家庭手工業，使作坊緊附於商店和宅居而形成了前店後坊。可見古鎮的街市兼具有商業、生產、居住三種功能。

街市的空間形態是由河道、街和建築物組成。三者之間的位置關係表現為店舖有面河的和背河的兩種。不管哪一種形式，街巷上的人們總是要與河發生關係，所以在長長的街巷上，即使用地再緊，密密匝匝的店舖門面中，每隔一段就有一個入河的通道，使得街巷能得到水的靈氣。

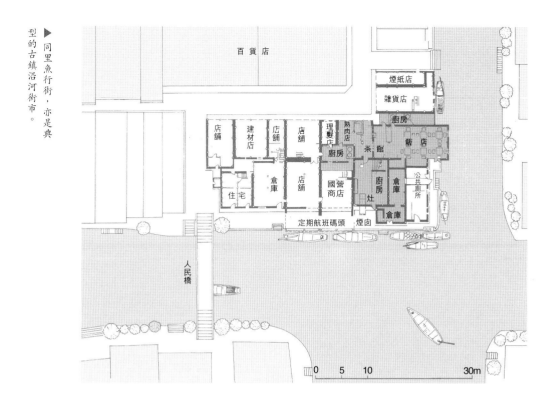

▶ 同里魚行街，亦是典型的古鎮沿河街市。

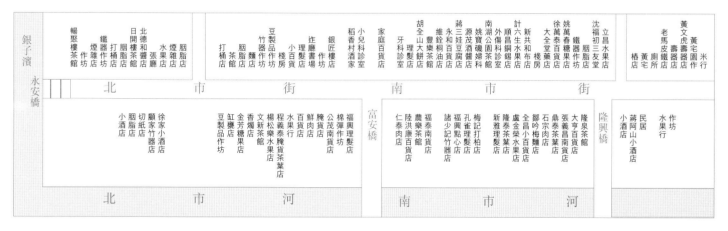

▲ 昆山周莊鎮南北市街一九五六年商店名稱實錄。

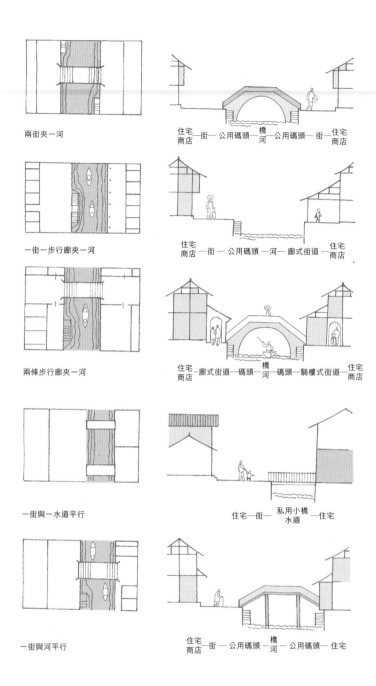

兩街夾一河

住宅 — 街 — 公用碼頭 — 橋河 — 公用碼頭 — 街 — 住宅
商店 商店

一街一步行廊夾一河

住宅 — 街 — 公用碼頭 — 河 — 廊式街道 — 住宅
商店 商店

兩條步行廊夾一河

住宅 — 廊式街道 — 碼頭 — 橋河 — 碼頭 — 騎樓式街道 — 住宅
商店 商店

一街與一水道平行

住宅 — 街 — 私用小橋水道 — 住宅

一街與河平行

住宅 — 街 — 公用碼頭 — 橋河 — 公用碼頭 — 住宅
商店

▲
面河式街市佈局。
（選自《浙江民居》）

面河式：通常的模式有建築物——街——河——街——建築物和街——建築物——河——街——建築物。此種方式多由於河道比較寬敞，且水路交通特別便利，將街市直接設在河的兩邊或一邊，可以在河道與街市之間直接進行貨物的貿易和交換。因此為便於水陸客貨的轉運，在河道兩旁一般均有許多公用的碼頭，商店沿街平行展開，空間比較開闊，兩邊的建築物可以是上宅下店，或前店後宅，具有比較大的縱深方向的伸展餘地。另外，由於江南水鄉地區多雨，因而沿河的一面或兩面街道往往設雨廊或騎樓式的步行道，使得一年四季的集市貿易能不受風霜雨雪的影響。這種以河為中心的市的模式在大多數的江南古鎮中可以見到，如雙林鎮的中心市在雙溪兩邊，「溪左右延袤數十里，俗皆產紗，於是四方之商賈咸集以貿易焉。」(清乾隆《雙林鎮志》)

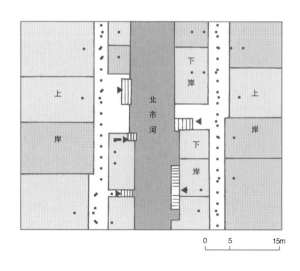

0　5　　　15m

▲
周莊北市街沿河佈局。按河的走向，河之南為上岸，河之北為下岸。下岸為沿河房屋，下岸可直接裝卸貨物，臨河作店面。上層作居住用。上岸為沿河店鋪、倉庫或作坊，底層作店鋪、倉庫或作坊，臨街作店面。上層為居住用。上岸為隔街不臨河，靠街對面開敞的公共水埠與河相連繫。由於用地有進深，成前店後宅佈置。

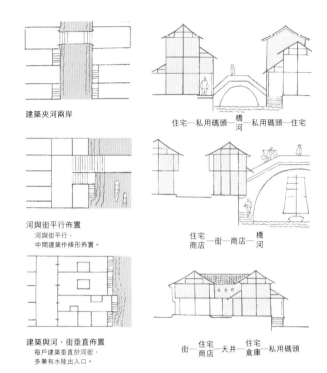

背河式：通常的模式是：建築物——街——建築物——河，這種關係是以夾峙在建築物當中的街為中心，而河是起運輸作用，因此在河道上往往有私用的水埠接受運送船載貨物，並每隔一段設一較大的公共碼頭以便利不臨河街面店舖的貨物接卸。由於沿河一面的建築物是前街後河，兼有水陸交通之便，因而這種建築物的底層往往是商店或作坊，而樓上住人，形成「下店上宅」的居住模式。街的另一面建築物則是前店後宅，用地緊迫的也有下店上宅式。大戶人家則兼有街的兩邊，臨河一邊是以店舖、倉庫為主，另一邊前是店舖，後是深宅大院。

江南古鎮的富庶繁華是由街市表現出來的。街道兩邊的商店一家緊挨一家，街道一般不寬，約四至五米，所以呈現出一派摩肩接踵、川流不息的熱鬧景象。

建築夾河兩岸

河與街平行佈置
河與街平行，
中間建築作條形佈置。

建築與河、街垂直佈置
每戶建築垂直於河街，
多兼有水陸出入口。

住宅—私用碼頭—橋河—私用碼頭—住宅

住宅商店—街—商店—橋河

街住宅商店—天井—住宅倉庫—私用碼頭

▲
背河式街市佈局。
（選自《浙江民居》）

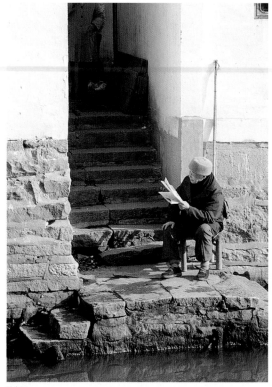

圖九二

圖九三

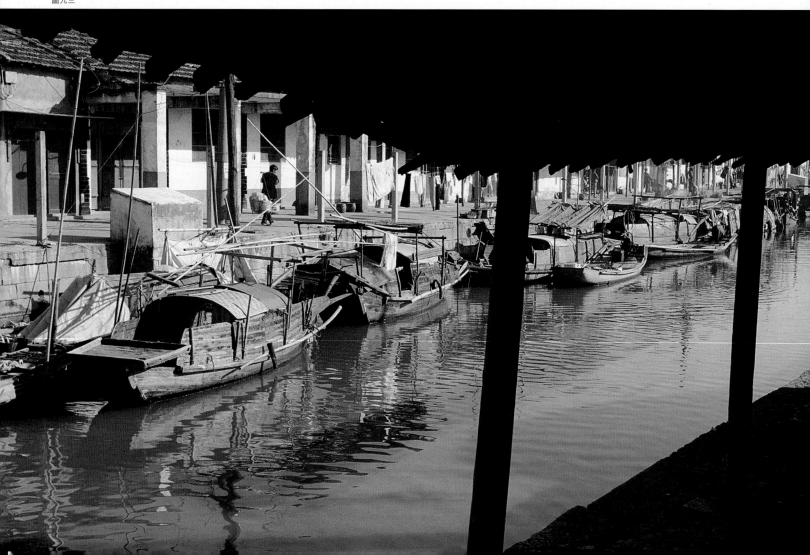

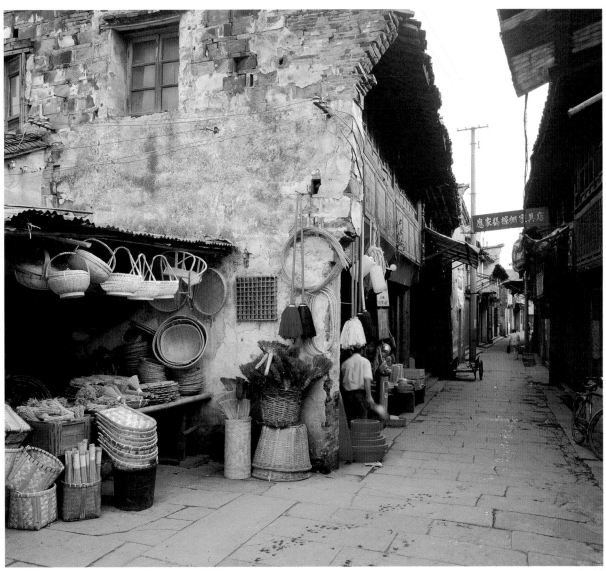

圖九四

街：

圖九二　街市中的入河通道。

圖九三　斗門鎮長街。

圖九四　烏鎮中市。

圖九五　（後頁）背河式街市：周莊鎮

　　　　街市俯視。

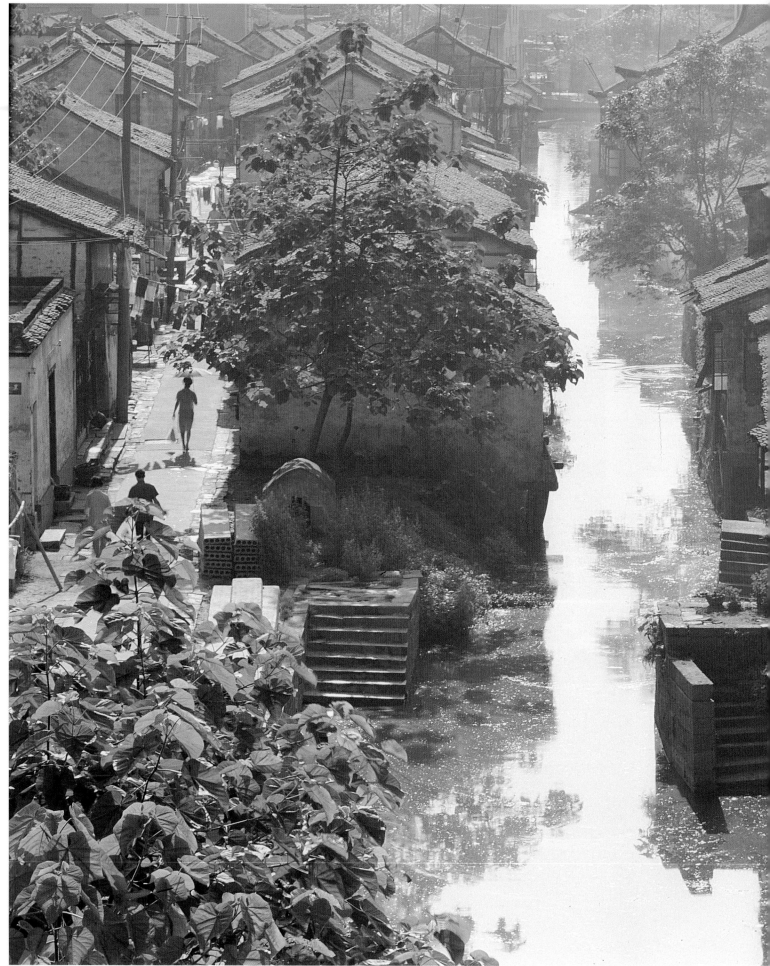

圖九五

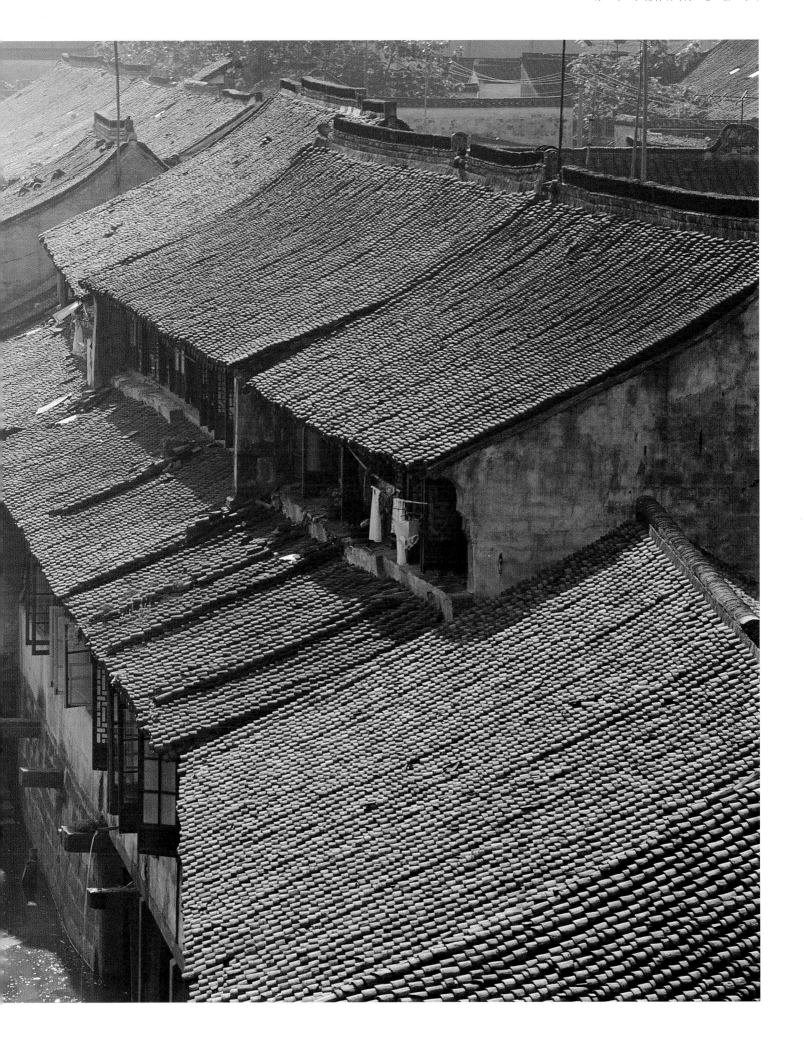

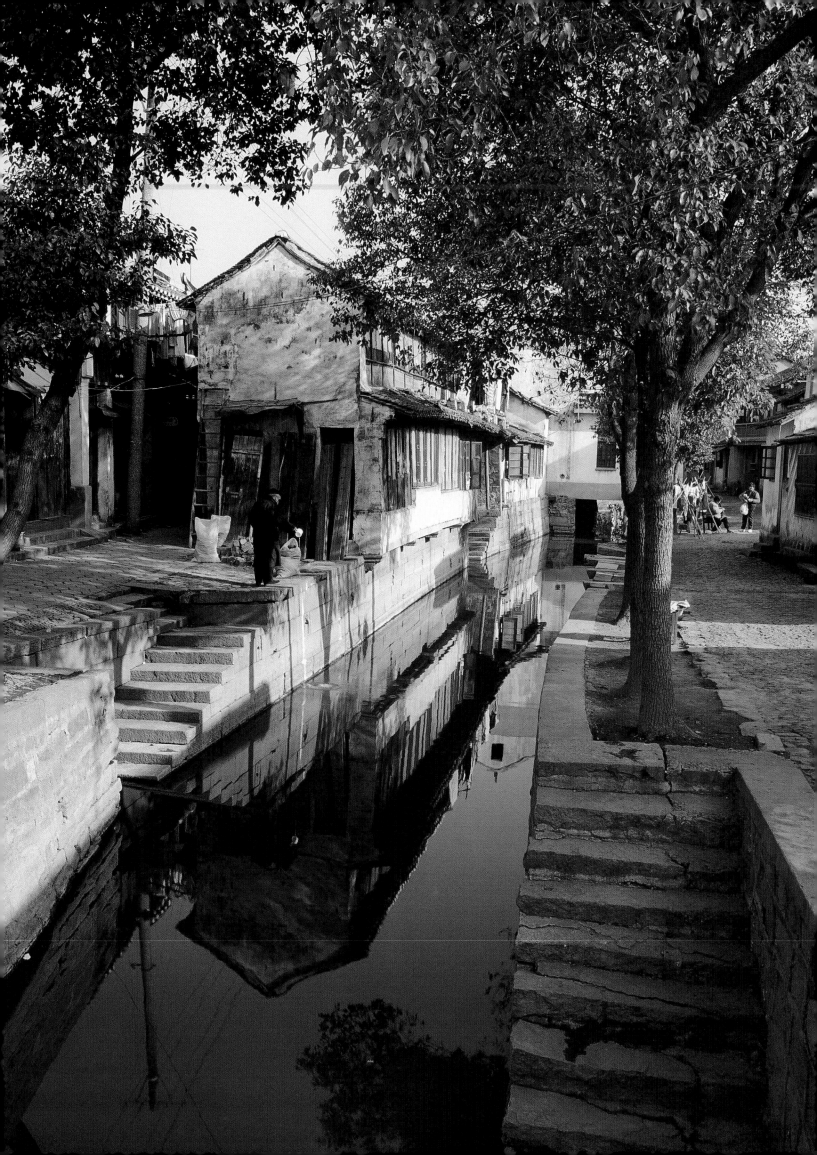

◀圖九六

圖九七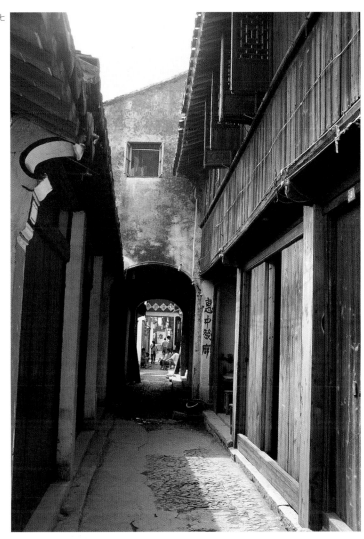

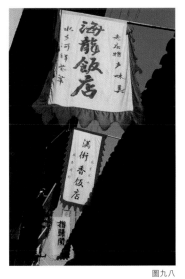

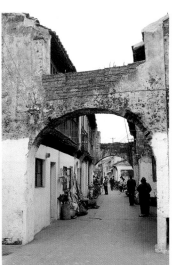

圖九八　　　　　　　　　　　圖九九

圖九六　用直西匯上塘街市。

圖九七　街市上的騎樓、過街樓跨街
　　　　而過，既豐富了街市的景
　　　　觀，又增加了沿街酒肆的營
　　　　業面積。

圖九八　林立的商店招幌使小街更熱
　　　　鬧了。

圖九九　盛澤街上的券門。古時以券
　　　　門劃分土地的所有權或店舖
　　　　的領地，同時使平直的街巷
　　　　有了變化。

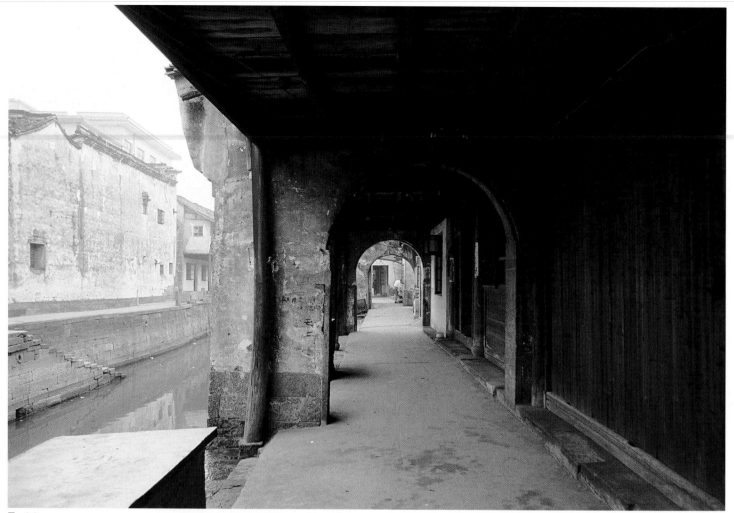

圖一〇〇

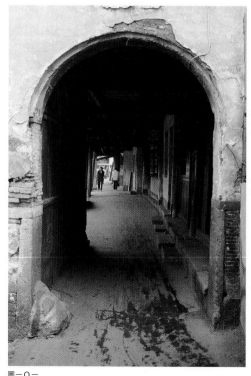

圖一〇一

圖一〇〇、一〇一
　　南潯鎮百間樓沿河街市
　　上的券門。
圖一〇二　用直鎮上的過街樓。

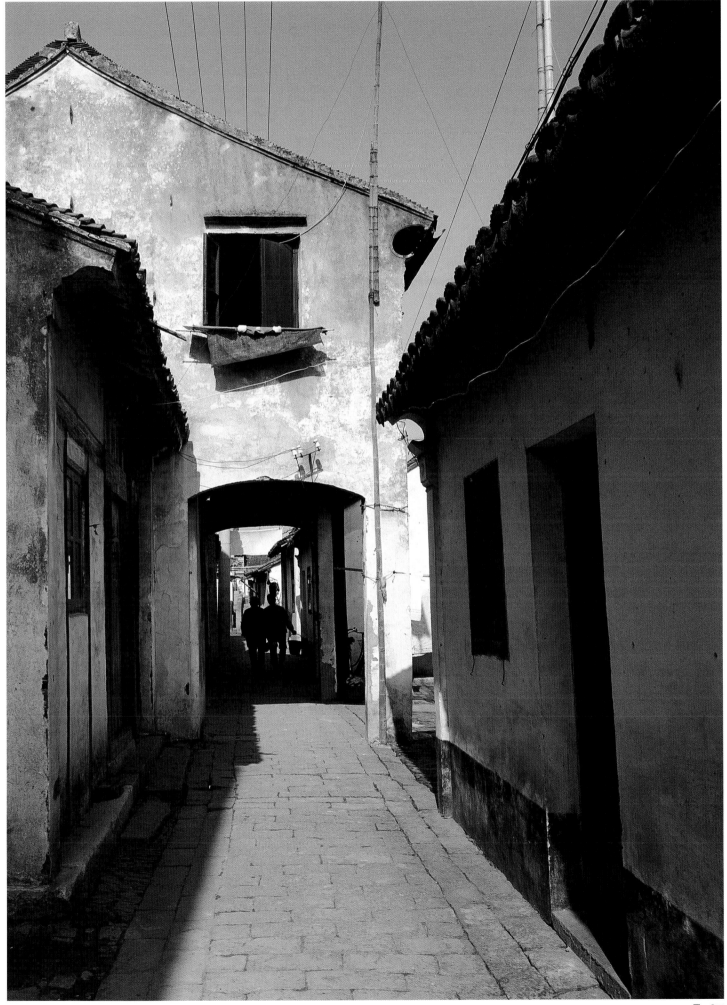

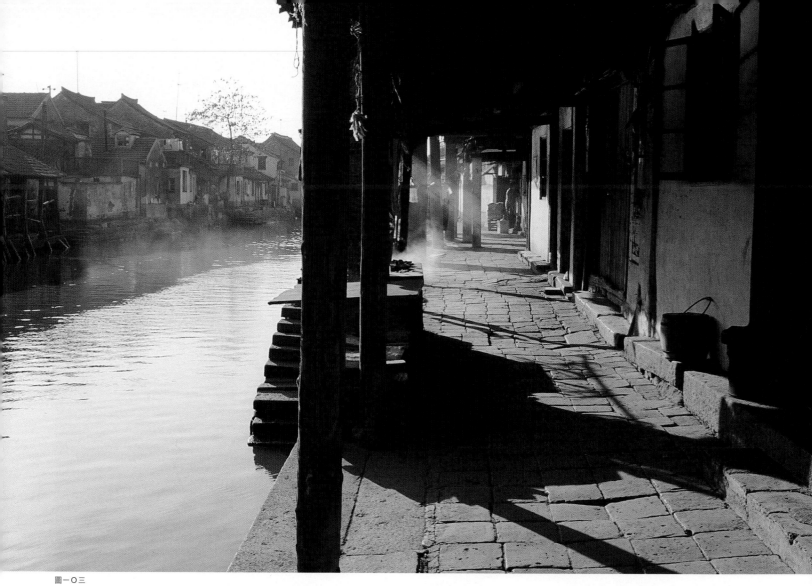

圖一○三、一○四、一○六
　　　　沿河街上開滿了店舖，
　　　　柱廊既方便店家從河上
　　　　運貨，又為行人提供了
　　　　遮陽避雨的廊道。

圖一○五　在較寬的廊道上，食攤
　　　　佔據了有利的位置。

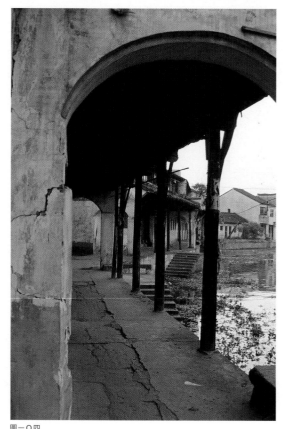

圖一○四

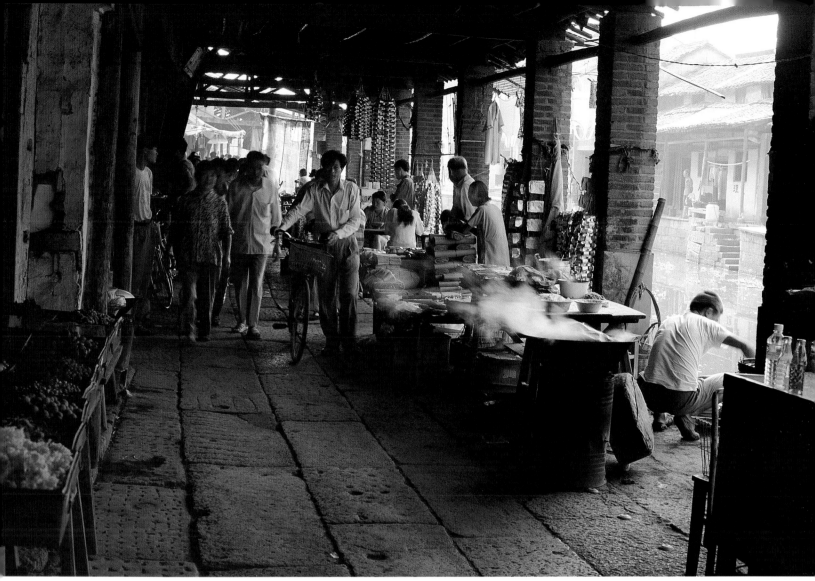

圖一〇五

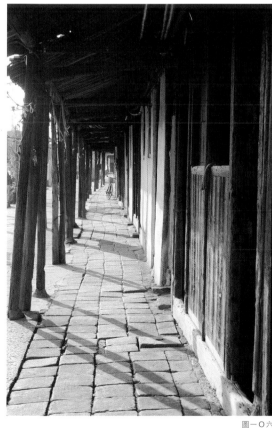

圖一〇六

巷

　　江南古鎮的中心部份是街市，是古鎮居民日常活動的中心，也是維繫四鄉的紐帶，巷是居民出入的步行小道，巷直接與每戶居民相連，並且又都與鎮上的街相接。古鎮的巷通常是狹窄的，路面一般寬兩、三米左右，最窄的只容一人通過。在小巷中，由於住宅山牆的夾峙和住宅平面的影響，使小巷有轉折、收合、導引、過渡的變化。古鎮的巷道在大片山牆夾峙下，天空呈現窄窄的一線，蜿蜒的石子路把你帶到小巷深處。住宅的對外元素：檐、窗、側門、台階、照壁，富有節奏地排列着，如清風送來的風鈴聲，時斷時續，歡樂而又隨意，輕輕滴落在人的心頭。大宅門前的照壁都做得很講究，照壁與住宅的大門相對，構成一個開放的空間場地，住宅的入口與巷滲透溶和到一起了。小巷似乎常常被納入為私人空間的一部份，這是古鎮中私密性、公共性空間呈模糊界面的一個典型例子。這種模糊界面在古鎮中有不少存在，使得古鎮帶有很強的開敞和包容性，不管居住在這裏的人還是遠道而來的外鄉客都有一種親切的被接納感。小巷在與街道的交匯處設有門洞、飛樑，甚至過街樓，（注：過街樓是住戶聯繫路兩側院落的通道。）以此明確區分內外空間。也有些以台階標誌其空間的開始，台階作為小巷的引端，這種地坪的高差很自然地給人們一種提示，使小巷的空間顯示出內向的特性。還有些小巷上設券門，除有引導和分隔空間的作用外，大多有對景的作用，如同園林中的空窗框景，一般以鎮的標誌性建築：塔、橋、廟宇、百年老樹、街景等為對景對象。有的小巷遺存有牌坊殘柱，牌坊是對巷內曾有過的傑出人物的紀念，是這條小巷的驕傲。安靜的小巷並不呆板，所有的這些建築構件細膩地抒寫着一首雋永的詩。

　　古鎮的街道平直、熱鬧、開放，而古鎮的小巷彎曲多變，安靜、封閉。小巷裏有白的牆、灰的磚、黑的瓦、栗色的門窗，幾棵老樹斑駁的年輪是悠悠歷史的見證，殘斷的圍牆上掛着籐蔓，叢竹、水井、半掩的宅門、覓食的雞群、懶睡的花貓，是一幅安逸幽雅的風情畫卷。

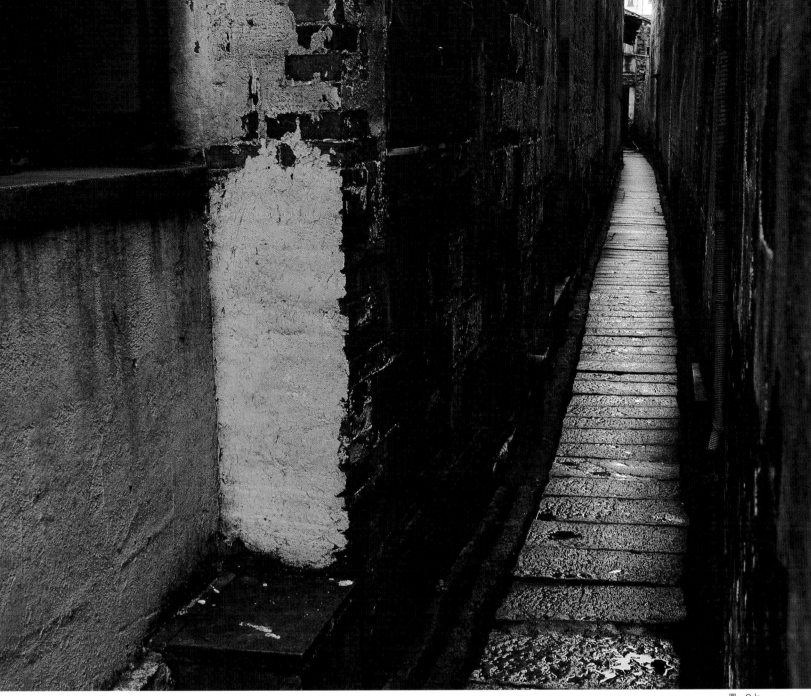

圖一〇七

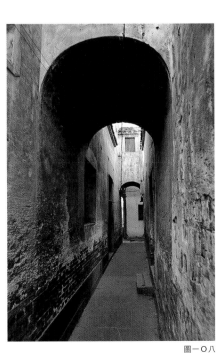

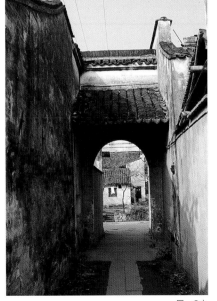

圖一〇七　西塘鎮的石皮弄。

圖一〇八　雙林鎮大宅間的火巷。
　　　　　火巷是兩大宅之間留出
　　　　　的窄巷，寬僅一米左
　　　　　右，用作防火隔離和通
　　　　　道。

圖一〇九　以券門示意小巷的開
　　　　　端。

圖一〇八　　　　　　　　　　圖一〇九

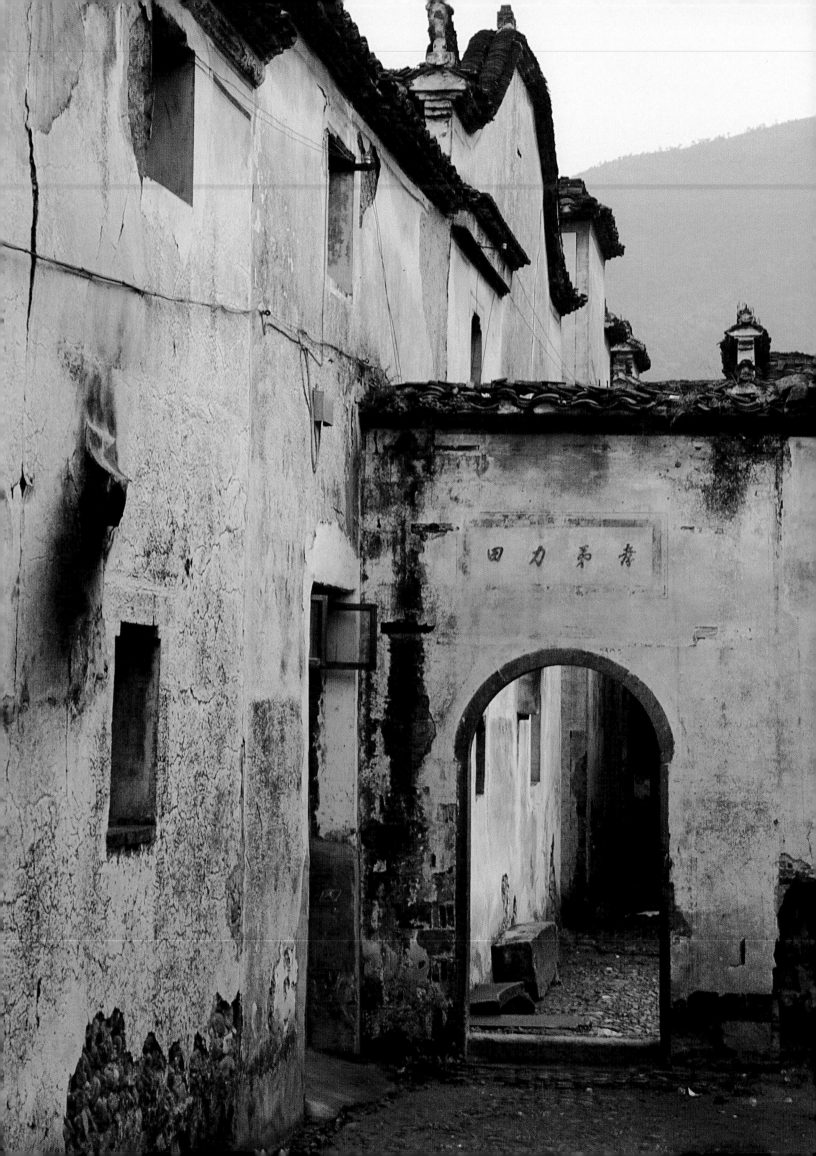

◀圖一一○

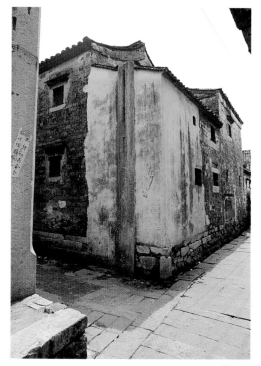

圖一一一

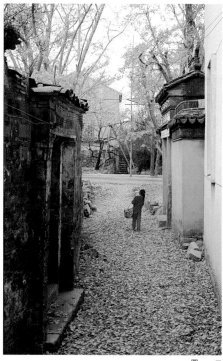

圖一一二

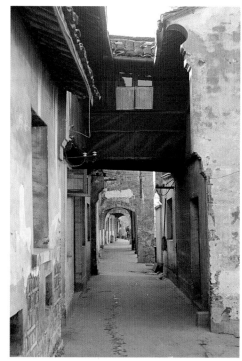

圖一一三

圖一一○　位於龍門鎮的一條小巷，其券門和相連的大宅外牆上錯落有致的門窗，使小巷的空間並不單調。巷口常常有小廣場，一棵古樹、一座小橋或者是一口水井。

圖一一一　陸巷鎮小巷口的牌坊殘柱。

圖一一二　小巷古井。

圖一一三　巷中的過街樓，為跨巷兩邊的住戶的私用通道。

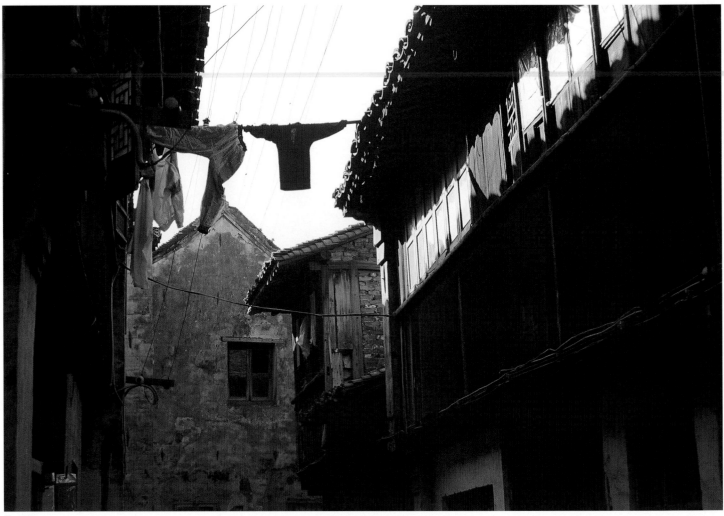

圖一一四

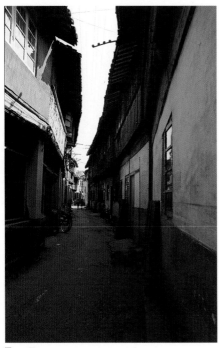

圖一一五

圖一一四　狹窄的小巷中，兩邊住
　　　　　戶可方便地搭曬衣竿。

圖一一五　蜿蜒的長巷。

圖一一六　古巷餘暉。

圖一一六 ▶

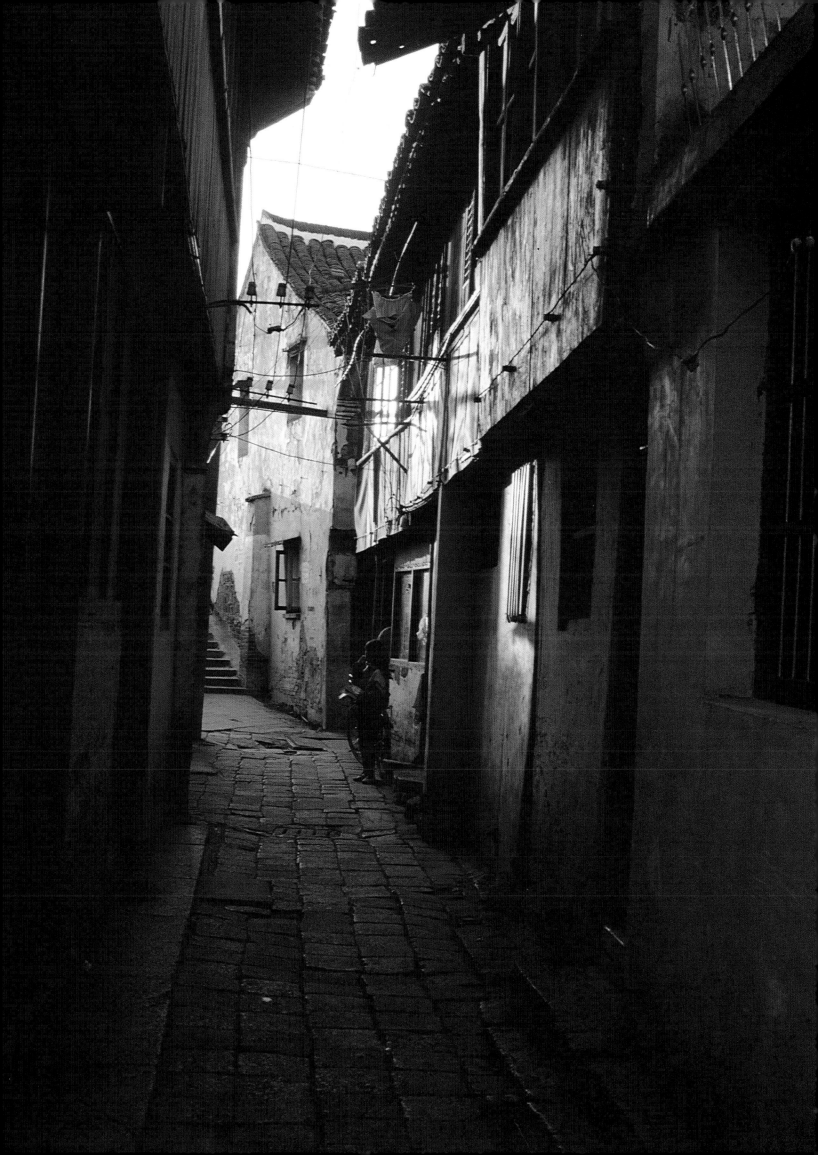

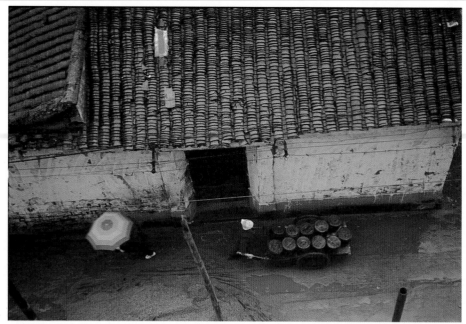

圖一一七

圖一一七、一一八
　　古巷晨作。
　　許多古鎮尚無足夠的衛
　　生設施，清晨倒馬桶是
　　每家必做的事情。

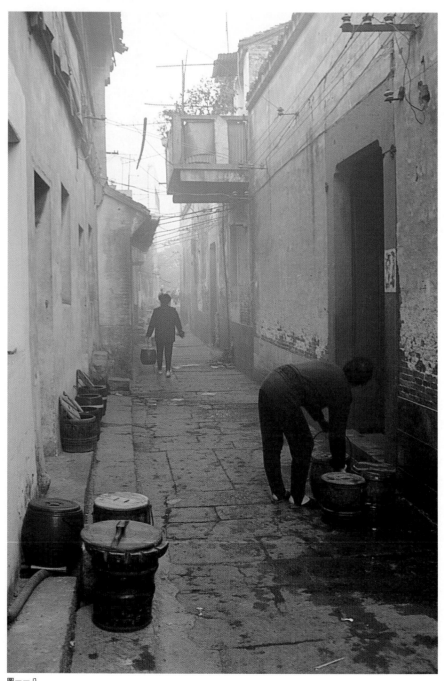

圖一一八

河、橋

水利

　　江南地區氣候濕潤，春夏兩季雨多水漲，古鎮的河道多與外水相連，其主要功能是排水洩洪，以防旱澇。據民國《南潯志》載：「太湖舊有沿湖之堤，多為漊漊有斗門制以巨木甚固，門各有插板，旱則閉之，以防溪水之走洩，有東北風亦閉之，以防湖水之暴漲。」可見人們憑藉多年積累的經驗，對水勢有足夠的了解，治水以疏導為法，對外水有一定的控制；鎮內形成了完善的河渠水系，保障了古鎮不受水患。鎮內的河道大多是人工修築，為防止坍塌，兩岸砌有陡直的石駁岸，這樣也便於房屋直接造在河邊。水面與岸沿保持一定的距離，一般為 2 米，大暴雨時，能防止河水溢上街巷。

橋

　　「小橋、流水、人家」，橋是構成江南水鄉古鎮獨特魅力的主要因素。水鄉多河，因而橋也多，而且建造年代悠久。比如吳縣的同里鎮，在清代時鎮區面積有0.47平方公里，有橋46座，將被河道分成五塊的整個鎮區聯接起來，許多還是明、清時代建造的古橋，也有個別是元代的古橋，飽經滄桑，幸運地留存了下來。

　　橋是古鎮水陸交通的紐帶，在江南平坦的土地上橋拱隆起，環洞圓潤，打破了單調的平坦空間，將遠山近水襯托得那樣調和、優美，把水面和陸地緊緊相連。

　　古時橋的建造往往是民間集資，「橋樑之興廢，民間之

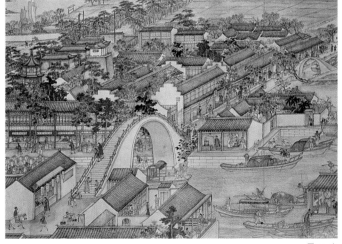

圖一一九

圖一一九　斜橋分水：木瀆為蘇州府下的一個大鎮，由光福來的香水溪在此分流下至沙墟，而後穿斜橋與胥江而東下，故斜橋一帶成為船隻停靠御裝之區，店舖當河而設。鎮外河邊設有營汛哨樓一座，隨時觀察水勢，乃當時木瀆所轄十四處水陸汛口之一。

利病繫焉，故建橋多為義舉。」(《甫里鎮志》) 所以橋之橫樑或橋聯所鐫刻的或是建橋的原因、或是資助者的姓名，用以標前勵後。

橋的第一功能是保持陸路交通的連續性，方便行人，是水陸的立體交叉，並根據橋下的河道有無通航要求，而改變橋洞的淨空，故有拱橋、平橋和折橋之別。橋是水陸交通的交匯處，故橋堍及其周圍就成為古鎮中交易最活躍的地帶，南來北往的船舶聚集於此，以橋為中心集散交易貨物。如昆山周莊鎮的富安橋，橋的四角均建有橋樓，開有店舖、茶樓，是全鎮的中心；青浦朱家角的放生橋兩端，原來也是全鎮最熱鬧的地方。橋堍白天是最活躍的商業交易場所，遍佈攤販，擠滿顧客；晚間則是鎮民最喜愛的休憩之所：聚會、談天、納涼、品茗。這種時空使用的交錯與重疊，如東升西落的太陽，年復一年，日復一日，不急不躁，這就是古鎮的生活，有張、有馳、有序，從容、和諧而充滿情趣。

橋上視點較高，視線深遠，是古鎮中較好的觀景點。站在橋上，河街景色盡收眼底，橋上有扶欄石凳，是人們逗留小憩的佳處。橋本身也是一個美好的景致，秀水拱橋，石欄環洞，極富情趣。如周莊的雙橋，就因極富水鄉情趣而進入陳逸飛的畫卷，繼而譽滿海內外。

古鎮的石橋不僅造型優美，而且融合了工藝技術和文化藝術，往往在橋上刻有楹聯，記述史實，狀物抒情，意趣盎然。如同里的長慶橋上的楹聯是：「共解囊金成利濟，如留柱石待標榜。」說明此橋是眾人捐錢修築的。吉利橋南側楹聯：「淺渚波光雲影，小橋流水江村。」北側楹聯：「吉利橋橫形半月，太平梁峙映雙虹。」很有一番詩情畫意。

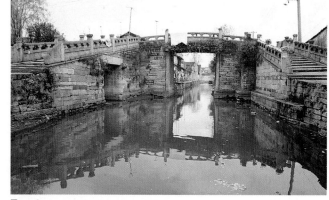

圖一二〇

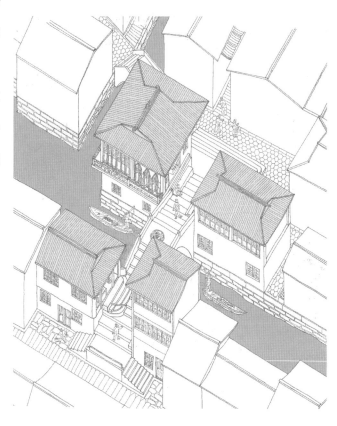

▶ 昆山周莊鎮富安橋。橋的四角建有橋樓，開有茶館、酒樓和理髮店等，是全鎮的中心。

圖一二〇　江南城鎮中的古橋，伴隨着鎮的興衰浮沉，保存至今實屬不易。紹興太平橋建於宋代，兩端踏級　呈「八」字形，俗稱「八字橋」。

圖一二一　「小橋、流水、人家」，古鎮的橋營造了水鄉獨特的風韻。

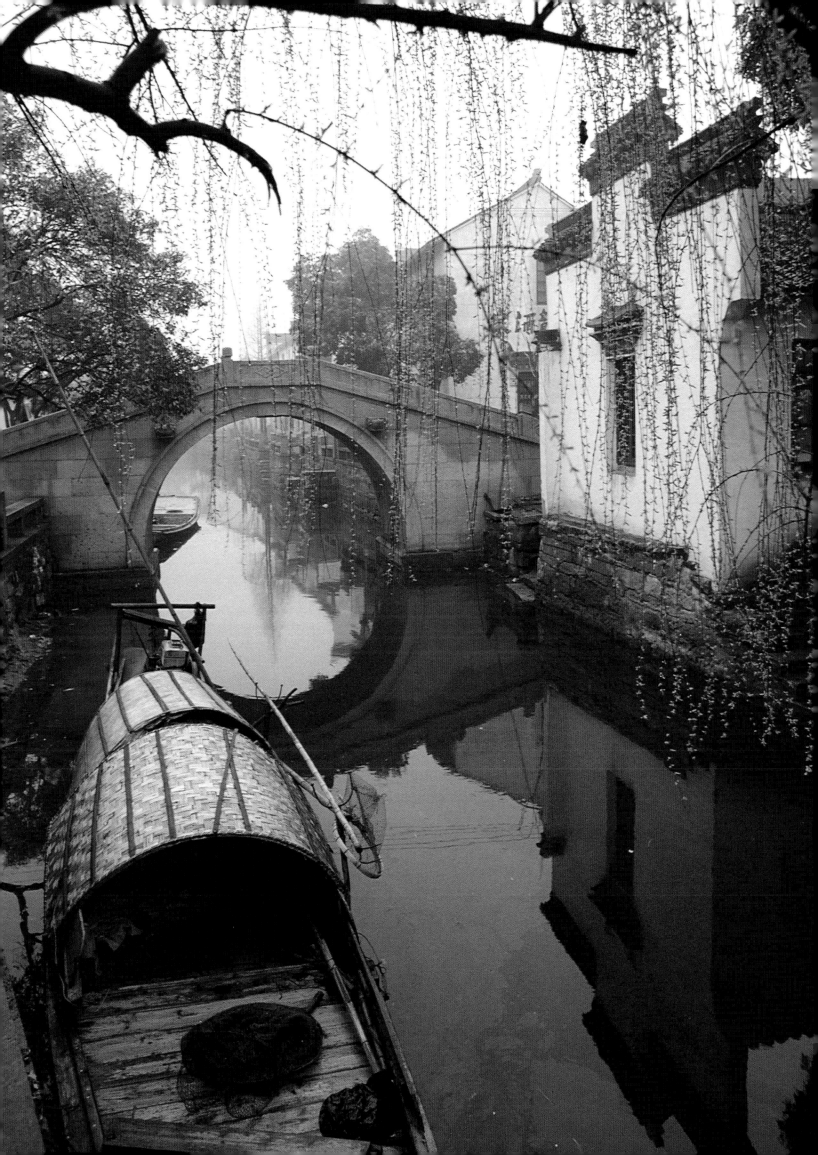

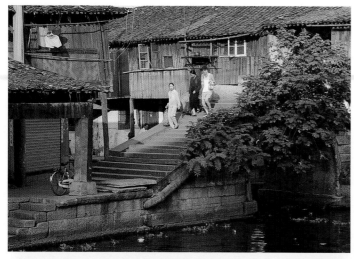

圖一二二

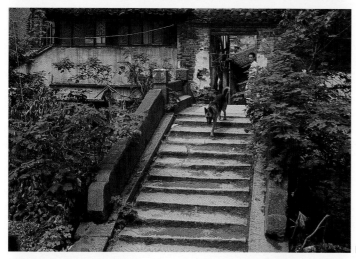

圖一二三

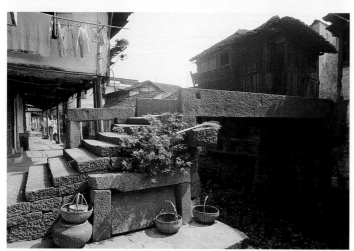

圖一二四

圖一二二　石橋通津，聯接起兩邊
　　　　　的沿河街道。

圖一二三　小橋利渡，橋上設券
　　　　　門，作為街的導入。

圖一二四　安昌鎮的這座小橋，這
　　　　　一邊是一條安靜的沿河
　　　　　小街，那一邊是繁華的
　　　　　市河大街，小橋是居住
　　　　　區通向大街的過渡。

圖一二五　江南河橋，在橋身、橋
　　　　　墩常建有房屋，稱橋
　　　　　樓。現已不多見，周莊
　　　　　鎮富安橋上尚存四座橋
　　　　　樓。

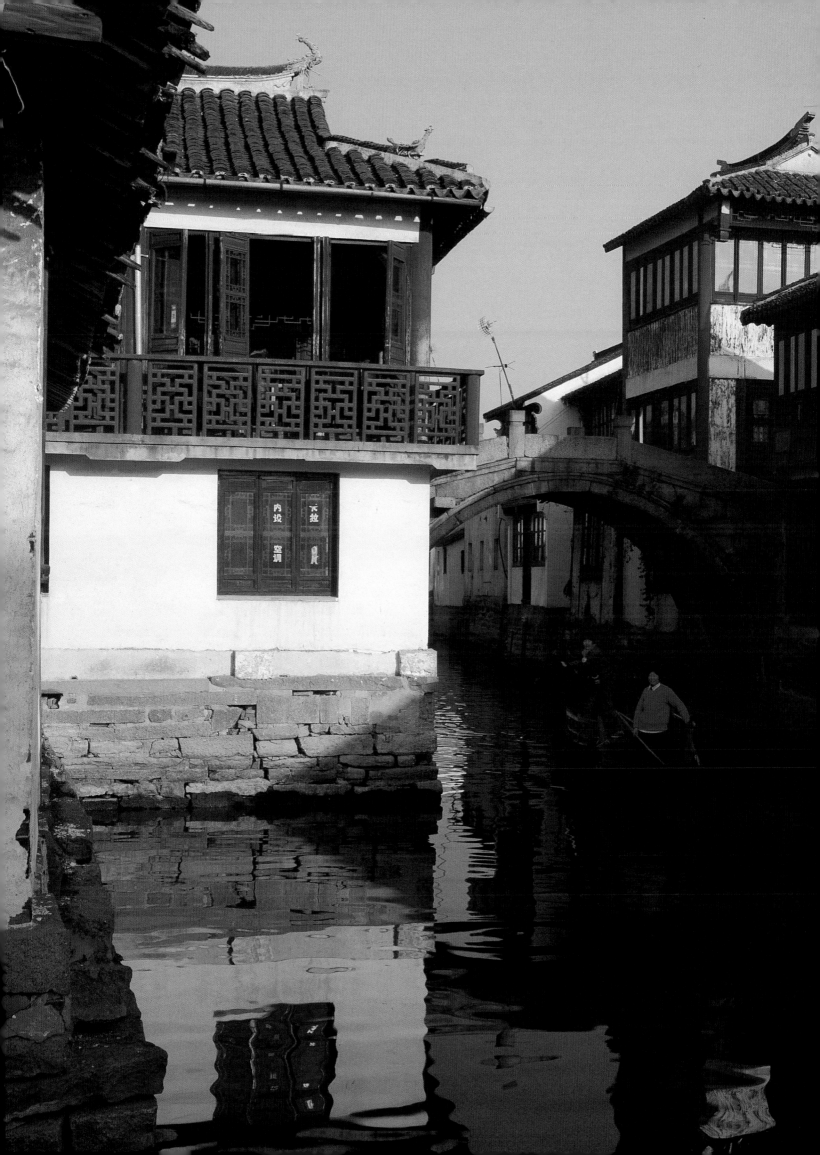

圖一二六

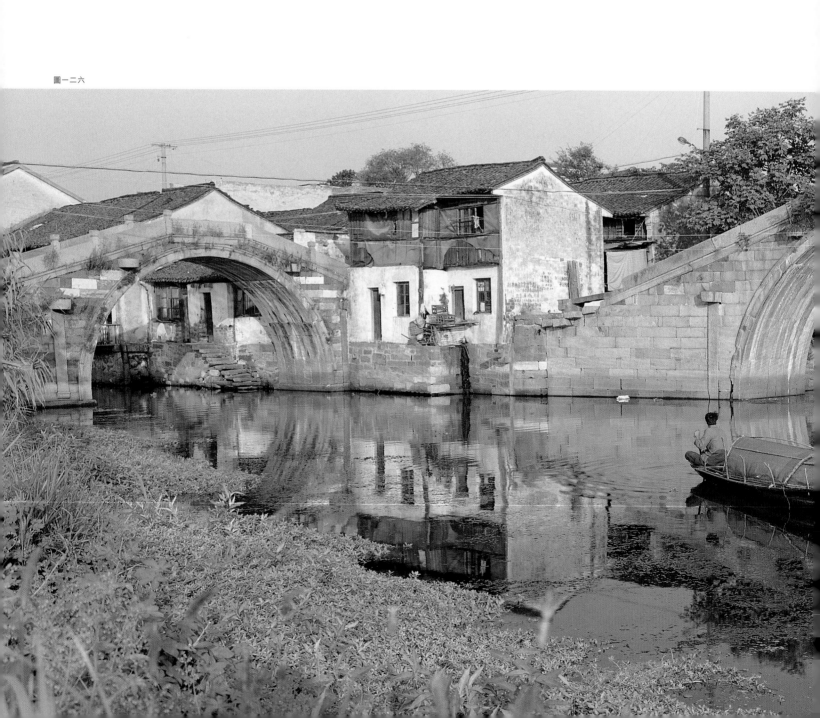

圖一二六　橋橋相望，洞環相對，
　　　　　烏鎮西柵的「雙橋」是連
　　　　　接古鎮與四鄉的紐帶。

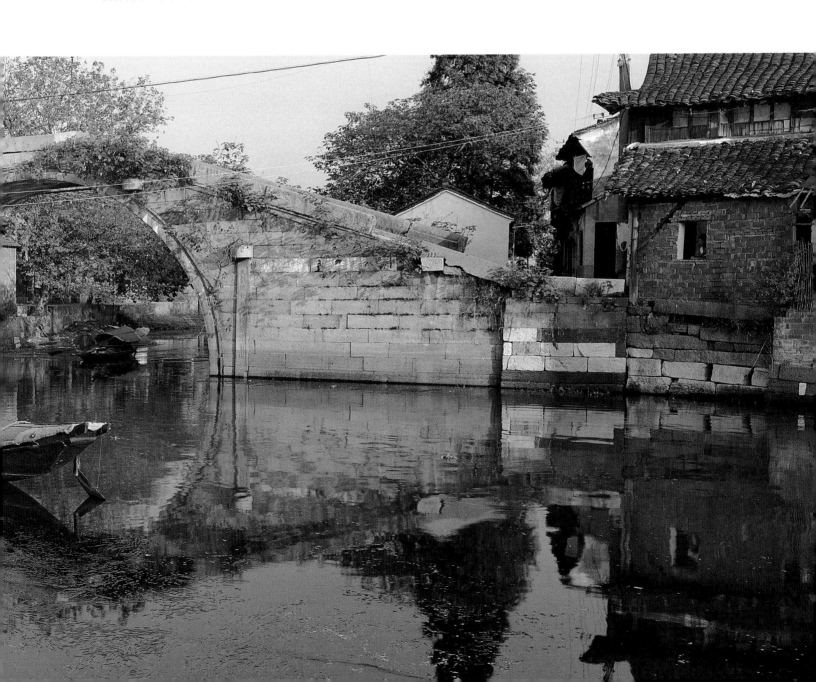

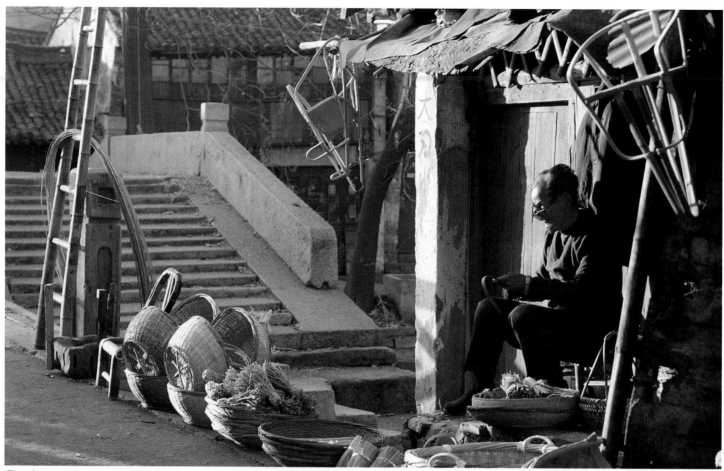

圖一二七

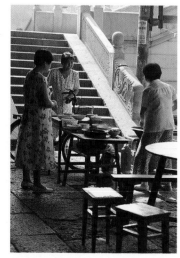

圖一二八

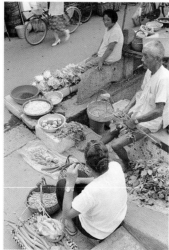

圖一二九

橋頭天地：

圖一二七　橋頭竹器店。

圖一二八　早晨橋頭設攤舖供應早
　　　　　點，上下橋的行人或坐
　　　　　下喝一碗熱騰騰的豆
　　　　　漿，或捎些饅頭、糕點
　　　　　回家。

圖一二九　柯橋鎮的橋頭菜市。

橋型：

圖一三〇　烏鎮的多折石橋。

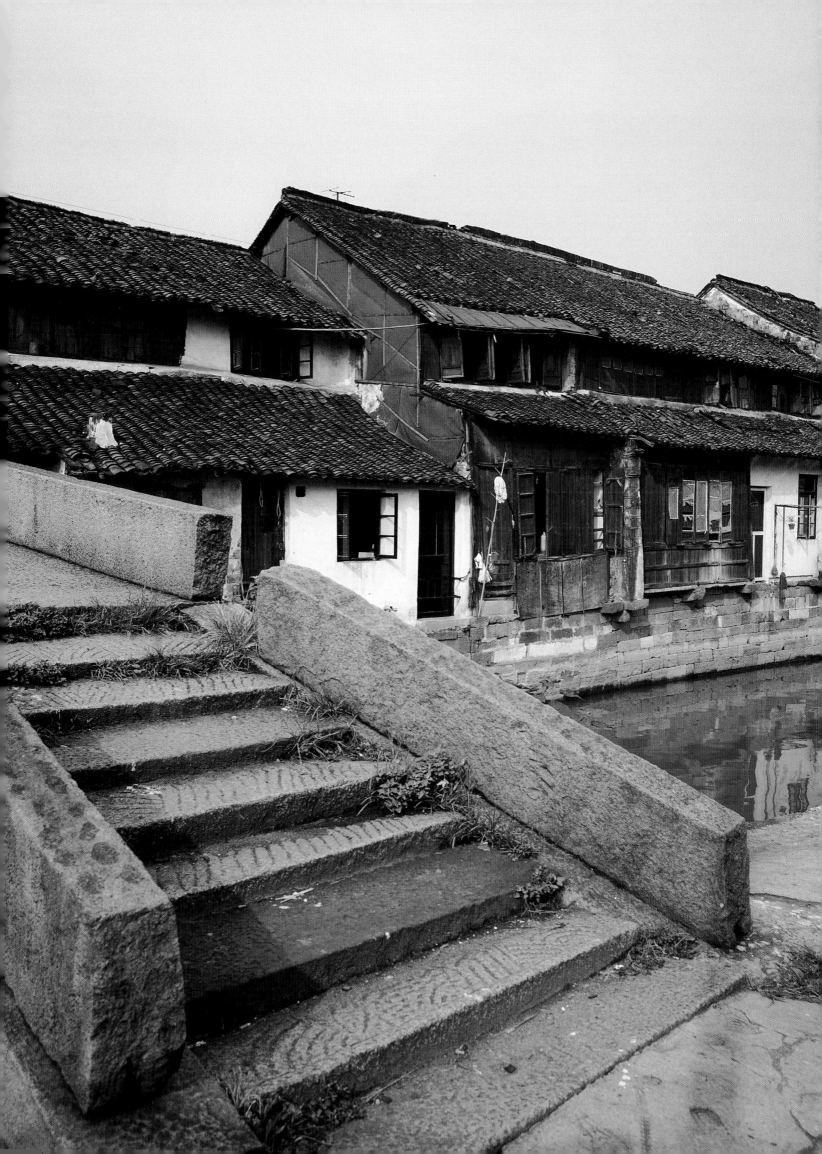

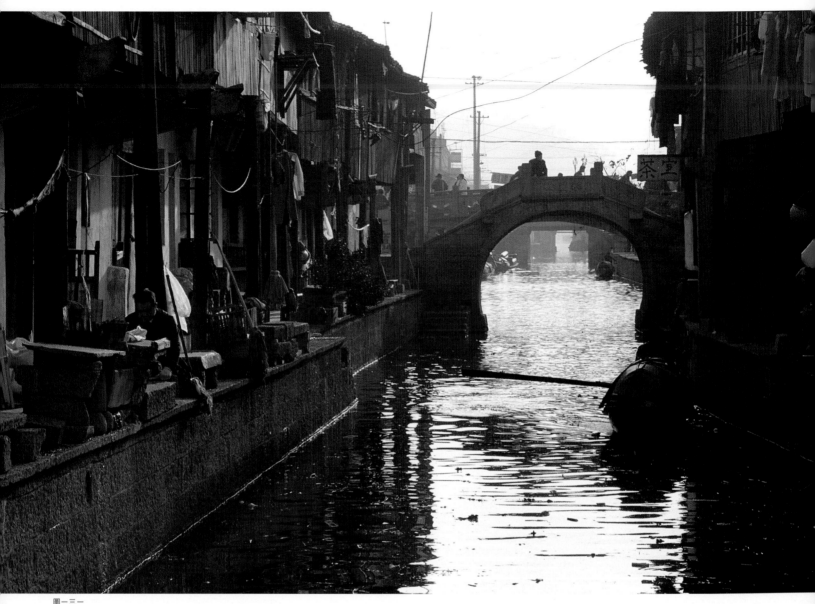

圖一三一

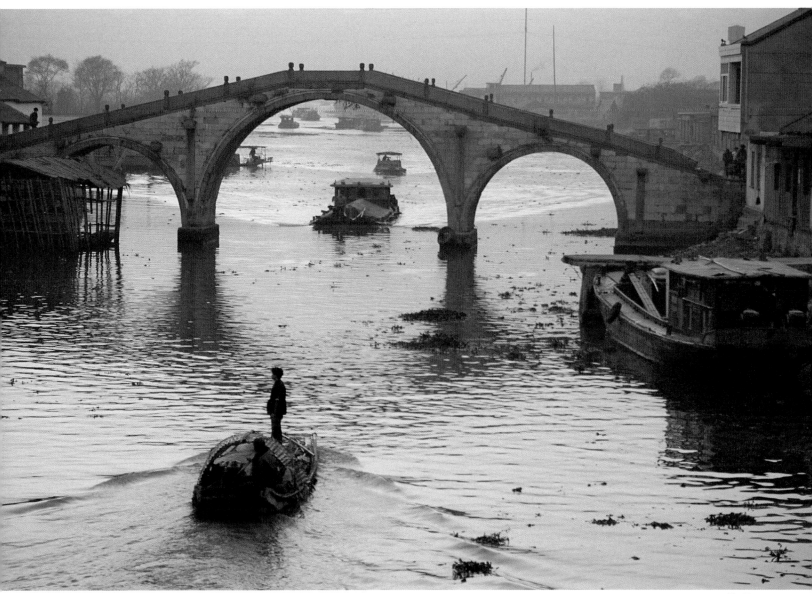

圖一三二

圖一三一　柯橋鎮的單拱石橋。

圖一三二　雙林鎮的三拱橋。

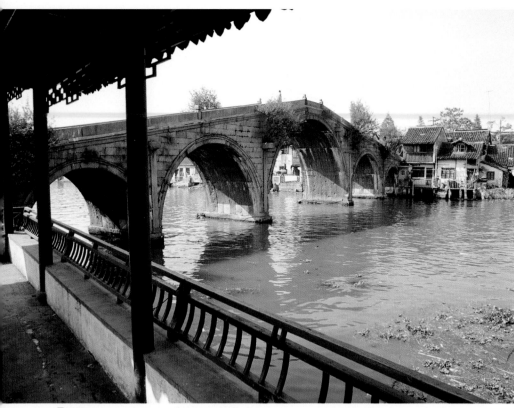

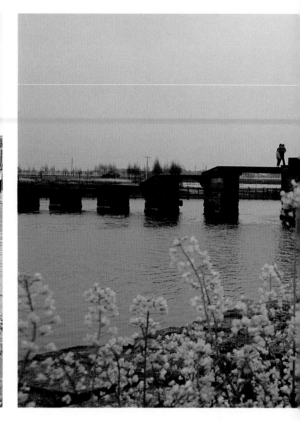

圖一三三

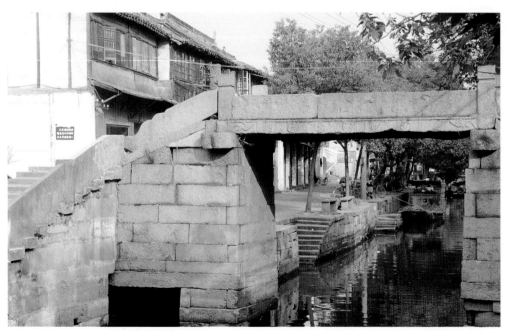

圖一三四

圖一三三　朱家角的放生橋有個五
　　　　　拱券。
圖一三四　樑橋。
圖一三五　紹興柯橋鎮外的長橋，
　　　　　因河面寬廣，用一大拱
　　　　　和幾座平橋來連接，解
　　　　　決了橋的跨度問題。
圖一三六　拱橋。
圖一三七　廊橋。
圖一三八、一三九
　　　　　古橋橋身兩側的楹聯，
　　　　　或記述建橋史實，或描
　　　　　繪周圍景色，或借景抒
　　　　　情，或說教寓意，是工
　　　　　藝和文學的結合。

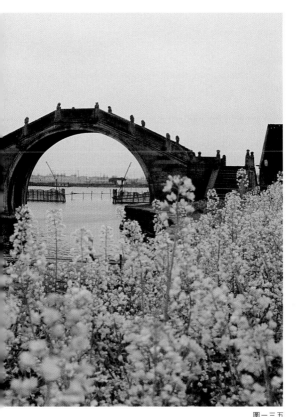

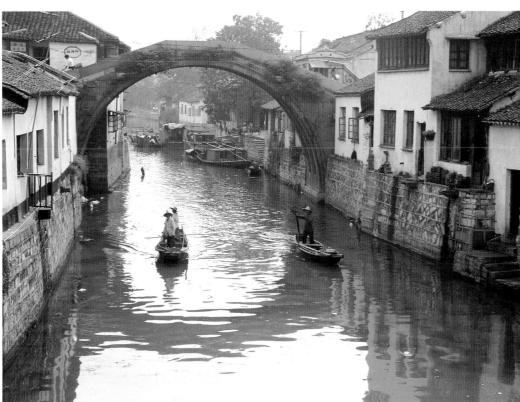

圖一三五

圖一三六

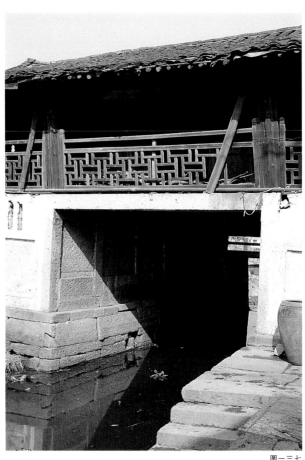

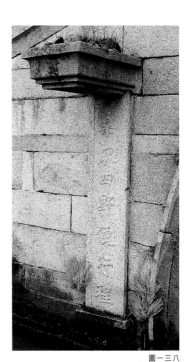

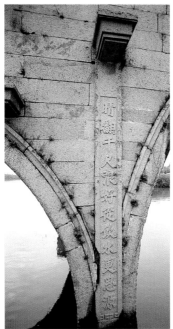

圖一三七

圖一三八

圖一三九

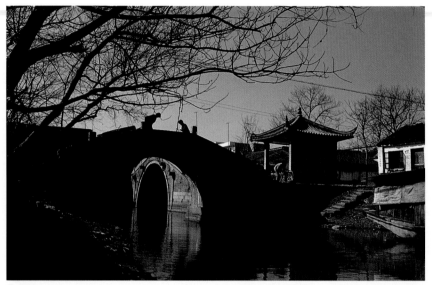

圖一四〇

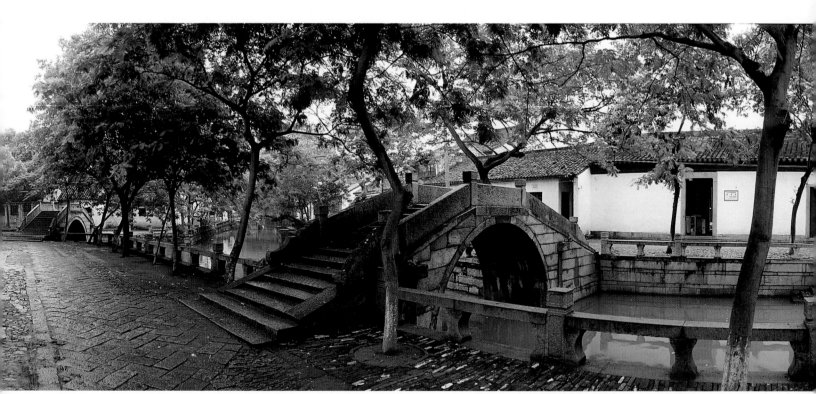

圖一四一

古鎮的橋，經歷了歲月的風雨，一座橋就是一篇文章：

圖一四〇　湖州雙林鎮的還金橋，橋旁的碑亭記載了發生在明代弘治年間的事，有個名嚴素庵的人，路過此橋時，拾得銀錢二百兩，這原是失主變賣家產，為營救入獄的父親的錢，嚴將它交還了失主，失主父親被釋後雪了冤，鄉人建亭曰「還金亭」，為後人留下了一段拾金不昧的佳話。

圖一四一　同里三橋：在吳縣同里鎮的中心，在三條小河交匯處，建有三座橋，名太平、吉利、長慶。由於取名意喻吉祥，每逢婚嫁喜事，迎娶新娘的花轎，就要吹樂奏曲，簇擁着過此三橋，每過一橋便灑下許多喜錢，引得鎮上的小孩雀躍歡呼。同里鎮的老人凡過六十大壽，就由兒孫相陪，走過三橋，以求得太平、吉利和長壽。

圖一四二　周莊雙橋：周莊鎮南北市河和銀子浜相交處，有被稱為「雙橋」的世德橋和永安橋。旅美畫家陳逸飛曾以兩橋之景寫生成油畫，被美國富商哈默購得，後贈與中國領導人鄧小平，新聞界廣為傳播。這幅畫於1985年印上聯合國紐約總部和駐維也納機構發行的「首日封」，題名「和平之橋」。古鎮周莊得此機遇格外名揚天下。

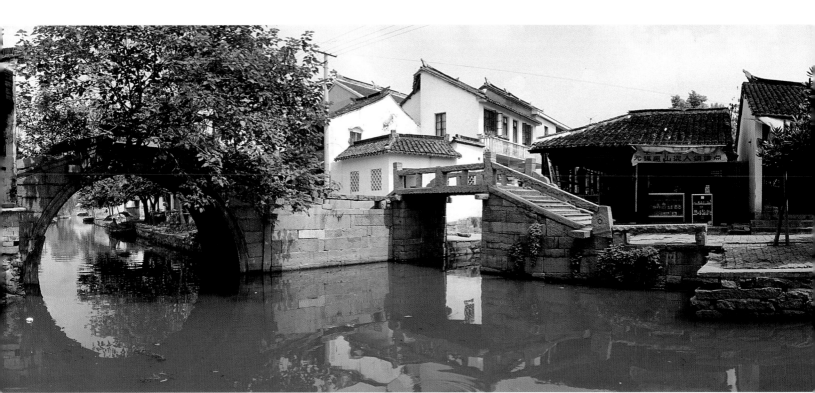

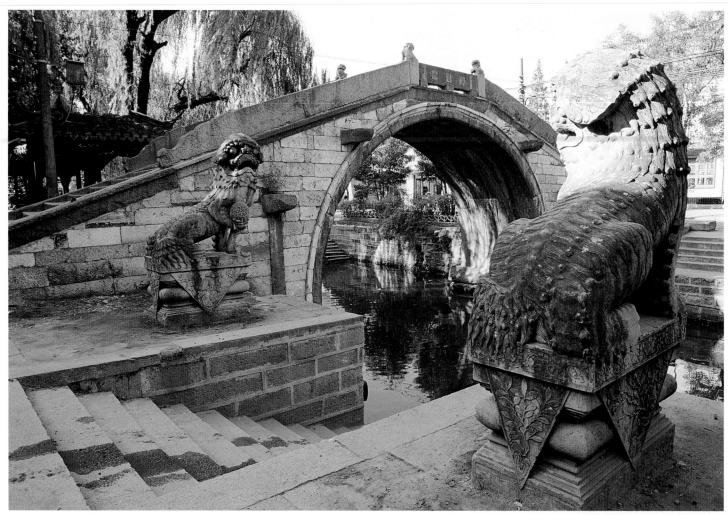

圖一四三

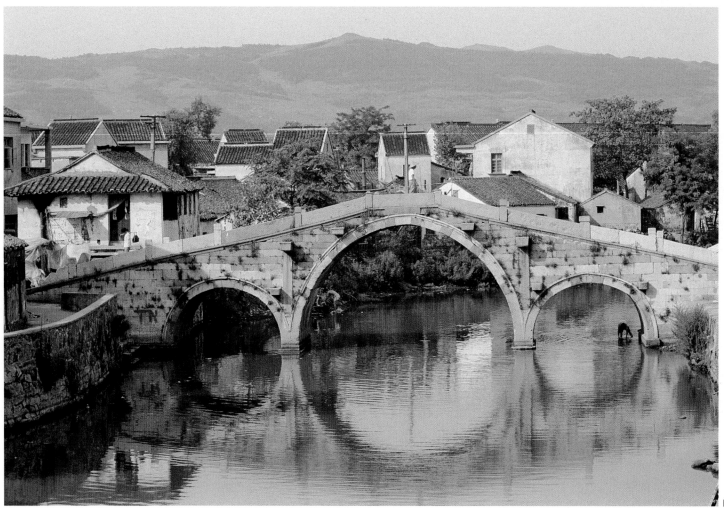

圖一四四

水埠

江南古鎮沿河都有石砌的駁岸，駁岸的基礎用木樁打入河底，上鋪蓋樁石板，然後再用石築駁。並留有縫隙可以洩水，也有的用做下水道的出水口，駁岸做有供上下船的水埠，在蘇州地區稱做「水橋頭」，在杭州一帶稱為「河埠」。水埠是江南水鄉古鎮人們日常生活的依靠，是取水、洗滌、停泊、交易的場所。沿河建築的房屋，為防水淹，房屋的基礎總要比河面高出一段，因此要接近水面，就要建造入水的踏級，即水埠。這些踏級都是用石板砌築的，有的凹入牆內，有的臨空懸挑，有的是靠牆實砌，有的上面做有屋頂以遮風雨，有的在接近水面處做成寬綽的平台。駁岸上一般不做欄

杆，以便停船操作。也有在水巷轉折處，為安全而做了石欄，上鑿孔，穿以竹竿、木棍，很有韻味。

水埠是水陸交通的口岸，可分為公用水埠、半公用水埠和私用水埠三類。

公用水埠：一般位於商業發達的街道附近，是古鎮上一日活動的始發點，在這些水埠附近都是大的商店貨棧或是倉庫。水埠的臨水面開闊，可停泊較大或較多的船隻。

轉船灣：有的水埠設在河道的交匯處，像烏鎮的西柵，就在平直的河段上開挖出一個長方形的河港，供船隻停靠、調頭，因此叫做「轉船灣」，就像陸地上的道路廣場，靠岸橫長的水埠一排排直通到水面，岸上是鮮貨行，

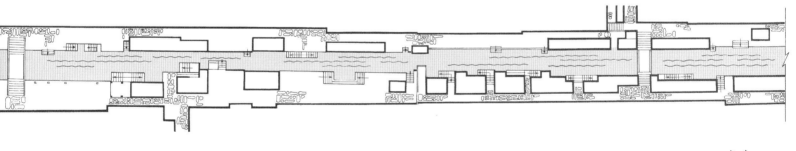

▲ 昆山周莊鎮沿河公用水埠。

圖一四三　南潯廣惠橋橫跨市河，
　　　　　兩座古石獅威武雄視。
圖一四四　遠山、近水、拱環，古樸壯觀。

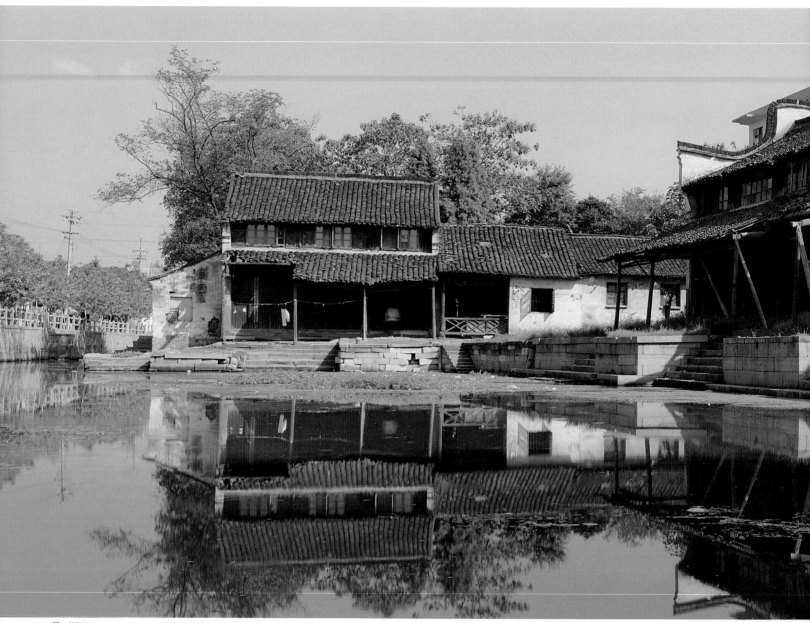

圖一四五

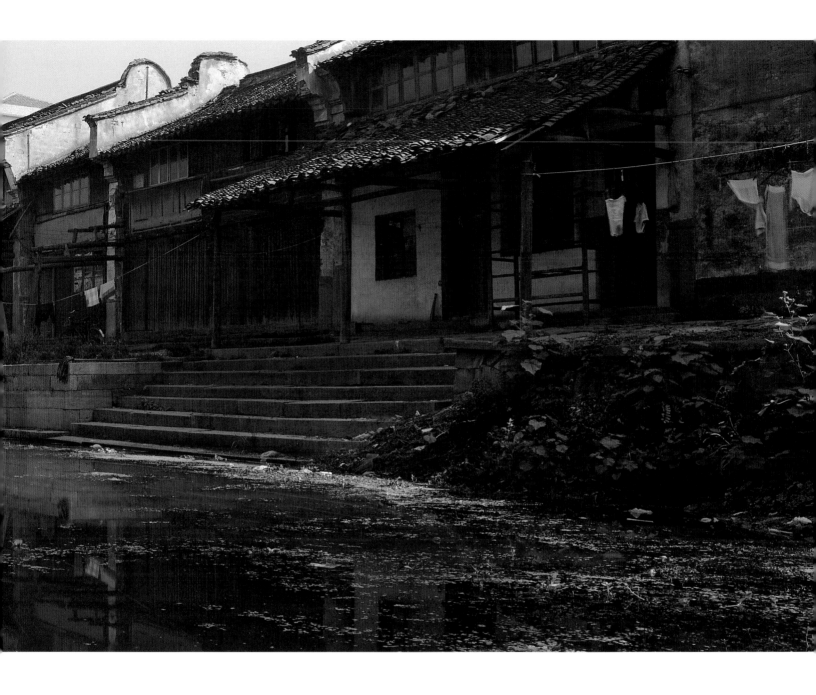

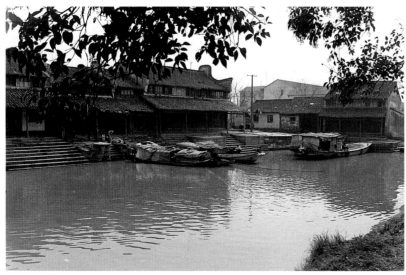

圖一四六

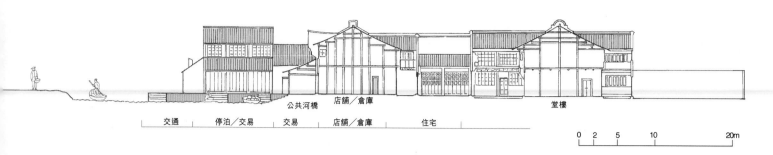

公共河橋　店舖／倉庫　　　　　堂樓

交通　停泊／交易　交易　店舖／倉庫　住宅

0　2　5　　10　　　　　20m

▲
烏
鎮
西
柵
轉
船
灣
剖
面
圖
。

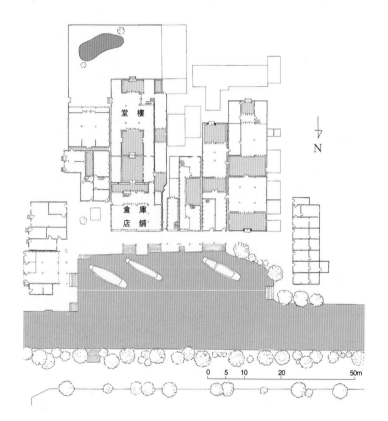

堂樓

倉庫
店舖

N

0　5　10　　20　　　　50m

▲
烏
鎮
西
柵
轉
船
灣
：
沿
河
開
挖
成
港
灣
，
供
船
隻
轉
向
停
靠
，
河
岸
多
設
水
埠
，
沿
岸
搭
有
棚
架
，
遮
陽
避
雨
，
全
天
候
裝
卸
。
烏
鎮
西
柵
轉
船
灣
平
面
圖
。

碼頭搭有棚架，鋪有瓦頂，避風遮雨，可以全天候地裝卸。

半公用水埠：是沿河人家幾戶共用的，這是在沿河一側建有房屋，房屋之間留出了空檔，建有水埠，供左右的人家，以及對街不臨河的人家使用。

私用水埠：就是建在每家每戶的房子裏，別家無法入戶使用。它是店舖、作坊的水上跳板，是居民家中的水龍頭。居民家中的水埠與居室的關係有兩種：一種與廚房緊鄰、一種靠起居室。店舖作坊的水埠也有兩種：一種是沿河建築，前店後埠；另一種非沿河建築，則是前埠後店。有的在臨河的水埠上建有敞屋，臨河、臨街的兩面只有門洞，石砌牆面，這種房子就稱「水牆門」。

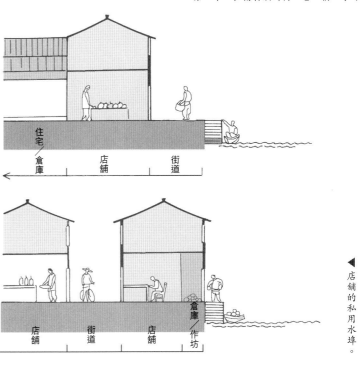

住宅／倉庫　店舖　街道

店舖　街道　店舖　倉庫／作坊

◀店舖的私用水埠。

船鼻子：在河埠旁的岸壁上，多砌有繫船纜繩的孔眼石，因為像繩子穿在牛鼻子上一樣，故當地人稱「船鼻子」。在富有文化情趣的江南古鎮裏，這些船鼻子也被雕琢成一個個精緻的藝術品，有的雕成如意、雙錢，有的雕成花瓶中插三枝戟的圖案，寓意「平升三級」，還有的一排八個圖案：蒲扇、寶劍、花籃、洞簫……這是「暗八仙」，就是中國民間神話「八仙」手中拿的法寶。

水埠是江南古鎮最引人注目的特色構件之一，「家家踏級入水，河埠搗衣聲脆」，是入畫的好鏡頭，是吟詩的佳意境。河埠多是婦女的活動領域，清晨的洗刷、上午的備餐、洗衣，古鎮的姑嫂大娘們，聚集在水埠上，一邊做活，一邊聊天，評論時事，說道家常，傳播消息，調停糾紛……糯軟吳語蕩漾在水波上，河水將他們送得很遠很遠。

水空間是江南古鎮中最具特色的景觀空間，是建築美和環境美的完滿結合。因為水是運動着的，這是任何其他實體所無法具備的，橋、水埠頭和水巷的小品系列將這種流動停駐在小鎮上。現存典型的古鎮水巷當推南潯的百間樓。位於南潯古鎮的東北，沿老運河東、西兩岸建造，百間樓全長約400餘米，門面約150餘間。相傳是明代禮部尚書董份為他家的奴婢僕從居家而建造的，初建時約百餘間，故稱「百間樓」，這個名字一直保留至今。

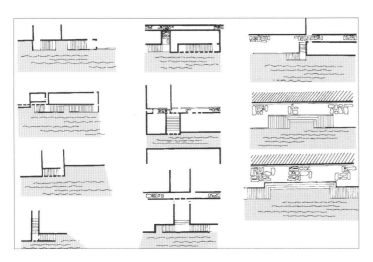

◀昆山周莊鎮半公用水埠。

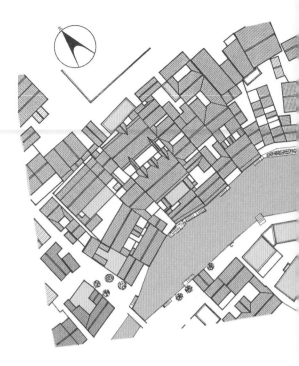

▶ 湖州南潯百間樓：明代時始建，有門面百餘間，故名。河東岸一側房屋整齊，有擔廊、券門、花牆和水埠，富有特色。圖為百間樓平面圖。

百間樓：

南潯百間樓最集中的一段是從蓮花橋到長橋，特別是河東岸一側，房屋較為整齊，密密匝匝地佈滿了河岸，白牆、青瓦、沿廊、水埠、花牆、券門，河水流淌，船隻往來，呈現了一派水鄉古鎮特有的風光。河西在四十年代遭日寇的轟炸，損毀嚴重，以後雖陸續重建，卻已失昔日風采。此段河道本是運河，通湖州和蘇州，故沿河大多為貨棧、店鋪。沿岸築有整齊的駁岸，水埠林立。沿河是條長街，沿街房屋大多為前店後宅形式。屋門臨街多搭有廊房，立有廊柱，跨街鋪蓋瓦面屋頂，遮雨遮陽，方便店鋪作業、顧客購貨。也有跨街建屋成騎樓式者，或有一側山牆落地上開券門。住宅大多是包含一個天井的兩進房屋，並建有樓層；有些大戶人家的住宅可達三至四進。整條街房舍連排，側牆相接，順河岸蜿蜒延伸。房舍間山牆高聳，有做成雲頭三曲的，有做成觀音兜的，也有做成甩三疊馬頭牆式的，高低錯落，白牆、披檐，鋪一層黑瓦，柱廊、券門，再下是水埠，層次分明，輕巧通透，洋溢著水鄉特有的靈氣和雅致。

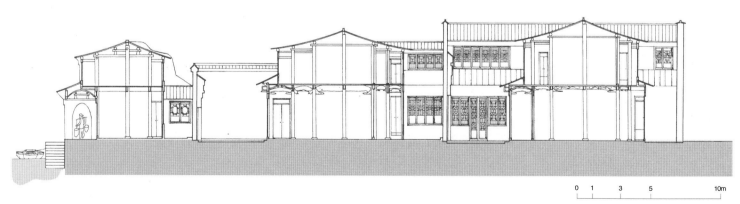

▲ 南潯百間樓二十號董宅。

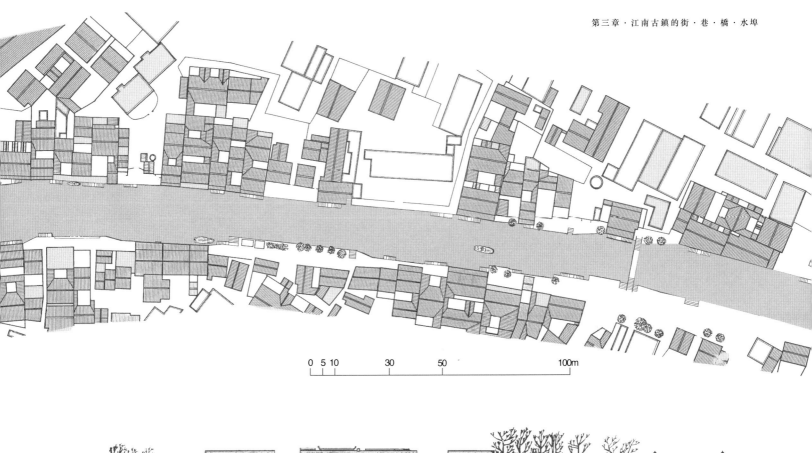

0 5 10　　　30　　　50　　　　　　100m

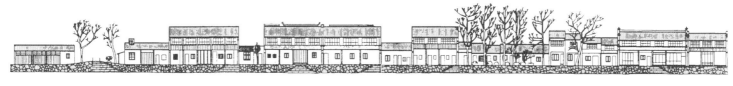

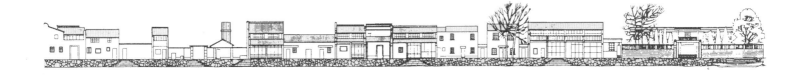

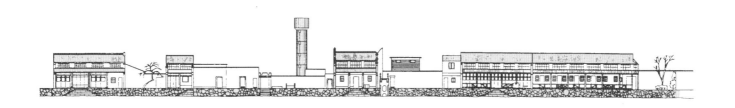

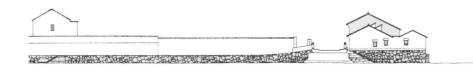

▲南潯百間樓河東岸連續立面。

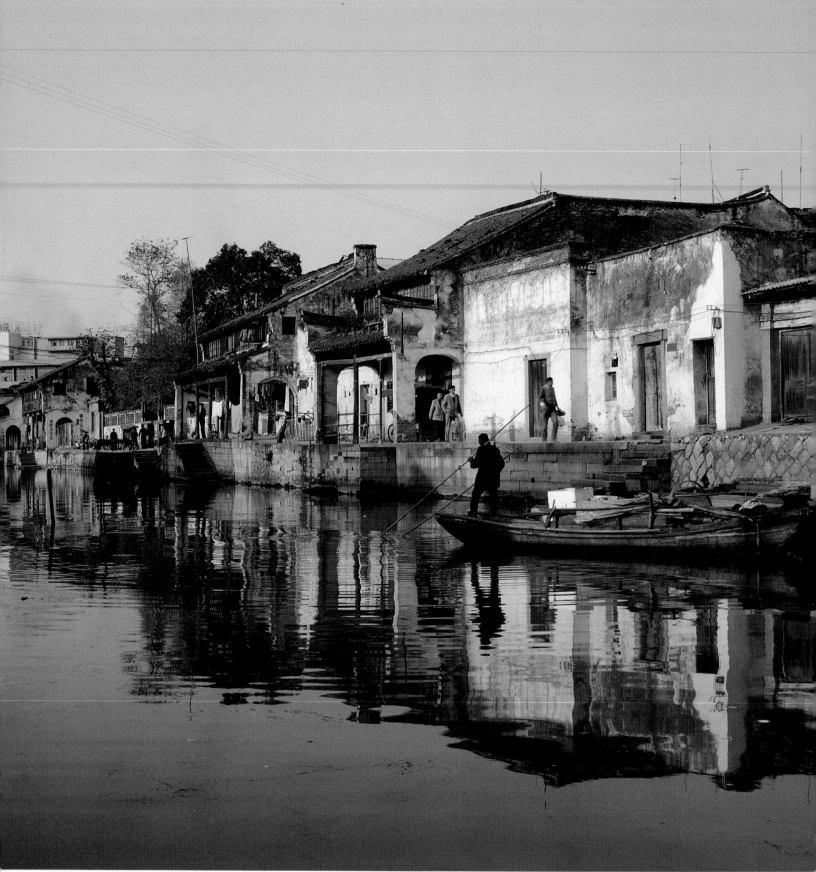

圖一四七

圖一四九▶

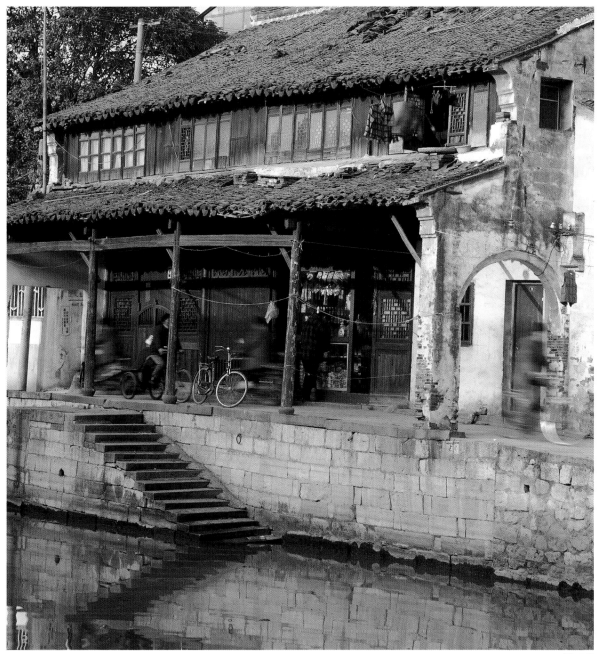

圖一四八

百間樓：

圖一四七　河岸老街水連宅。

圖一四八　濱河小店。

圖一四九　（後頁）河道彎彎近水
　　　　　樓。從蓮花橋到長橋，
　　　　　於河東一側廊房密密匝
　　　　　匝佈滿了河岸。券門重
　　　　　重映水面，河埠、券
　　　　　門、高高低低的馬頭
　　　　　牆，構成了百間樓的水
　　　　　巷風景。

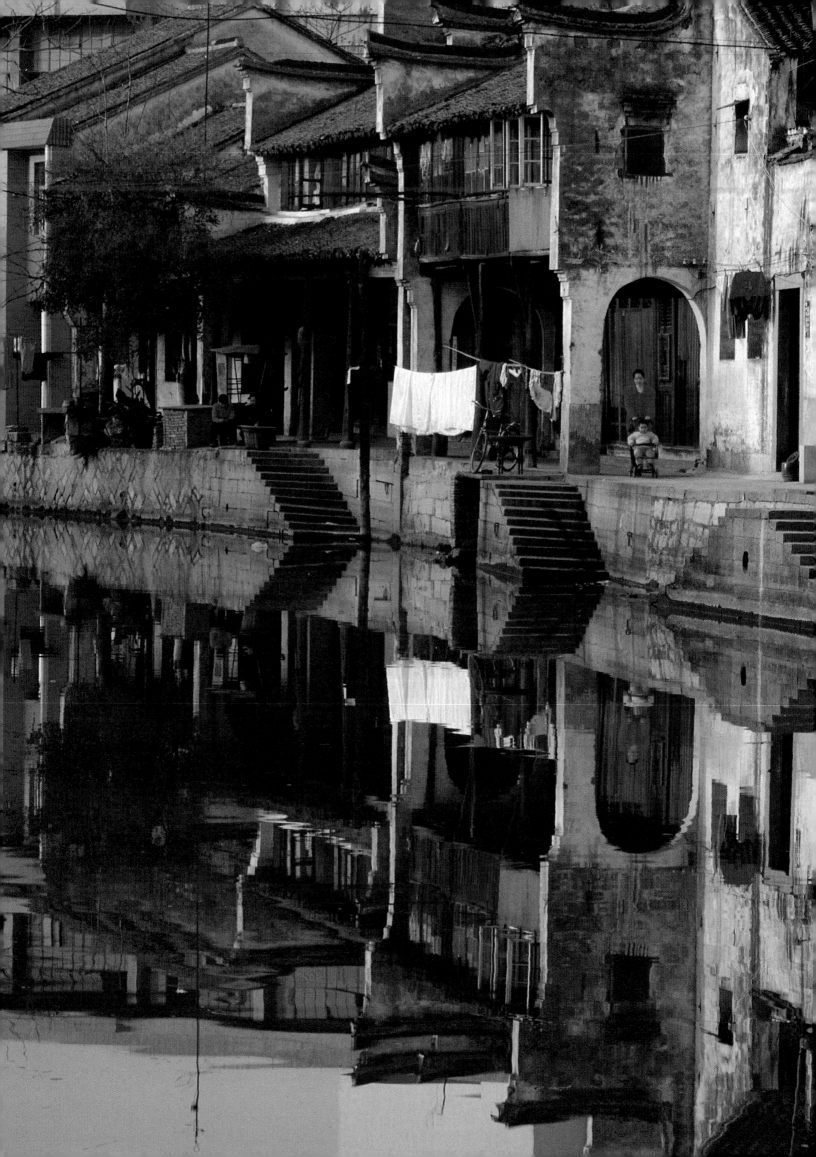

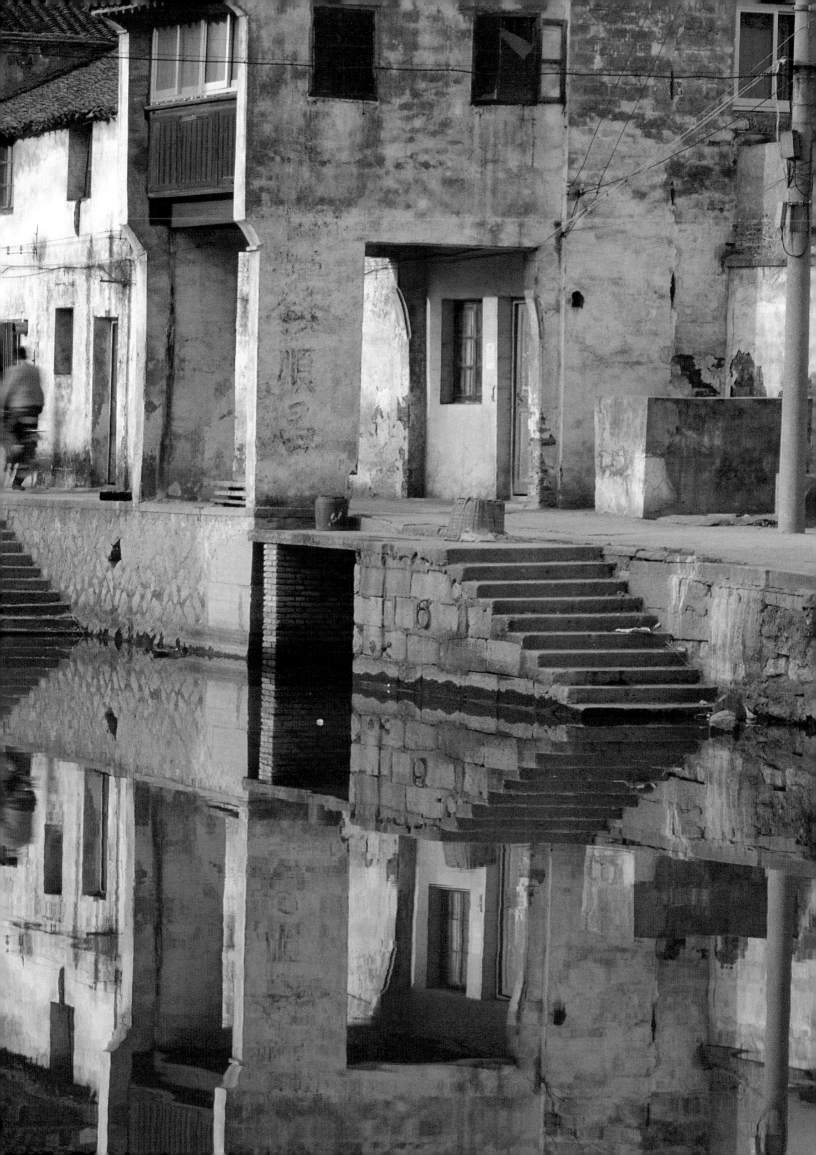

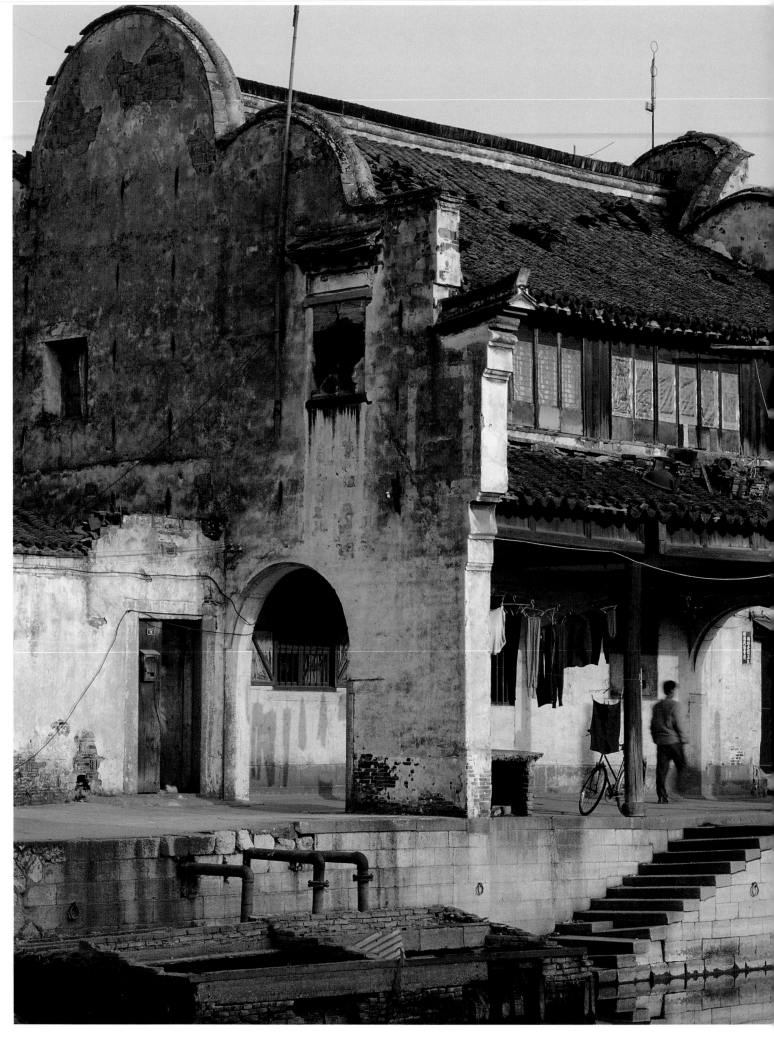

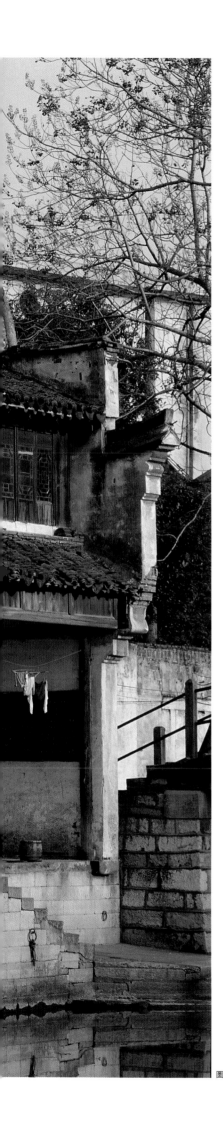

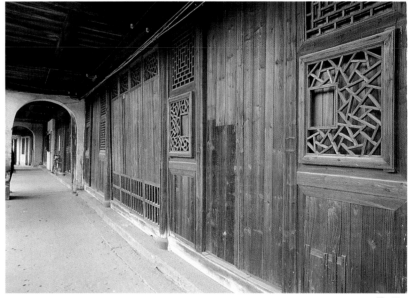

圖一五一

圖一五〇　雲頭雙雙水邊樓：百間
　　　　　樓的馬頭牆有雲頭、觀
　　　　　音兜、台階，有翹頭和
　　　　　不翹頭，高低錯落，豐
　　　　　富多樣。

圖一五一　排門板、小窗洞。開店
　　　　　時卸去門板，成統開店
　　　　　面。小窗洞供夜間有人
　　　　　急需購物時開啟，傳遞
　　　　　錢、物，這是古鎮居民
　　　　　享有的鄉睦。

圖一五〇

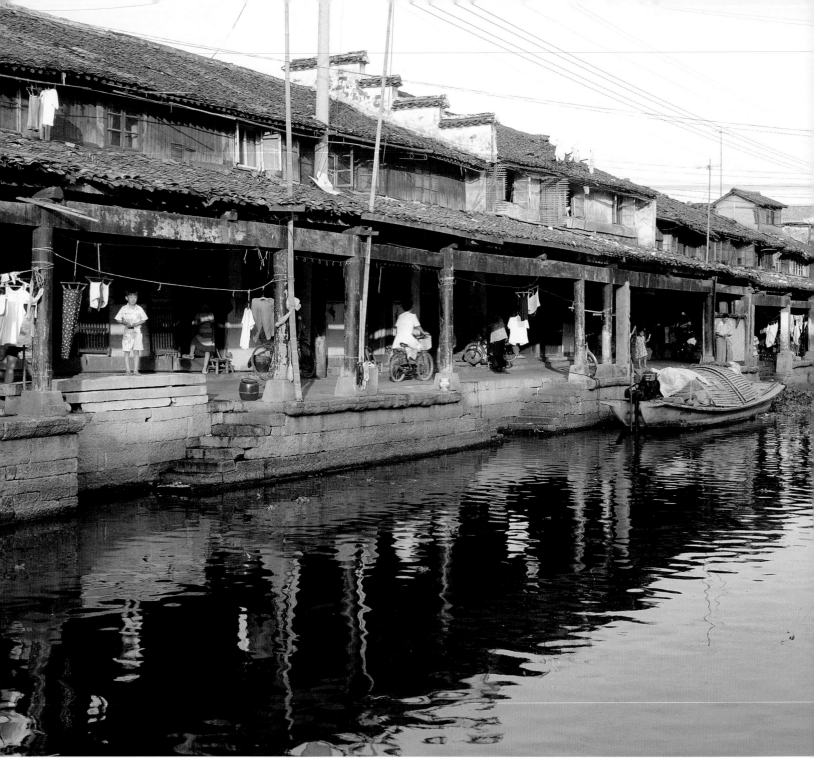

圖一五二

圖一五二至一五四
　　公用水埠。
圖一五五　半公用水埠。

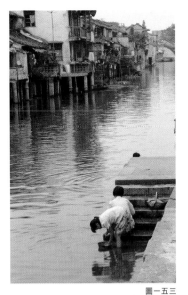
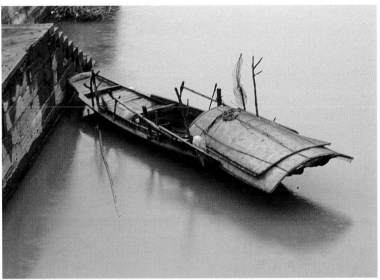

圖一五三 圖一五四

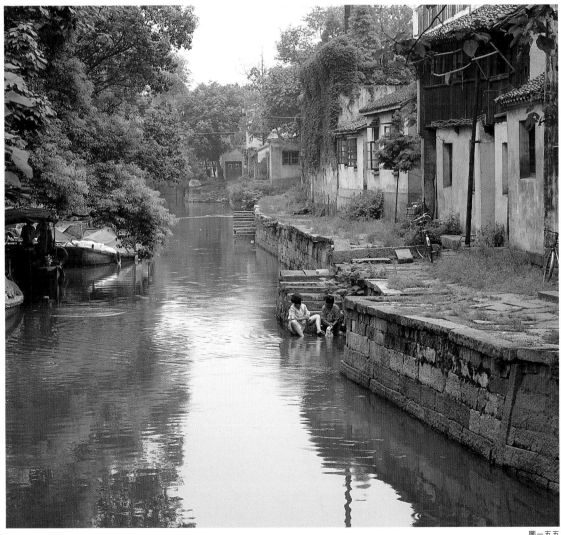

圖一五五

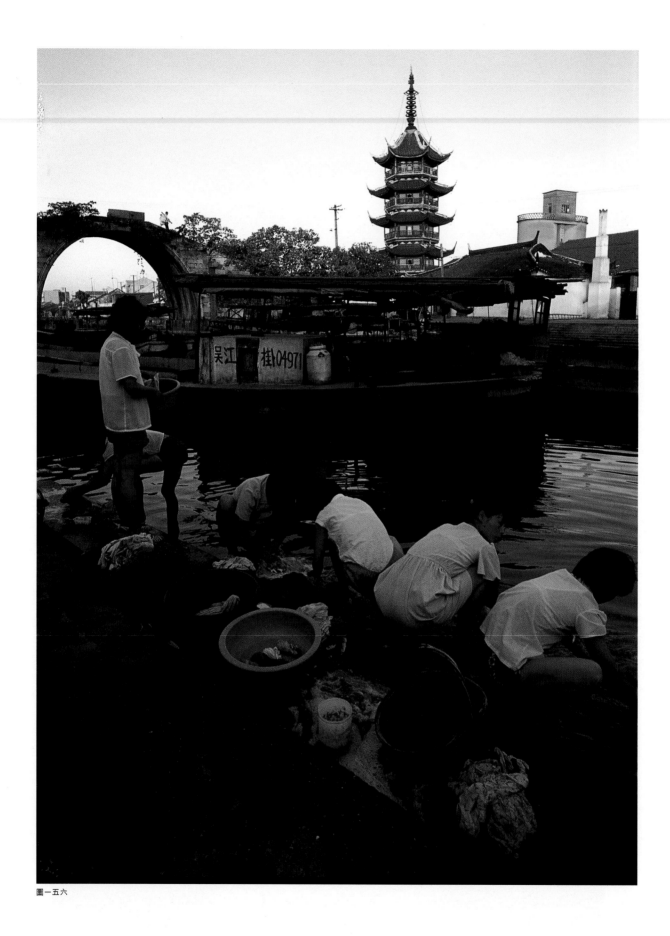

圖一五六

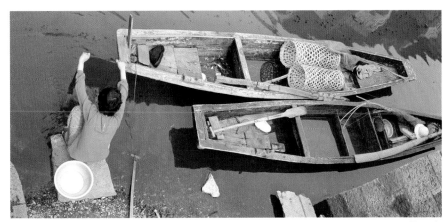

圖一五六　河埠是婦女們的領地。

圖一五七至一五九

　　　　　半公用水埠。

圖一五八

圖一五九

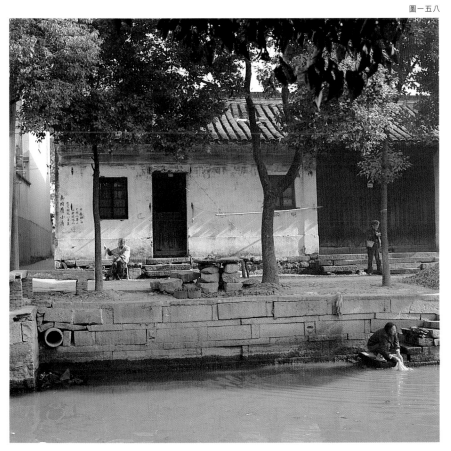

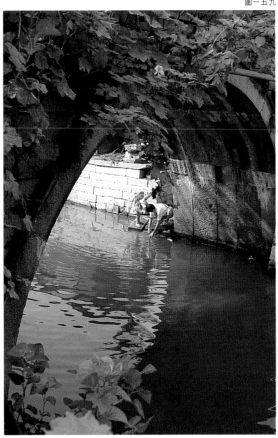

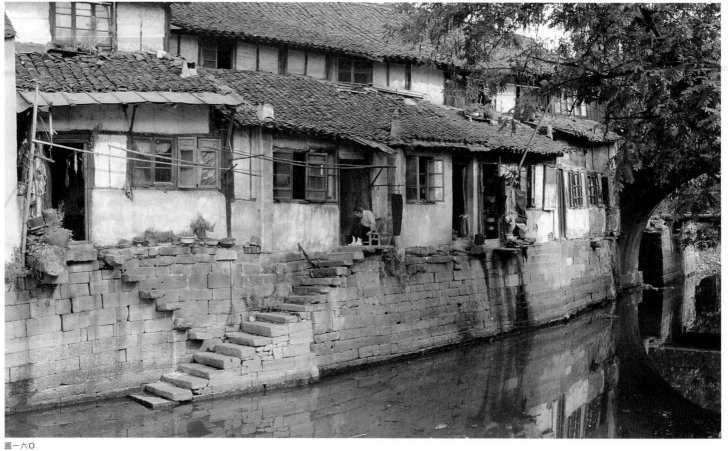

圖一六〇

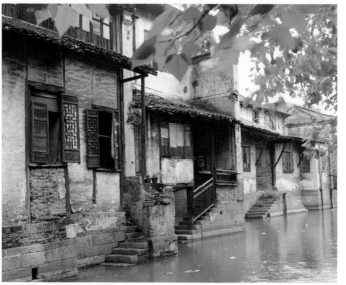

圖一六一

圖一六〇至一六二
　　「家家踏級入水」——古
鎮的私用水埠。

圖一六二▶

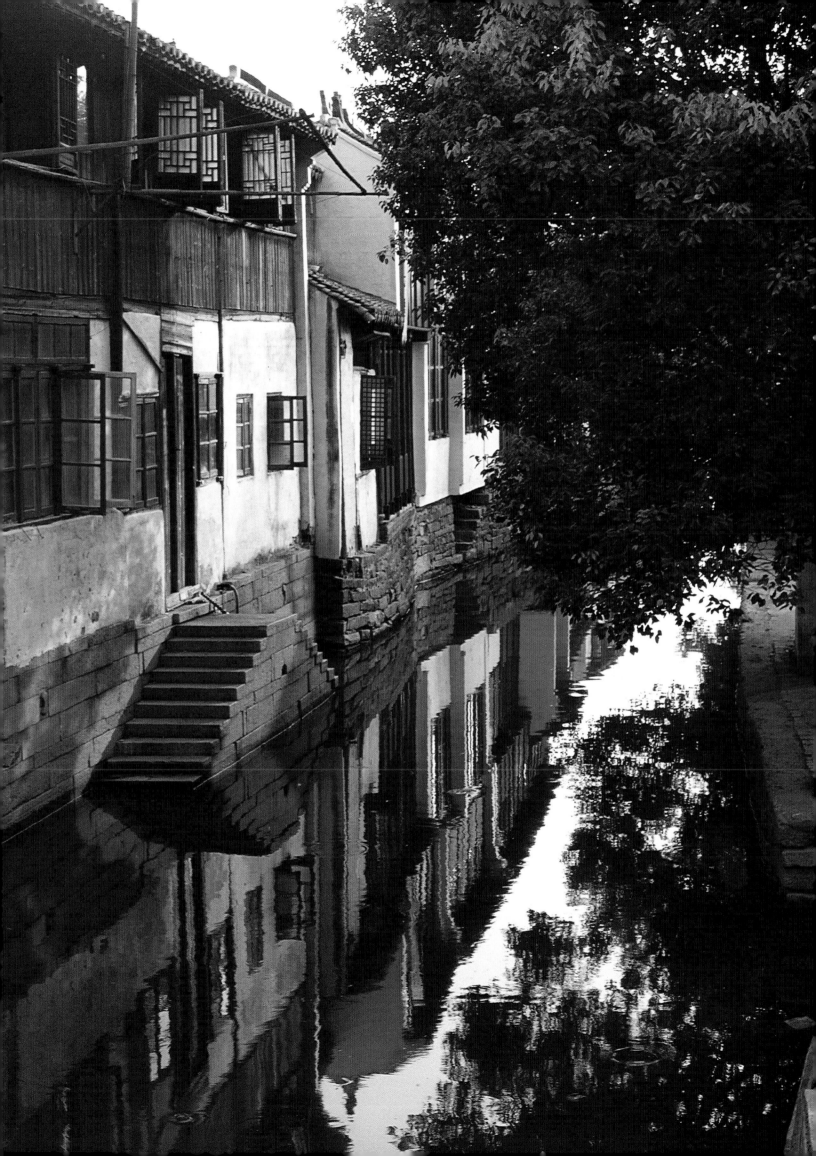

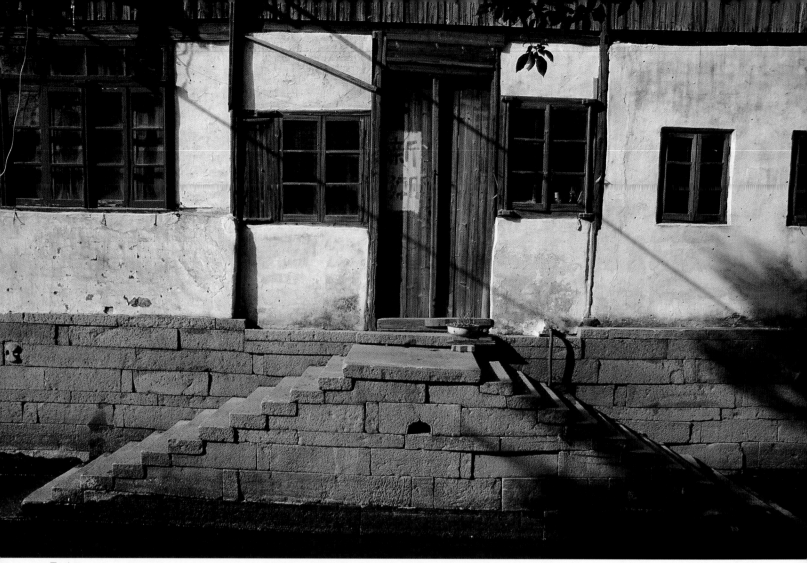

圖一六三

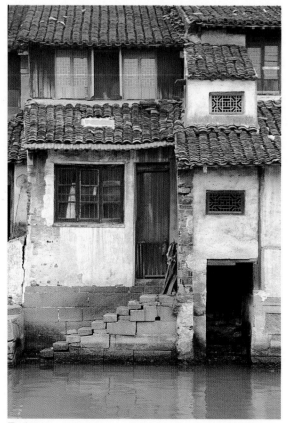

圖一六四

圖一六三　分開左右兩邊上岸的私
　　　　　用水埠。
圖一六四至一六六
　　　　　私用水埠有平行於河
　　　　　的，有與河垂直的稱「直
　　　　　水埠」，從屋中直接伸向
　　　　　水邊，可遮雨避風。
圖一六七　水埠有突出河岸的，有
　　　　　凹進河岸的，豐富而有
　　　　　變化。

138

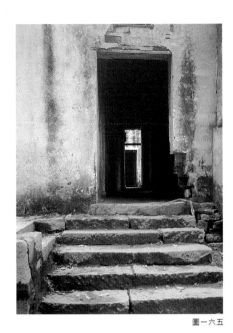

圖一六五

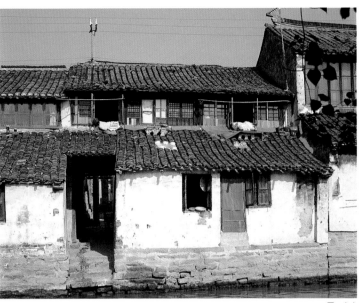

圖一六六

圖一六七

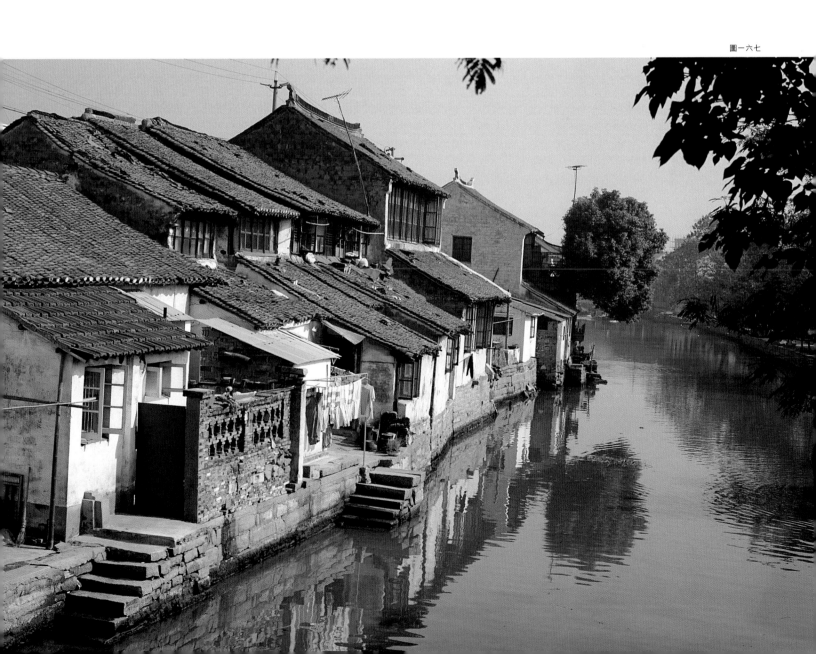

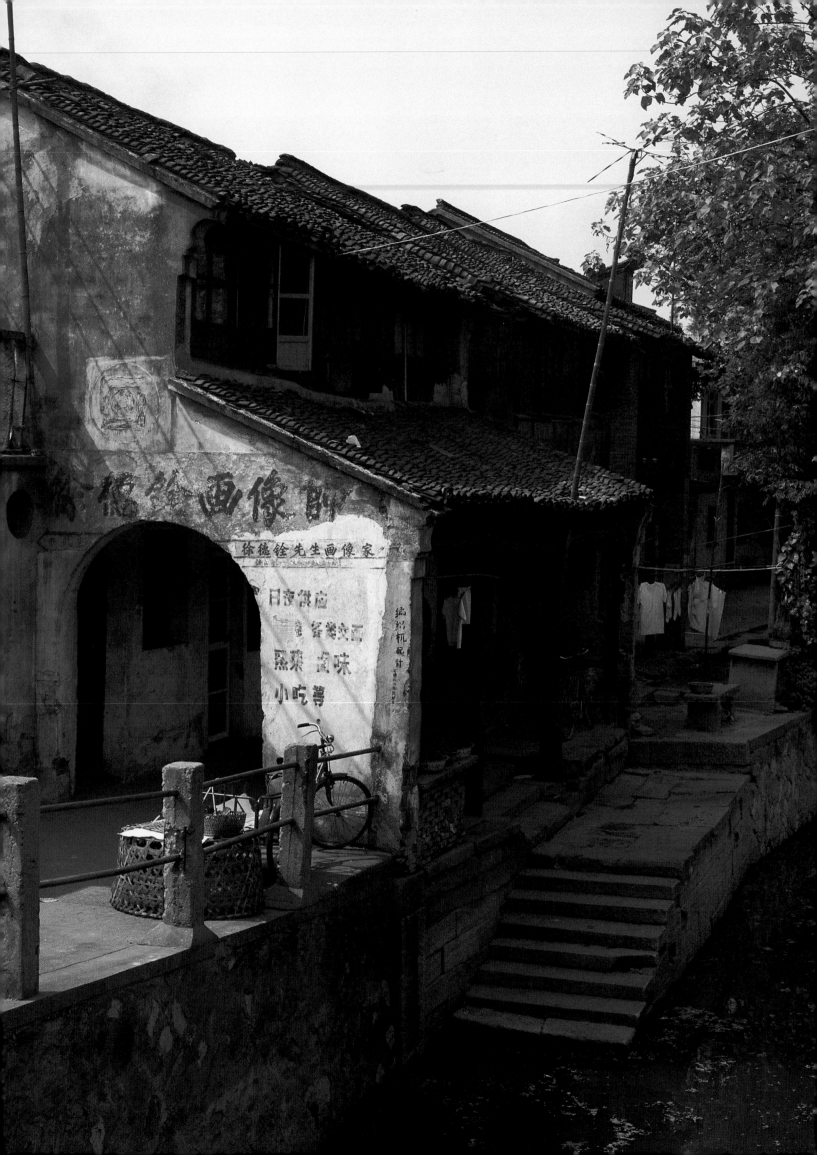

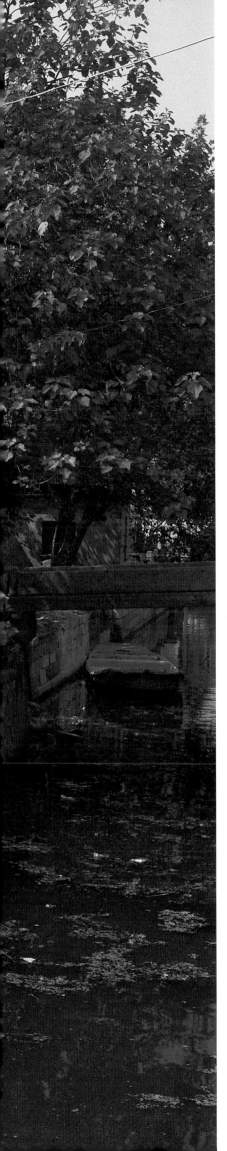

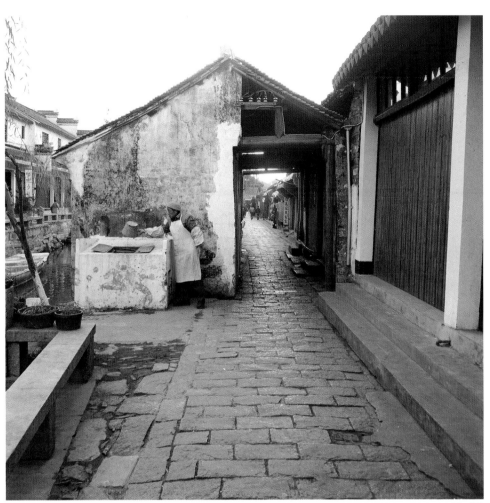

圖一六九

水牆門是水鄉特有的建築。在古鎮中
臨街的水埠旁,搭建一間沿河的廊
屋,供店舖裝卸貨物、船工休憩和接
待顧客之用。

圖一六八　南潯鎮的水牆門。
圖一六九　周莊鎮的水牆門。

圖一六八

141

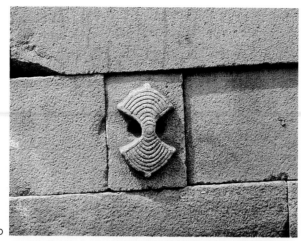

圖一七〇

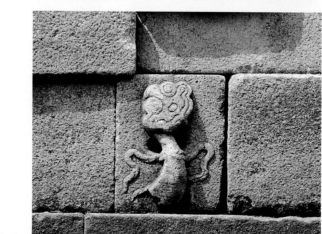

圖一七一

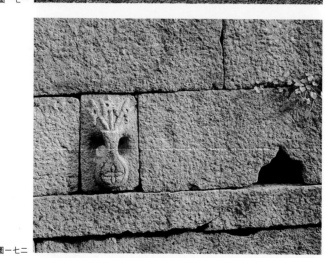

圖一七二

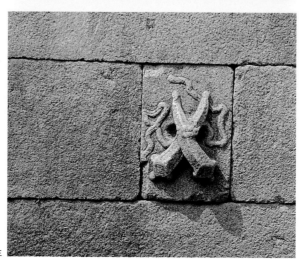

圖一七三

各種花飾的船鼻子：

圖一七〇　銀錠。

圖一七一　如意。

圖一七二　「平升三級」——花瓶中
　　　　　插三枝戟。

圖一七三　雙角。

圖一七四　出水卷花。

圖一七五　蕉葉。

圖一七六　仙鹿。

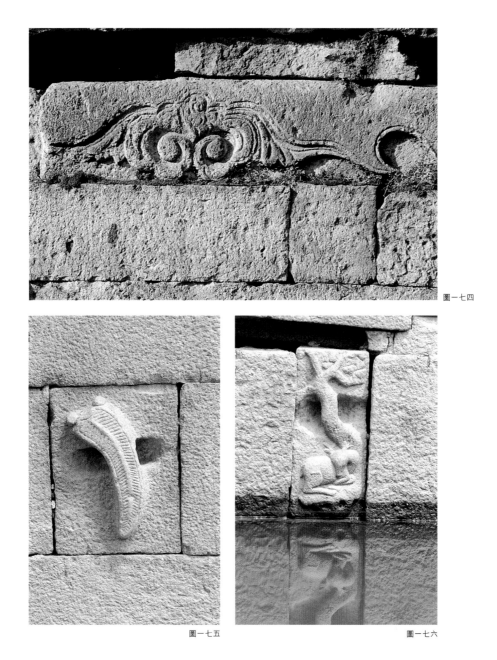

圖一七四

圖一七五

圖一七六

第四章 ｜ 江南古鎮的建築

古鎮建築特色

居住形態的選擇往往是自然環境、人文環境及經濟因素共同作用的結果。自然環境對人類社會居住形態雛形的選擇起決定作用,人類在大自然中求生存,逐漸選擇了適合於特定環境的居住雛形;人文環境即所居住人口的共同理念模式,它對居住形態的定型起了決定性作用;而經濟因素是對這種選擇的認可。中國人對居住環境和居住建築形制的選擇,基本上是由兩種觀念共同作用的結果:一是道教的「天人合一」,即強調人與所創造的空間都應與宇宙自然相和諧;二是儒教的禮制。這種空間意識形態始終支配着空間物質形態的創造,從而形成了完整的聚落(城鎮)空間佈局的理念。我們對江南古鎮的建築環境的分析亦是基於這個原理。

整體形態

古鎮雖是自發形成的,是集體無意識的構築結果,卻十分符合中國人與自然相親近的性格特點。若能俯瞰這片土地,獨特的黑白兩色相間給人的感覺是樸素而又強烈。

粉牆黛瓦是這裏建築的色彩選擇,不與天地爭色,只是完完全全地映射大自然所賦與的美:當晨曦的曙光和夕陽的餘暉濃濃地灑在這片素色上時,白牆陡然間亮麗起來,黑瓦更深沉了,那一片片亮閃閃的白色在一片深色中更加昂揚,不由得使人想起中國的白賁藝術。真是令人難以置信,如此普普通通、遍佈江南的民居,居然能把這種獨特的藝術境界演繹得如此生動,臻乎完美,這般廣闊而震撼人心的氣韻,又豈是尺素能容?

古鎮建於湖泊、河道的交匯處,鎮外是一派自然、平遠的水面,進入鎮區的河道經過了人工的整飭,被修直、填窄了許多,鎮區內開挖的人工河道與外水相輔相成,又都互相貫通,組織起鎮上的交通和生活,這樣鎮內外水系形成了緊湊與開闊的鮮明對比。緩緩流淌的河水載着往來穿梭頻繁的船隻,大大小小的街巷和橫臥的古橋上人來人往,靜靜的屋宇間炊煙裊裊,這古鎮上的生活年復一年地流淌着,凝固的空間和流動的時間蘊含着生活的秩序。鎮

的中心有幾處庭院深邃的大型住宅，嚴整、肅然；沿河大都是單幢的或進深小的建築，輕巧活潑地擇地而建。整個鎮區少有雄偉的體積，即使是大宅院，因為採用院落式的，即幾落幾進的單座建築群體組合，不以體量而以數量來顯示主人的實力，因而給人以大致均衡的視覺感受，整體感簡單而令人愉快。我們所能見到的連片的坡屋頂，接毗的牆面及屋檐，以及統一的材料、單調的色彩、雷同的單體造型，這一切構成了古鎮簡單的背景，在這一複沓的背景上有微妙的個體差別：各家各戶門窗的大小、位置、裝飾的不同，臨水空間處理各異，屋脊、屋椽、翹角、屋頂泥塑、餞角等屋頂裝飾也是同中求異，都散發着濃濃的江南風俗民情，即使是私家水埠，或凹或凸，或直或折，更有沿廊或美人靠的設置。這種同中求異的重複，宛如音樂和詩歌中對基本樂章的複沓運用手法，給人以深刻的整體印象，而又為重點部份的突出作了襯托。古鎮中的重點建築往往是位於鎮中心的公共建築，如寺廟、戲台、茶

館，這些建築的用色純度高，色彩鮮艷，裝飾又極為精巧，與樸素的背景形成了鮮明的對照。這種重整體不重個體的營建方式，跟傳統文化中對集體秩序的強調和對個性的壓抑是一致的。這種處理方式，就建築藝術方面來說不失為別具特色的成功之處。沒有大型獨立的雕塑凝聚視線，建築裝飾採用附體雕塑，雕刻的精緻圖像僅僅作為建築的一個部份，所以在散散漫漫的游視中，常常會有幾個精緻的畫面躍入眼簾，卻仍然烘托出整體建築的素雅。

古鎮如一頁素箋，大自然用飽蘸繽紛色彩的畫筆賦予它晨夕、雨雪、春、夏、秋、冬的時序之美。生活在古鎮的人們是了解這片土地的，即使是遠道而來的異鄉人，只要撫弄過這樣清這樣飽滿的水，都會體味它的富饒、它的重要。古鎮的營建是人們在了解了江南自然規律的基礎上，順其本始，洞察其化分，巧妙地應付配合，不在乎標奇立異，貴在近理近情，巧裁自然之美為己所用，古鎮的人們也因此生活得有滋有味、怡然自得。

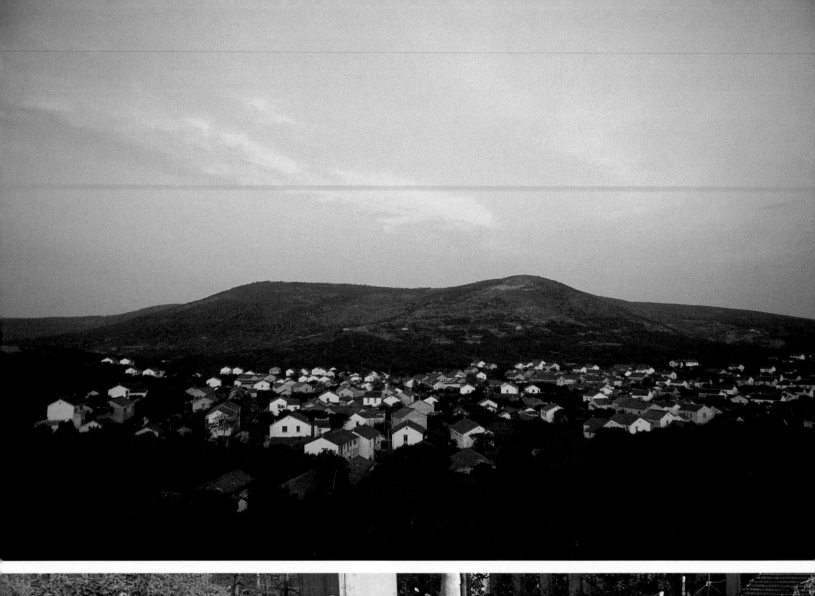

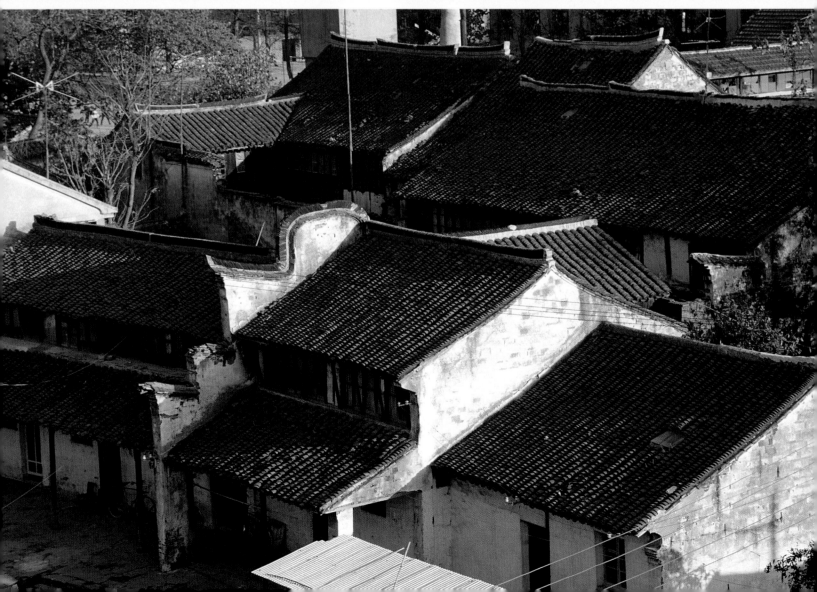

◀圖一七七

圖一八○▶

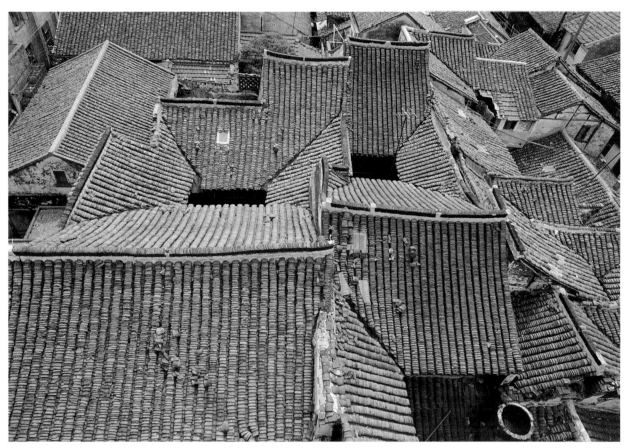

圖一七九

◀圖一七八

圖一七七　晚霞映照中的東山陸巷
　　　　　古鎮。

圖一七八　南潯古鎮的粉牆黛瓦。

圖一七九　古鎮的屋瓦天井。

圖一八○　（後頁）古鎮外水，平遠
　　　　　自然，貫穿入鎮後，岸
　　　　　邊壘砌陡直的石基，民
　　　　　居傍河而築。

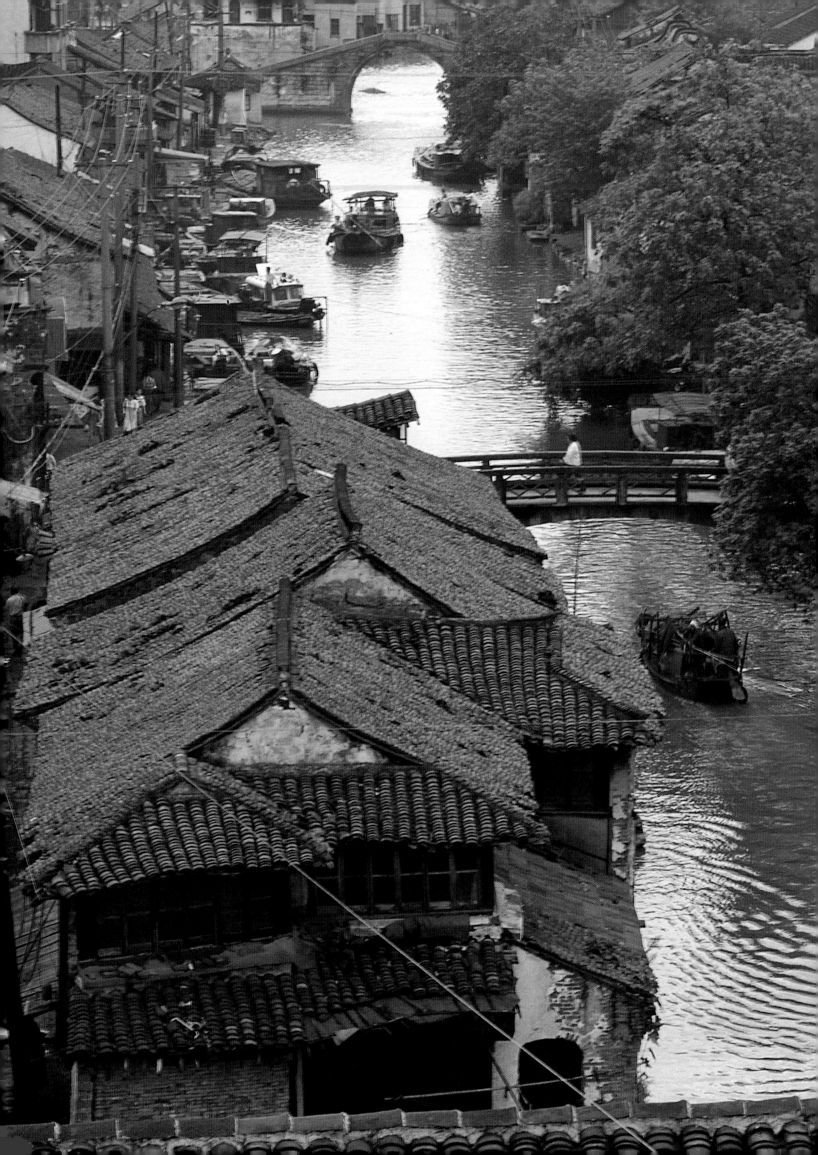

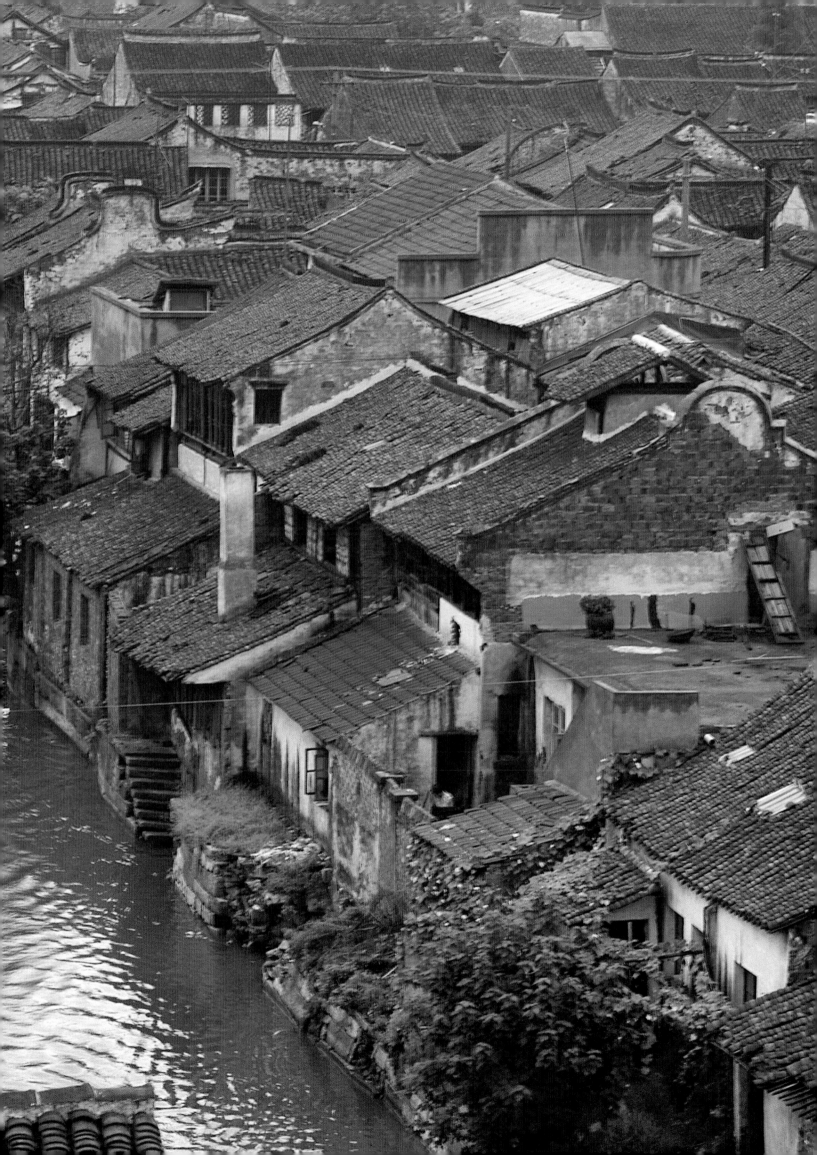

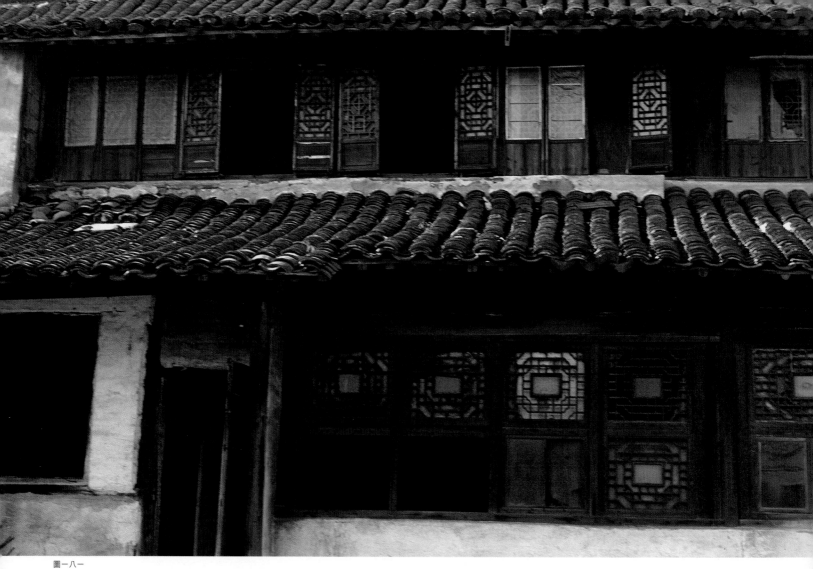

圖一八一

古鎮中扇扇窗戶都透出濃濃的生活氣
息。

圖一八一　木櫺窗统腰簷。

圖一八二、一八三
　　　　　木板牆、木框窗，木框
　　　　　常做些花飾，或簡或
　　　　　繁，使得各家各戶的門
　　　　　面都有些不一樣。

圖一八四　窗櫺做工細巧，有各種
　　　　　圖紋。

圖一八五　明代和清中葉，一般民
　　　　　居的窗櫺成小方格，中
　　　　　鑲嵌半透明的蠣殼(用蚌
　　　　　殼磨成白色的薄片)，也
　　　　　稱明瓦。

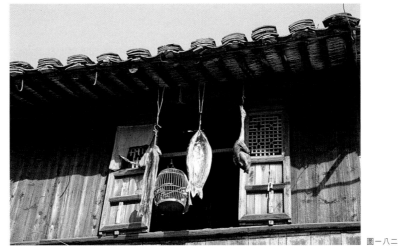

圖一八二

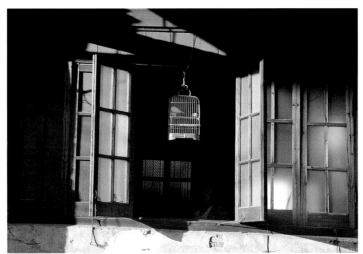

圖一八三

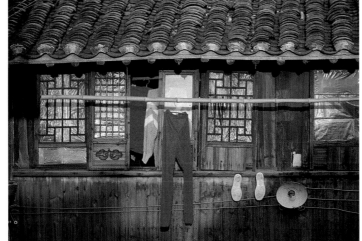

圖一八四

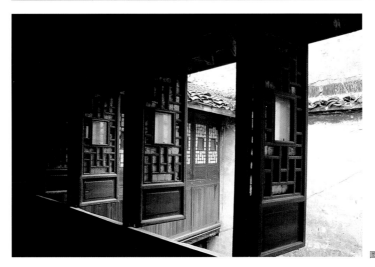

圖一八五

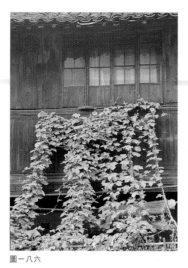

圖一八六

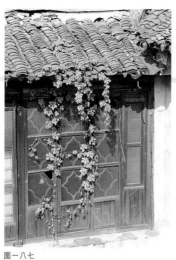

圖一八七

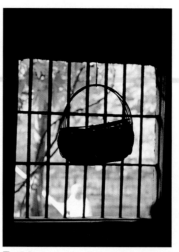

圖一八八

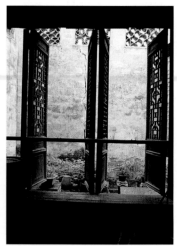

圖一八九

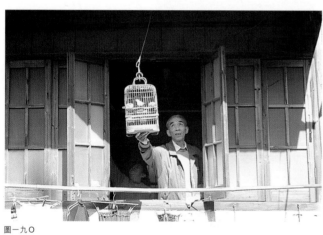

圖一九〇

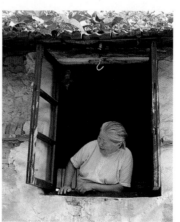

圖一九一

圖一八六至一九一

窗櫺的式樣反映了建築
的年代。長條蠣殼窗是
清代的，玻璃窗小塊是
民國初年的，大塊就是
五十年代以後的。有的
只有木柵、木窗板，是
小戶人家採用的。

戶門：

圖一九二　斑剝的粗牆，古舊的木
　　　　　門，小院瓦棚，歲月彷
　　　　　彿在這兒停滯了。

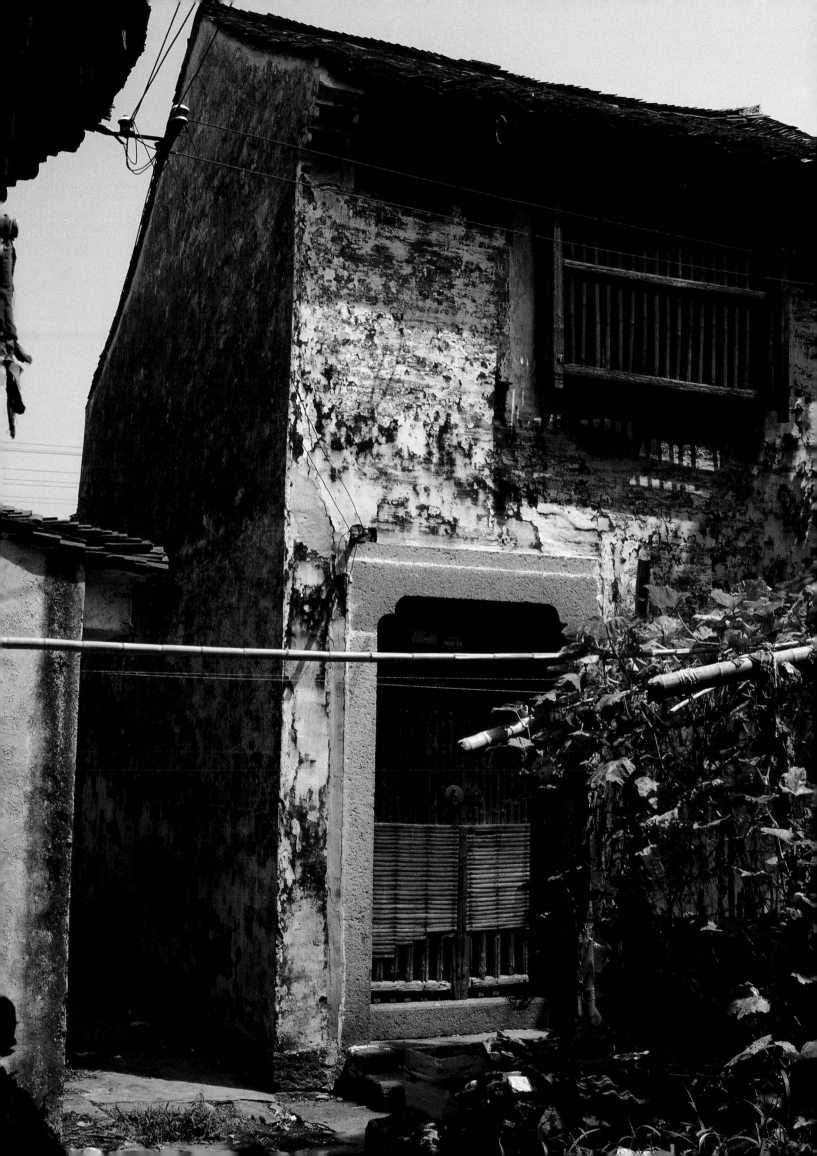

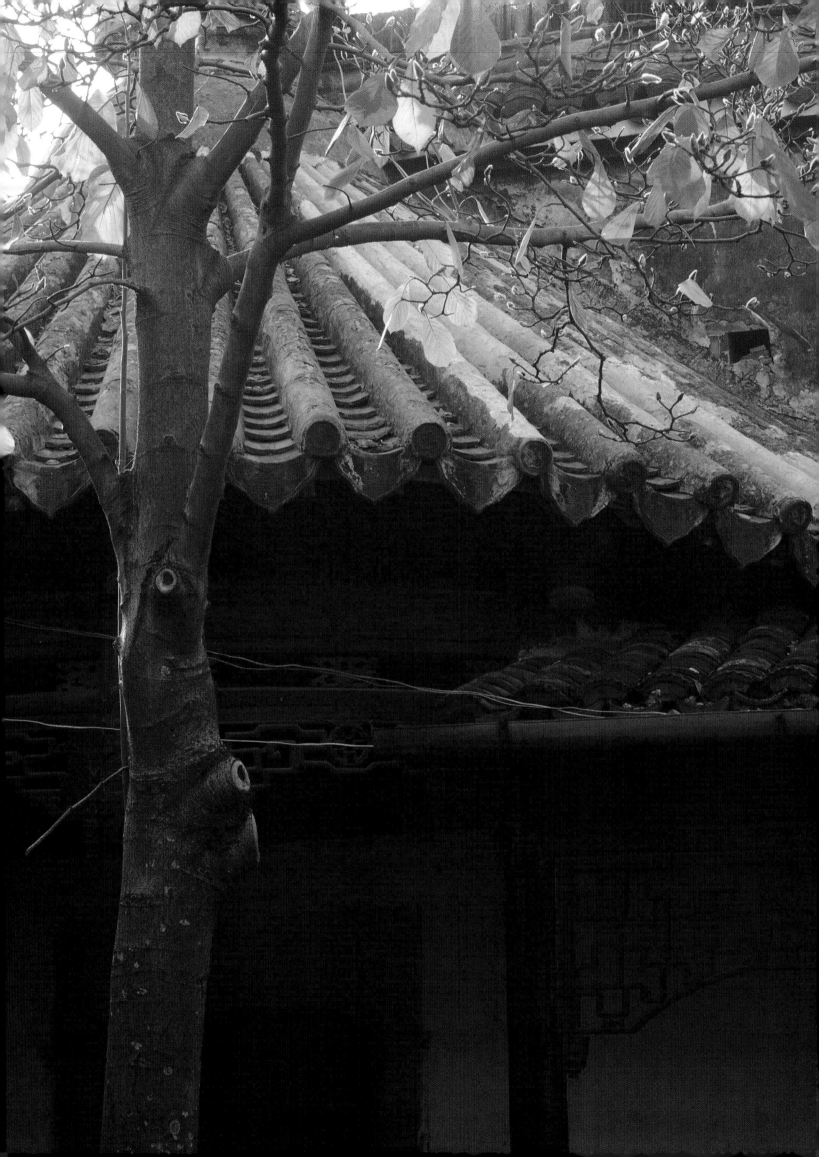

◀圖一九三

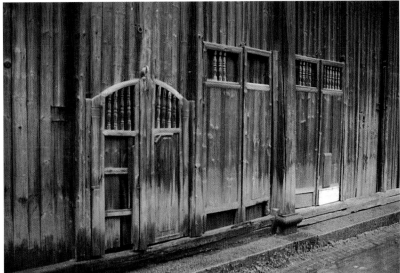

圖一九四

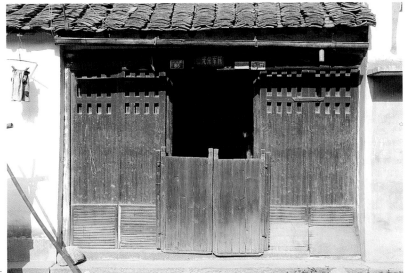

圖一九五

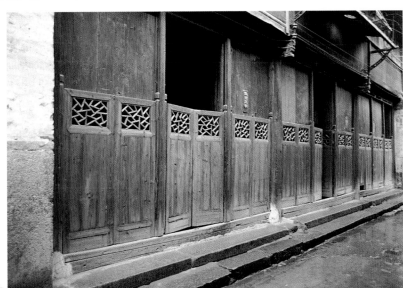

圖一九六

圖一九三　廊檐印痕。

圖一九四至一九六

　　　　臨街住戶多做板門，門
　　　　板可拆卸，夏日可全部
　　　　打開通風，平日僅開啟
　　　　腰門。

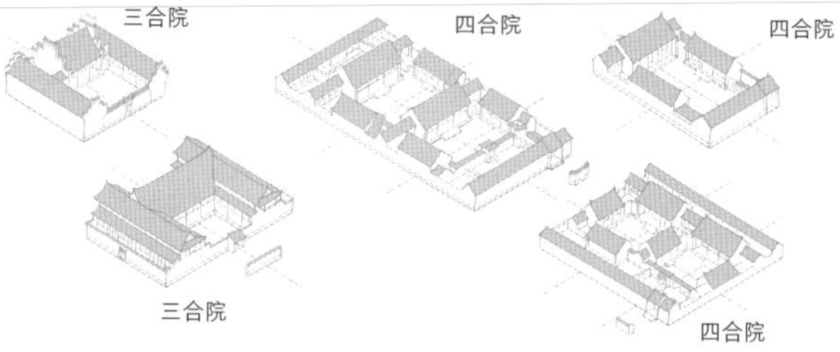

▶中國傳統合院模式原型。（選自《中國建築史》）

建築形制

考察江南古鎮各種各樣的建築形制，究其原型（原型：是由自然條件、社會、文化影響形成的基本結構，是較穩定的空間圖式。），我們可以發現有兩個主要源頭：一個是植根於江南水鄉特殊自然地理環境的，適合於多水濕熱氣候的樓閣式建築。由於江南地區河網密佈，終年多雨，使得當地人把防潮隔水作為建築的第一標準。早在原始社會，這裏的人們已學會巢居，余姚河姆渡出土的木質干欄式建築構件，説明當時已形成了適合於江南地區的居住建築形式，這是以後江南水鄉居住形式向上發展至兩層、三層樓閣式建築形態的基礎。另一個源頭是中國傳統的合院形式，這種以中原文化為特徵的居住建築形式，經由中原人士的東渡和南遷而在江南地區廣泛生根。其基本形式是：以天井為核心，外圍封閉，內部開敞，秩序井然的三合院或四合院模式。外牆的密實封閉是源於對防禦的要求，並解決密集而居與私密性要求之間的矛盾；但宅居外圍封閉與人們喜愛自然的天性相背，於是在高牆內再創自然——天井，它建立起一個「家」的秩序，也解決了由高密度引起的日照和通風的問題。這種模式同時深受傳統風水的影響，很顯然，背陰向陽，三間兩廊，以天井為核心所形成的圍合之勢，正是為了聚之有氣，藏之有能，以聚納「天地生氣」。而中軸對稱，秩序井然無疑是宗法家族的等級觀的作用。男尊女卑，陽貴陰賤，左尊右卑以及父綱子常的一系列規則都反映在室內外的空間組織上，使得空間的區分不是因為功能，而更多是緣於禮制上的主從、尊卑的觀念。可見，江南古鎮的建築形制深深地植根於中國的文化背景中，這是幾千年的封建統治所形成的民族心理定勢作用的結果。

然而江南古鎮特殊的水網性地理地貌、「工賈藝術雜處」的人口構成，以及發達的農業經濟和明清萌芽的資本主義經濟，使得這裏的建築形態又極富個性：古鎮的民居，大多為一、二層的磚木結構、瓦頂房屋。為適應江南多雨和溫和濕潤的氣候，民居一般都有天井、後院、穿堂，成院落廳堂式佈局。屋蓋是青瓦，外牆用磚砌；屋頂有大小、高低的不同；山牆是硬山觀音兜或馬頭牆，形成了略有高低錯落的建築群體。水鄉的特殊自然環境造就了古鎮建築的「親水性」。沿河民居臨水開門開窗，設水埠或建築內凹，納水入內，造成別具情趣的臨水空間。在建築造型上，則常採用出挑、吊腳、枕流、倚橋等形式，體現出水鄉建築的獨特風韻。

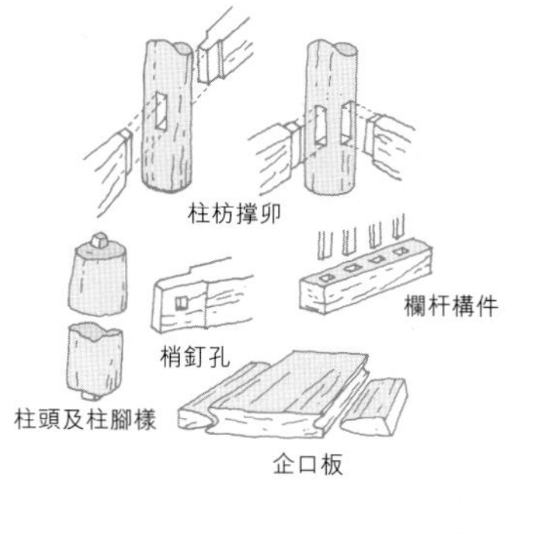

▶浙江余姚河姆渡遺址房屋榫卯。（選自《中國建築史》）

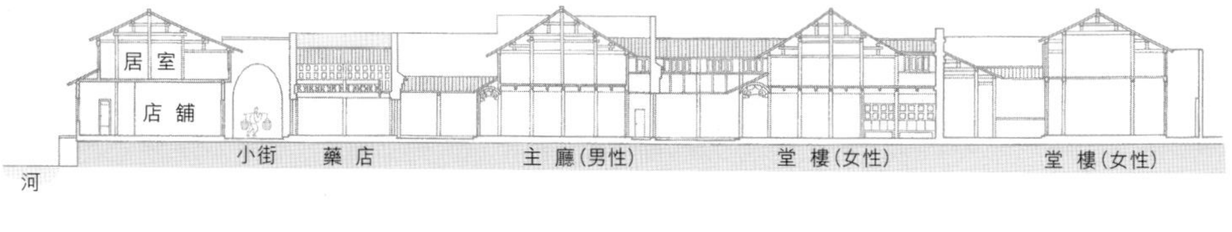

◀江南民居內部空間領域分割示意。明確分割成：主、客，男、女、傭僕等不同領域。

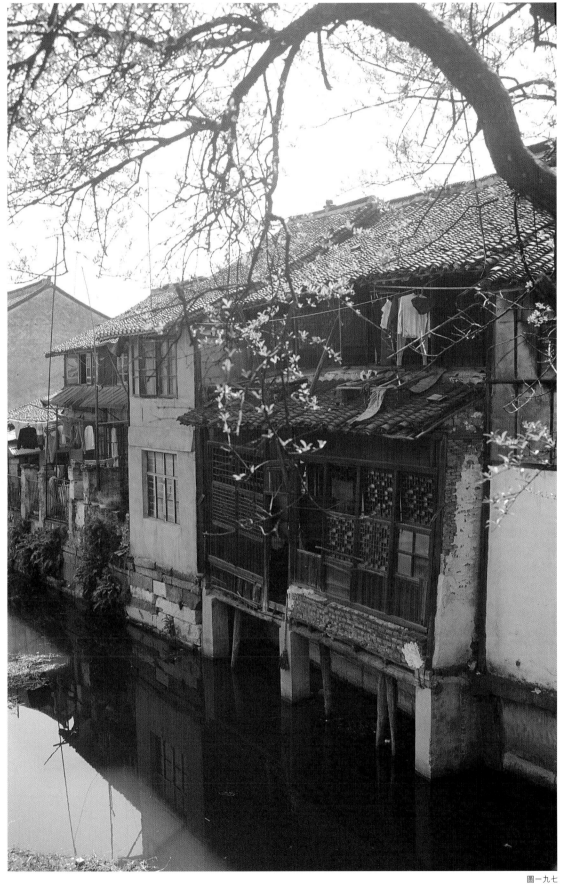

圖一九七

圖一九七　江南民居為磚木樓閣式
　　　　　的建築形制。

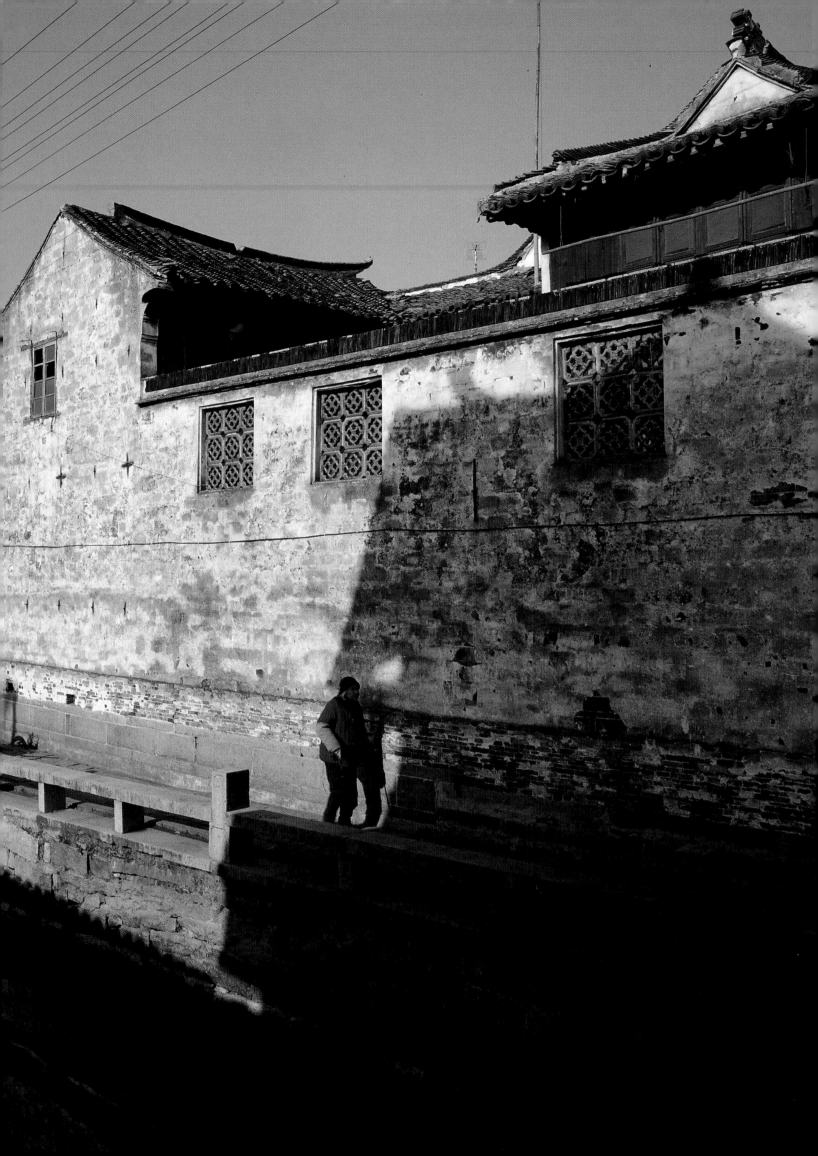

圖二〇〇▶

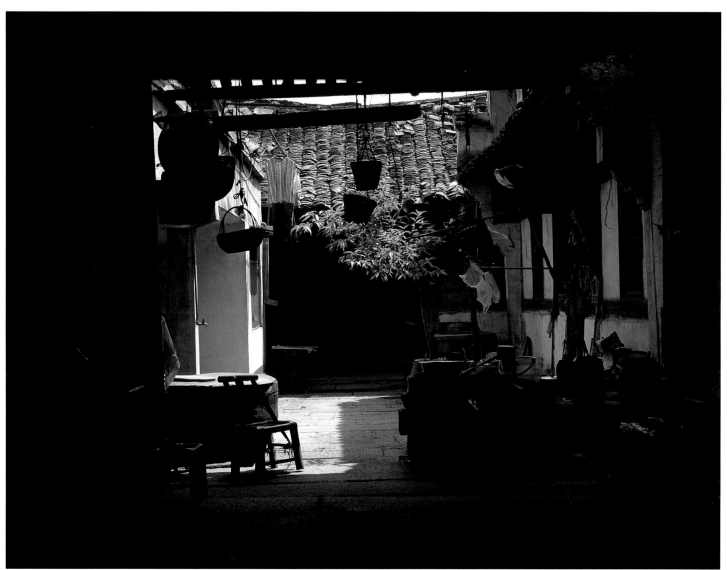

圖一九九

◀圖一九八

圖一九八　沿河的小徑，高聳的山
　　　　　牆，圍合起內部庭院式
　　　　　的住宅。

圖一九九　民居內部設有天井，使
　　　　　住宅內有良好的通風和
　　　　　日照。

圖二〇〇　(後頁) 臨水而居：沿河
　　　　　民居吊腳造型，打椿立
　　　　　柱，懸挑架空，佔水不
　　　　　佔地。

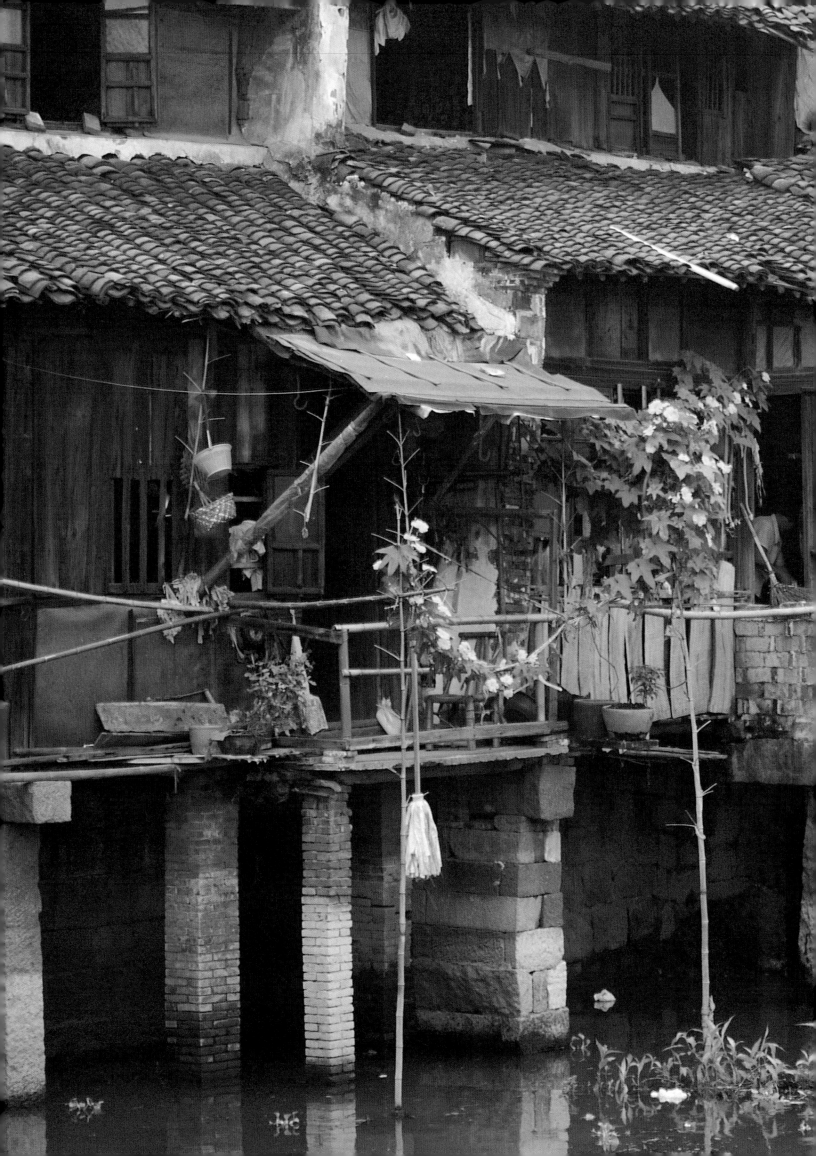

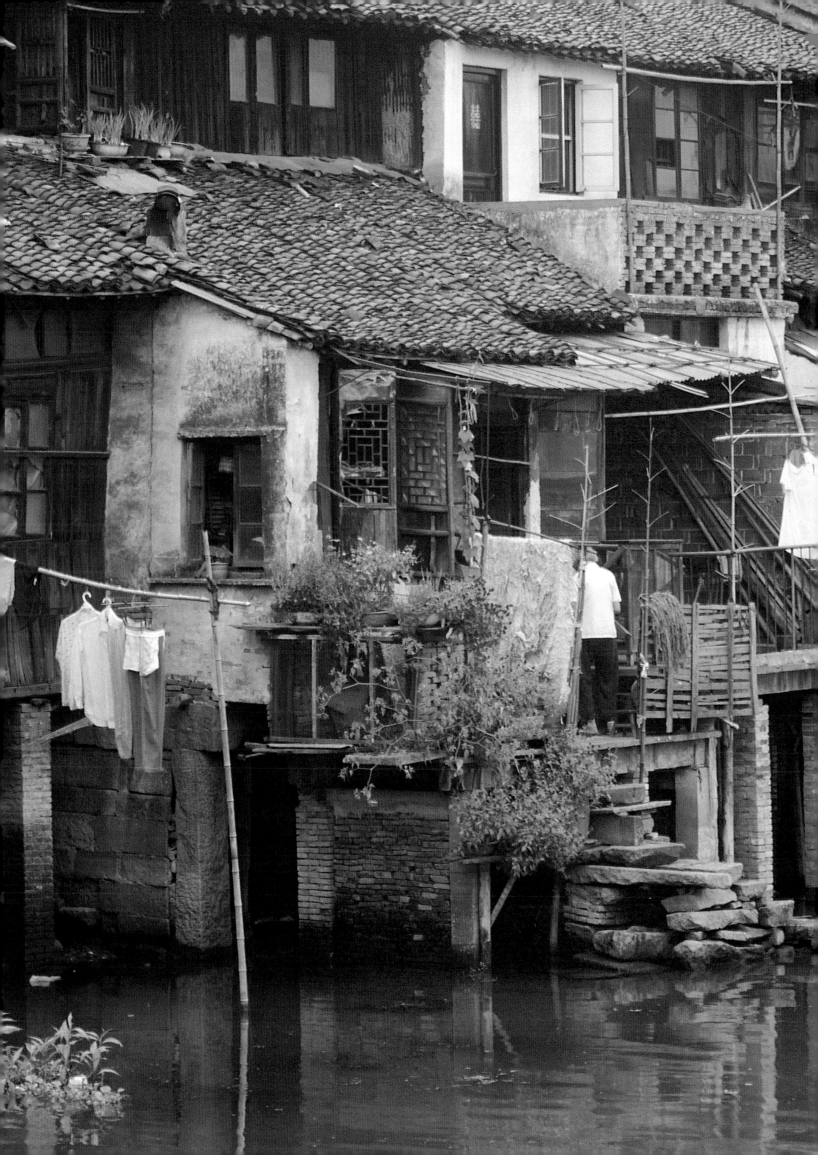

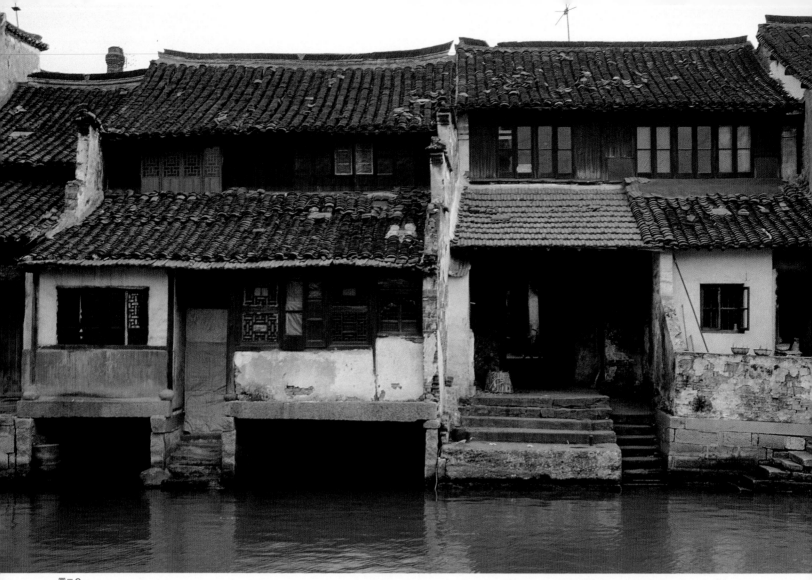

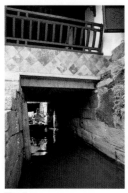

圖二〇二

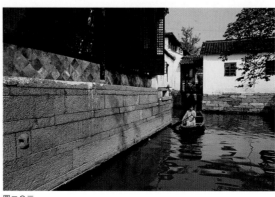

圖二〇三

圖二〇一　沿河民居枕流造型，屋
　　　　　下挑空，可以停船。

圖二〇二、二〇三

　　　　　「轎從前門進，船自家中
　　　　　過」，是水鄉人家獨特而
　　　　　迷人的居住空間。周莊
　　　　　張廳即為典型一例：張
　　　　　宅為明代建築，屋後優
　　　　　雅的「箸涇」如水晶筷似
　　　　　地穿屋而過，在宅後被
　　　　　拓寬成方形水池，供船
　　　　　隻交會和調頭。臨河屋
　　　　　後設一排敞窗，窗前有
　　　　　美人靠，窗下駁岸石級
　　　　　入水，如意形纜船石拴
　　　　　住一葉小舟。

圖二〇四　沿河居民為方便取水，
　　　　　面河開門，門前有石板
　　　　　出挑臨空。

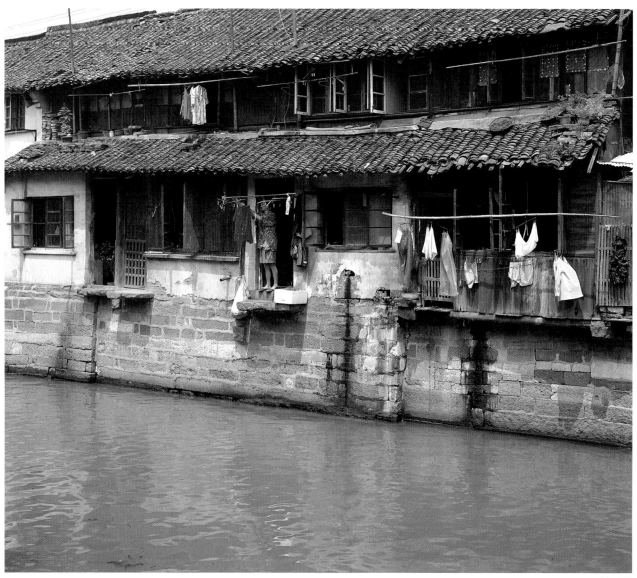

圖二〇四

圖二〇九 ▶

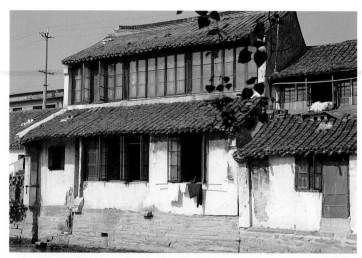

圖二〇五

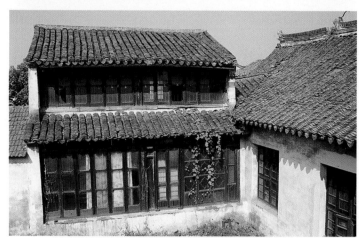

圖二〇六

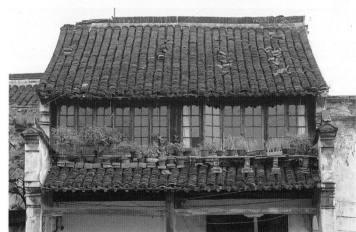

圖二〇七

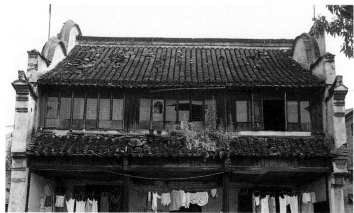

圖二〇八

圖二〇五至二〇九

　　江南多雨，為使屋子底層
的窗戶不被雨淋，窗頂需
有屋檐，因而江南民居的
二層樓面常向內退進，即
出現了腰檐，使樓上樓下
平面有變化，立面也豐富
起來，腰檐的屋坡又是晾
曬東西的地方。

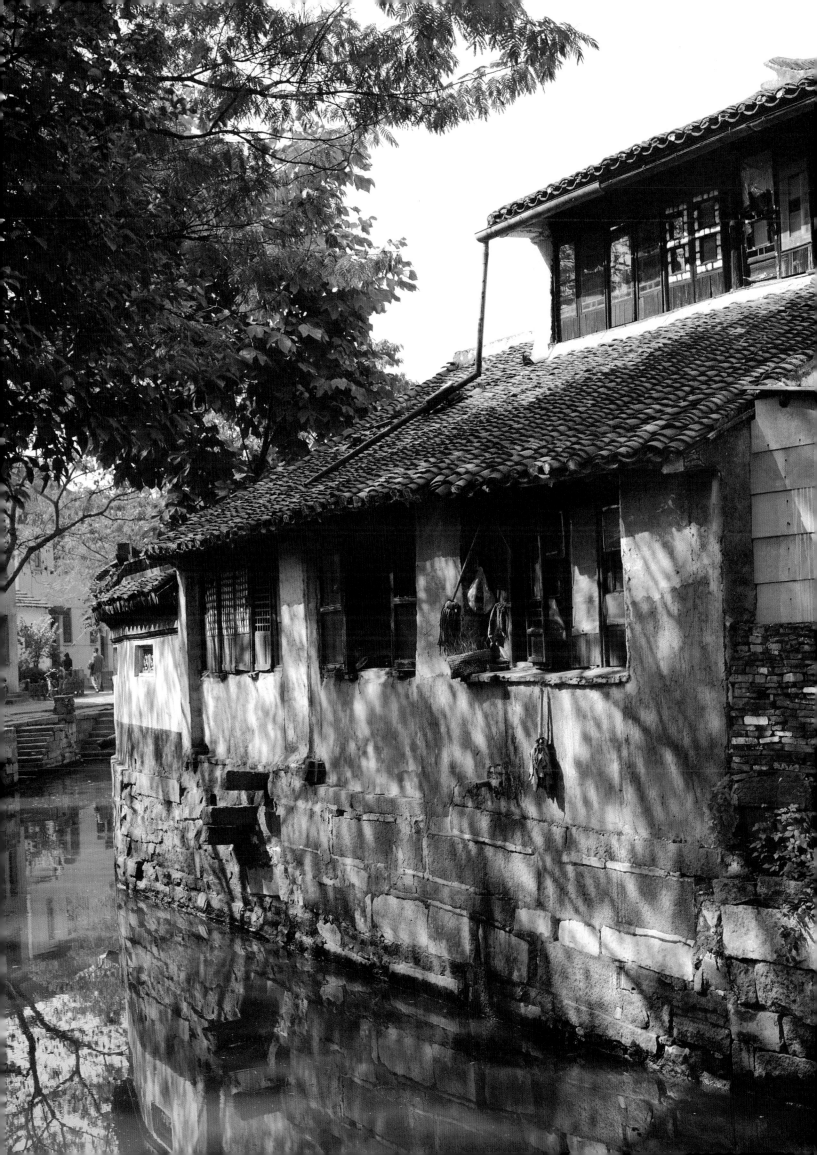

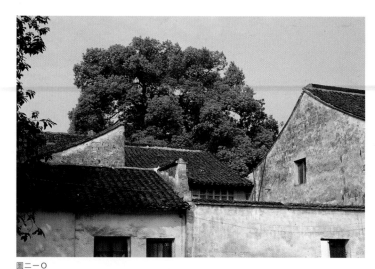

圖二一〇

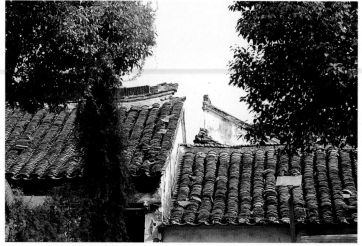

圖二一一

圖二一〇　大屋小舍，半披山尖，
　　　　　錯落有致。

圖二一一　鄰戶屋頂高低錯落，有
　　　　　的豎脊，有的平脊。

圖二一二　馬頭高翹重重檐。屋側
　　　　　山牆為防火和間隔常做
　　　　　成層梯式馬頭牆。

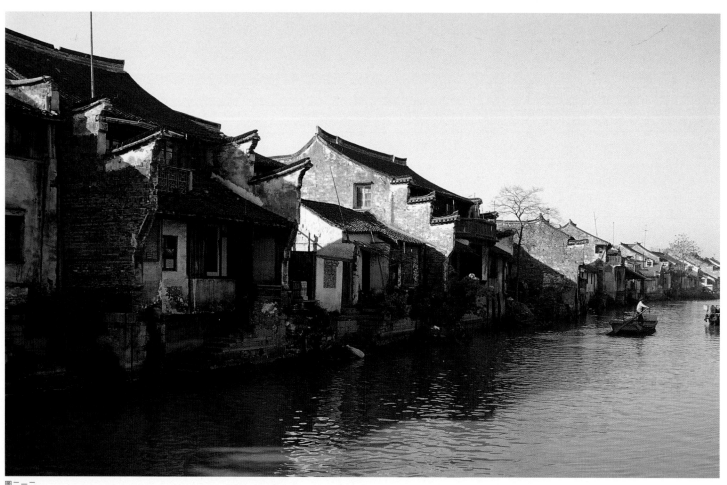

圖二一二

建築裝飾

　　江南古建築裝飾是利用當地材料、工藝和技術的特長，因材施用，是實用性和藝術性的結合。建築裝飾一般室內有木雕、石膏花、彩畫等，室外有石雕、磚雕、陶塑、泥塑等，各種材料質地形成不同的質感、紋理、韻味，產生各種藝術效果，塑造了極具感染力的空間藝術氛圍。建築作為一門藝術，融匯了諸種藝術成就，中國傳統的繪畫、書法、雕刻藝術在木結構的建築形式中亦得到了充分的發揮。如書法是中國一門獨特的藝術，它和磚刻結合在一起，就有了四字成章的門額，前有題頭，後有落款、印章，一應俱全，儼然一條橫幅。中國古代對建築裝飾有嚴格的等級規定，所謂可以「明貴賤，辨等級」。據史籍記載，民宅的裝飾宋制規定：「非宮室寺觀，毋得彩畫棟宅及朱黔漆樑柱窗牖，雕鏤柱礎」；「凡庶民家，不得施重拱藻井及五色文彩為飾」。明制規定：「庶民所居房舍不過三間五架，不許用斗拱及色彩裝飾」。因而明代的民居建築比較素樸。清代民居則受限制較少，使民間雕飾技藝有很大的發展。建築裝飾亦有極鮮明的地域特色和民族性，北方的民居建築裝飾渾厚、樸實，宮殿裝飾華贍，色彩炫爛；南方的民居裝飾秀雅、細膩。

　　雕刻：雕刻是最多見的裝飾手段，根據所用的材料可以分為木雕、磚雕、石雕。其中以木雕最為普遍，大多施於樑枋、雀替、門窗、戶牖；石雕施於門枕、柱礎；磚雕用於門樓、照壁、門楣及牆垣。所雕的題材有人物、山水、花鳥、魚蟲、各種幾何形圖案；人物以刻載昆曲和京戲傳統劇目中的故事為主，也有神話傳説；花卉主要有牡丹、荷花及松、竹、梅等；動物有馬、鹿、龍、鳳、鶴、蝙蝠、魚類等。西漢後，由於受到佛教藝術的影響，出現了如意、寶珠、卷草、萬字紋、回字紋等紋式花樣。雀替常用卷草、雲紋；掛落常做成回紋。在尋常百姓家的民居所雕題材大多反映人們日常勞動生活的，諸如打魚、採薪、牧羊和耕讀等生活場景，如西塘民宅的木門裙板上所雕的各種江南水鄉常見的魚類，反映了人們對豐衣足食的生活的憧憬。在商人富戶的大宅院裏所雕的大多是戲文，具有封建傳統教育的故事，如東山春在堂的裙板上的二十四孝圖。而詩書傳家的文人宅居裏更為清雅，常以梅蘭竹菊及歲寒三友相伴。而上述題材內容又是相互穿插，有機地組成畫面，與主人的性情相符，且大多是討個口彩，圖個吉利，反映人們對美好事物的嚮往和對幸福生活的追求。木裝修圖案很多，僅窗櫺圖案就有直櫺、六角、八角、網格、斜紋、龜背紋、金錢紋、冰裂紋、步步錦、燈籠框等等。格扇、屏門通過上部鏤空圖案花紋格心和下部浮雕淺刻裙板，形成強烈的虛實對比。室內洞罩圖案花紋更是雕刻精緻，常用的有亂紋、整紋、籐莖、雀梅、

喜桃籐等。其中值得一提的是比德文化在雕刻中的體現。比德文化是中國人的傳統審美意識之一，它在建築雕刻中是指民間工匠運用人物、花鳥、器物等形象，通過借喻、比擬、象徵、諧音等手法，使抽象思想與藝術客體融合在一起，讓人們由容易感受的形象，而聯想到所要表達的抽象含義。這本是中國江南特有的，後來逐漸得到傳播。比如刻一株果實纍纍的柿子樹，彎彎曲曲地纏繞在如意上，喻為「事事如意」；雄雞配以牡丹，喻為「功名富貴」；梅樹配以雙鹿喻為「眉開雙樂」；喜鵲和獾兩種動物組成畫面喻為「歡天喜地」；蝙蝠、桃子、百吉、雲朵組成的畫面喻為「福壽吉祥」；龍和鳳組合在一起，名之「龍鳳吉祥」，在民間龍代表男性，鳳代表女性，喻為婚姻美滿。此外還有一些常用的圖案，如：八寶圖，由和合、玉魚、鼓板、石磬、龍門、靈芝、松樹、仙鶴組合成一組圖案，象徵福祿壽喜、大吉大利；暗八仙圖案，即隱去八仙人物，只雕出漢鍾離所執的扇子、何仙姑所拿的荷花、張果老所持的魚鼓、藍采和所提的花籃、韓湘子所吹的笛子、呂洞賓所佩的寶劍、鐵拐李所攜的葫蘆、曹國舅所使的陰陽板八件法器。

塑形裝飾：塑形是對建築造型的刻劃，主要是在外觀上豐富其天際輪廓線和增強其立體感，使建築形象更加優美。江南古鎮的建築輪廓線變化主要以屋頂形式、屋脊式樣和山牆的變化來表現的。就馬頭牆做法來說，就有階梯形、弓形、鞍形等，是隨屋面的坡度面變化的。平行附梯形的馬頭牆根據其屋面坡長做成一跌、二跌、三跌或五跌。屋脊脊端有的較為平緩，有的卻彎曲向上高高翹起，輕盈秀美。

色彩：江南地區氣候溫潤，不如北方地區日照時間長，總體上採用素淡的色彩，形成柔和的基調，即粉牆為底，配以黑灰色的瓦頂，栗殼色的樑柱和欄杆，灰色門框、窗框，形成素淨明快的色彩。在大型住宅或公共建築中，以局部的艷色點綴，如灰暗的屋面上用鮮明的彩塑裝飾；室內的彩畫很有講究，多以山水、人物、樓台、彩錦為主；樑架、神龕雕刻常用金漆飾面。

江南古鎮的民居建築藝術特色與風格大致可以概括為：外觀簡樸，造型輕巧，色彩淡雅，內觀華麗，樑架工整，裝修洗煉，色彩富麗，雕刻精緻。

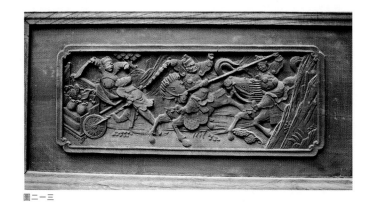

圖二一三

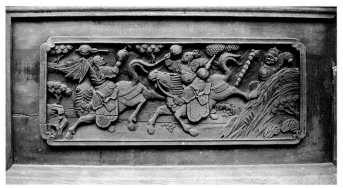

圖二一四

木窗欞花式：

圖二一三、二一四
　　　　落地窗門裙板上的木雕，
　　　　多以戲曲故事諸如「三
　　　　國」、「說岳」、「二十四
　　　　孝」等等為題材。

圖二一五　葵式連排 (安昌鎮某宅)。

圖二一五 ▶

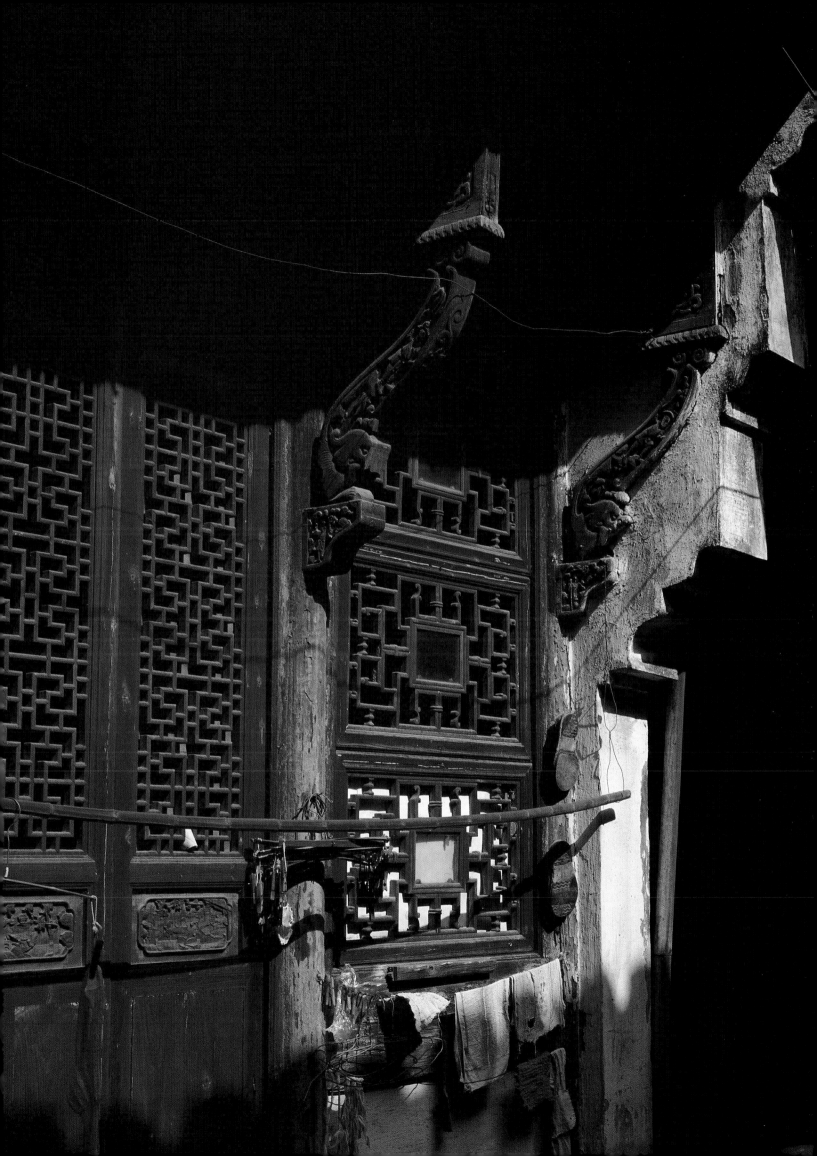

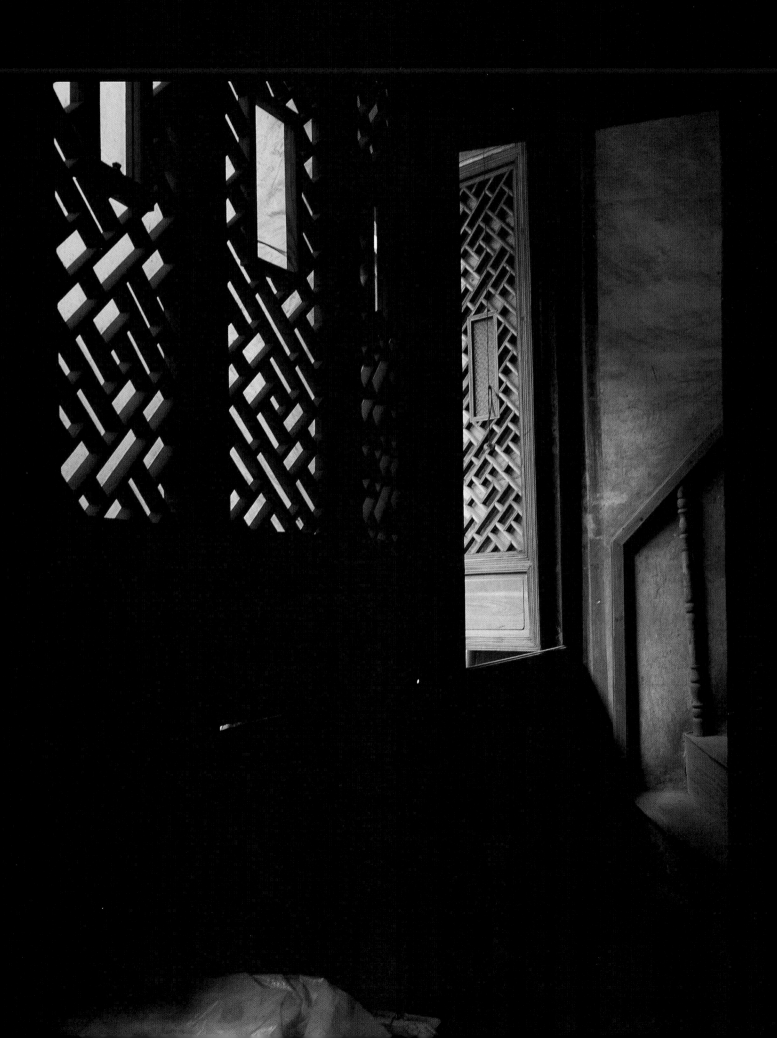

◀圖二一六

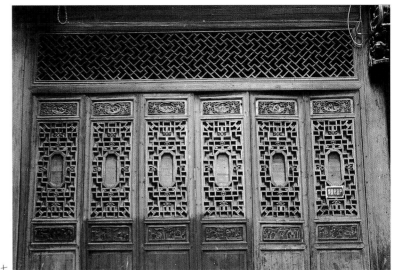

圖二一七

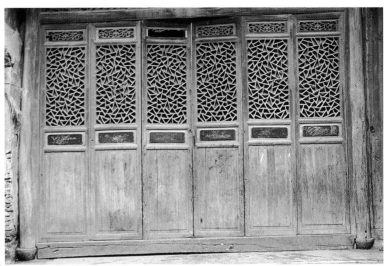

圖二一八

圖二一六　斜格嵌方(西塘鎮某宅)。

圖二一七　變形宮式(龍門鎮三樂堂)。

圖二一八　冰凌隔扇(龍門鎮三樂堂)。

圖二一九　宮式串方(西塘鎮某宅)。

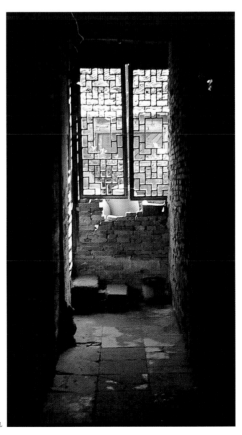

圖二一九

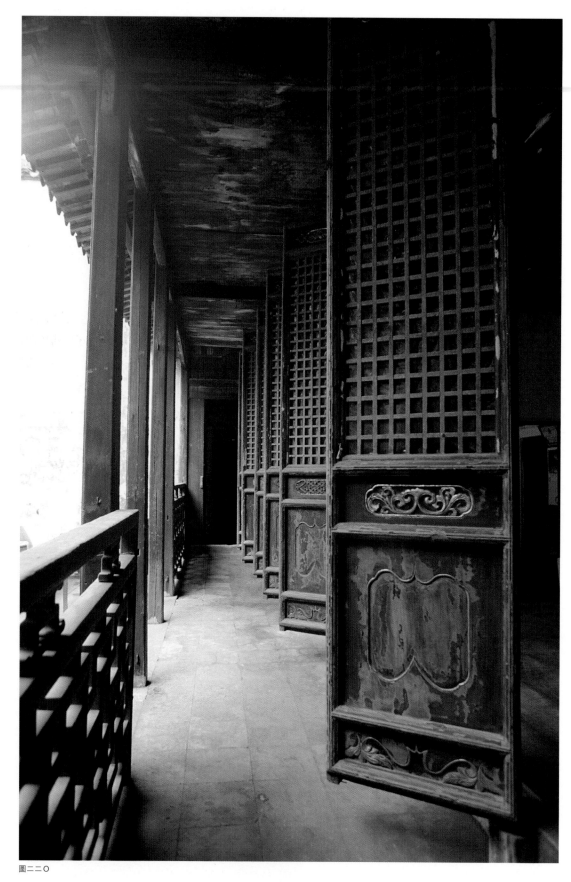

圖二二〇

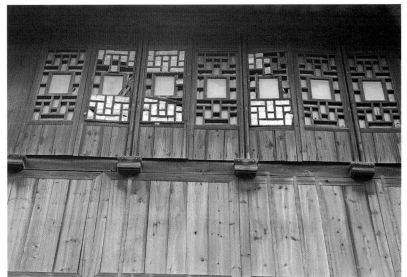

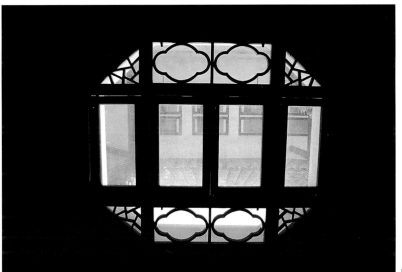

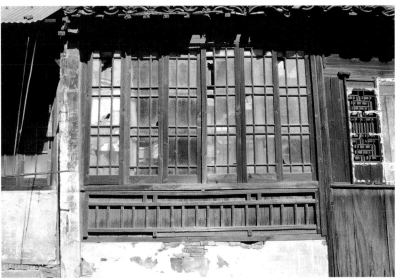

圖二二O　小方格落地長窗，屬明
　　　　　代式樣。

圖二二一　宮式串方。

圖二二二　八角窗洞。

圖二二三　長方格屬二、三十年代
　　　　　式樣。

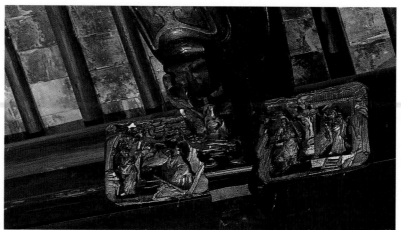

圖二二四

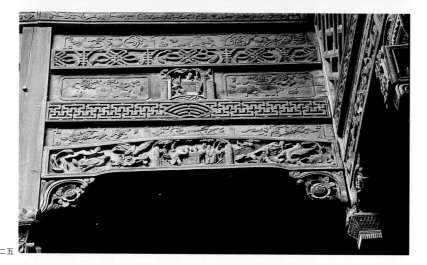

圖二二五

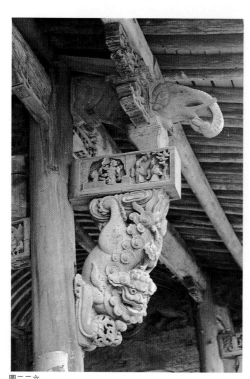

圖二二六

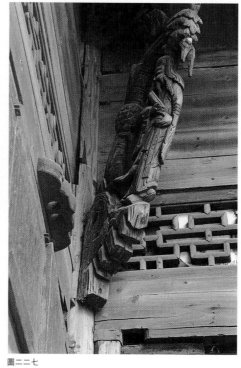

圖二二七

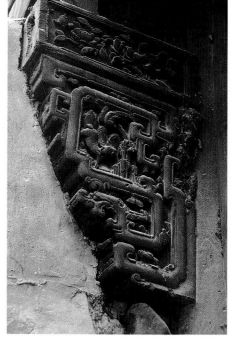

圖二二八

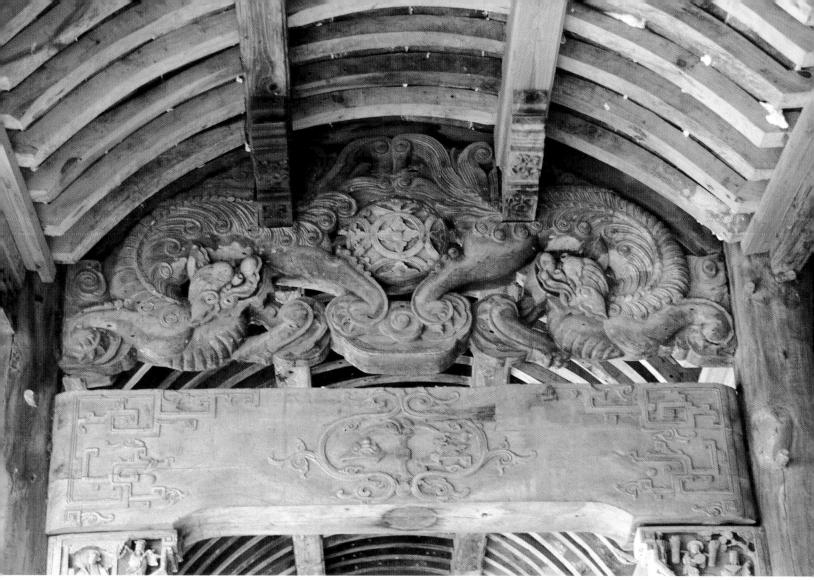

圖二二九

室內木裝修：

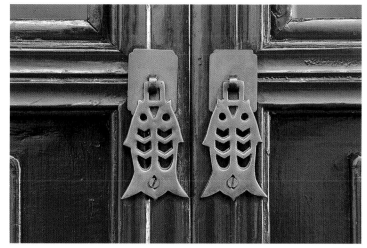

圖二三〇

177

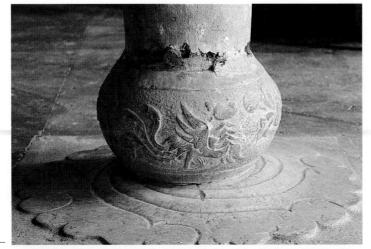

圖二三一

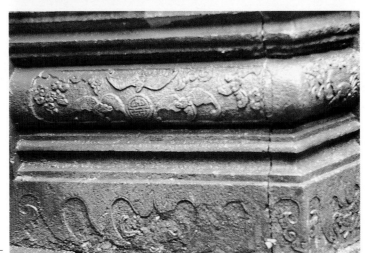

圖二三二

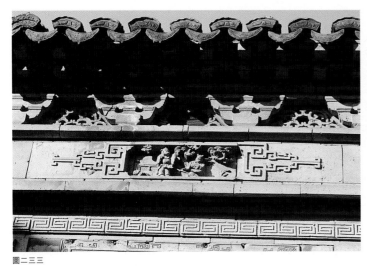

圖二三三

圖二三四

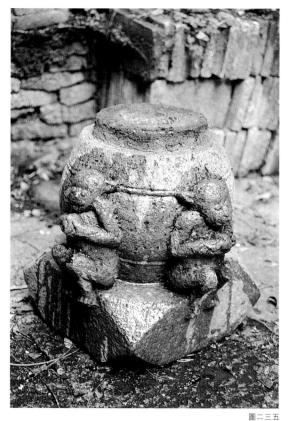

圖二三五

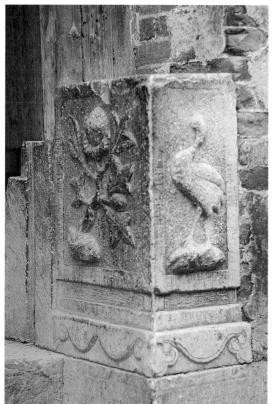

圖二三六

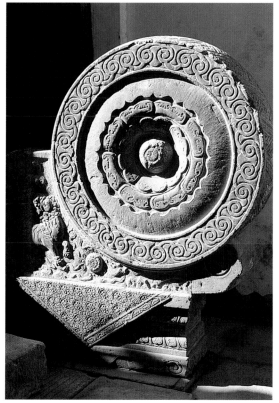

圖二三七

磚石雕飾：

圖二三一　柱 礎 石 雕（西 塘 種 福　　　　堂）。

圖二三二　宅門石雕（烏鎮藥店）。

圖二三三　門樓磚雕（西塘某宅）。

圖二三四　磚雕門樓（南潯張靜江　　　　宅）。

圖二三五　雕有獼猴仙桃的柱礎（烏　　　　鎮某宅）。

圖二三六　宅門石雕（西山）。

圖二三七　抱鼓石。

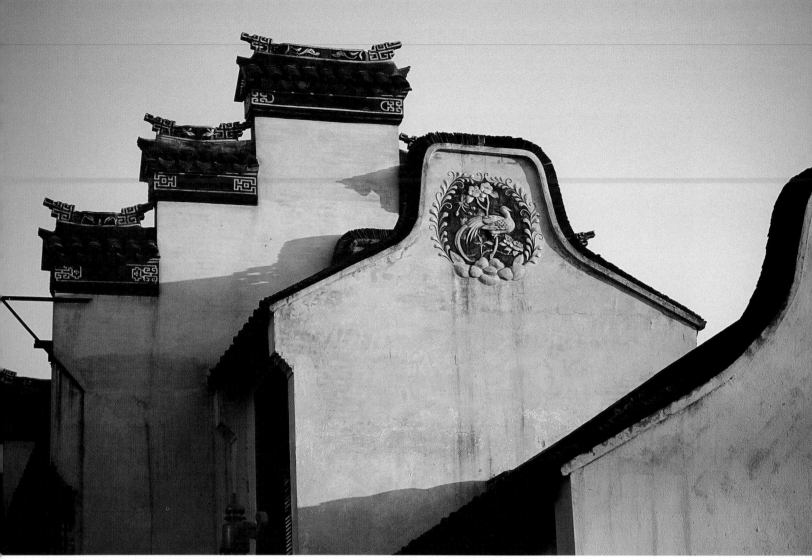

圖二三八

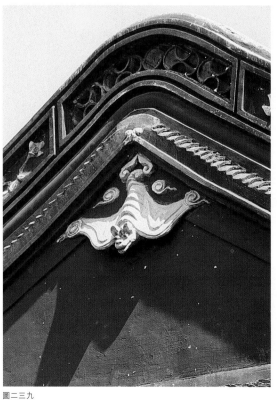

圖二三九

塑形裝飾：

圖二三八　各式馬頭牆。有階梯式、觀音兜式、「單山牆」，也有做成許多複雜的花飾。馬頭牆分隔兩相鄰的房屋，用於防火。

圖二三九　山牆頂空花脊山尖倒掛蝙蝠花飾，意「福到」。

圖二四〇　屋脊雙翹。

圖二四一　變形馬頭牆。

圖二四二　窗上檐頭花飾。

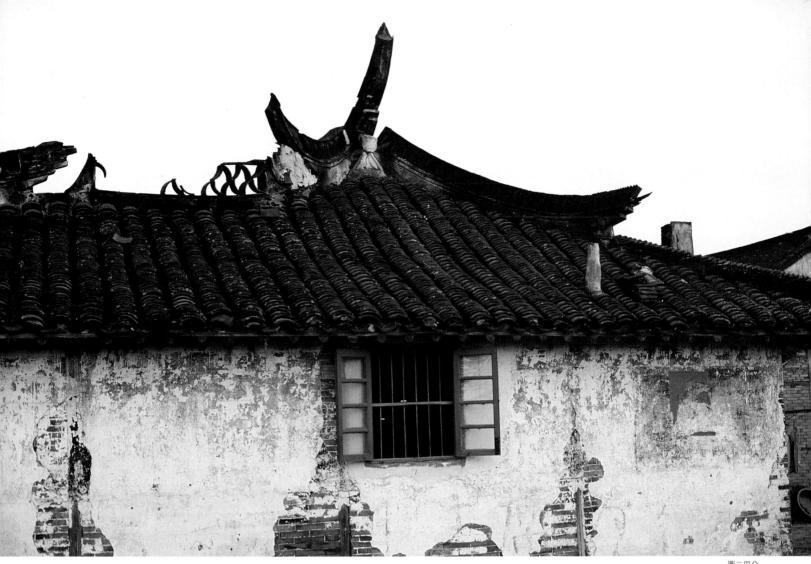

圖二四○

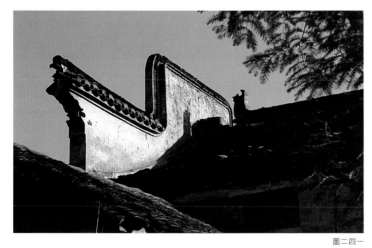

圖二四一

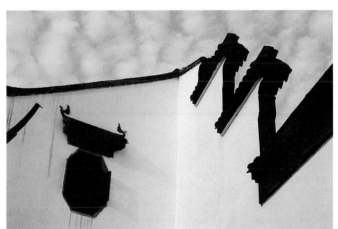

圖二四二

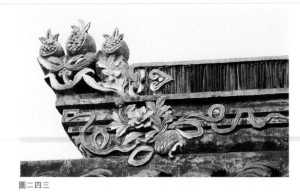

圖二四三

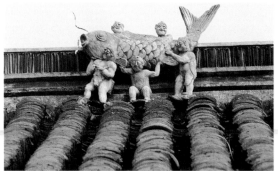

圖二四四

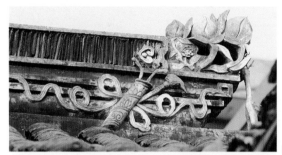

圖二四五

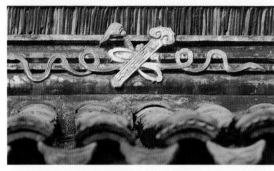

圖二四六

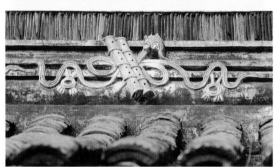

圖二四七

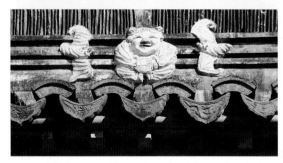

圖二四八

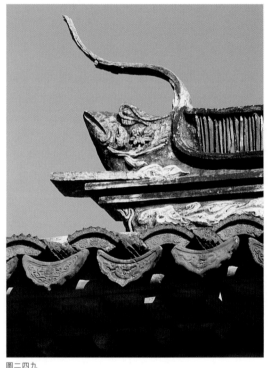

圖二四九

圖二四三　屋脊石榴、牡丹花飾，寓多
　　　　　子富貴(東山鎮某宅)。

圖二四四　五子捧鯉魚，寓五子登科(東
　　　　　山鎮某宅)。

圖二四五至二四七
　　　　　暗八仙屋脊花飾(東山鎮某
　　　　　宅)。

圖二四八　大阿福塑上屋脊，雙福(蝠同
　　　　　福音)和財喜(喜財童子)。

圖二四九　脊頭花飾：哺雞脊。

建築構造

江南地區的氣候溫和、雨水多，四季分明。因此建築的構建考慮到遮陽避雨的功能。江南地區土質良好，能燒製質高的磚瓦；又有豐富的石礦資源，有石灰石、堅硬的花崗岩和黃石。木材在歷代都不缺，竹子也很多，這就使江南地區具備了豐富可用的建築材料。從建築材料上來看，江南建築的結構可分為以下四種類型：

第一種是土竹型，即用黃泥夯築成牆壁，或用土坯砌牆，毛竹做桁條，上鋪蘆蓆，頂上鋪蓋稻草，俗稱「茅草棚」。這是古鎮中窮苦人家的房屋，一般都在鎮的外圍，許多是外鄉農戶人家。

第二種是蘆樹型，即用雜樹做成穿斗式的樑架、桁條。主柱也用雜樹幹，蘆蓆做牆，再糊以泥土，蘆蓆頂上蓋稻草。這種房子俗稱「草屋」，也是窮人的住房，但要比前一種高大寬敞些，也堅固些。過去在古鎮中，草屋和毛草棚是很多的，特別是當北

方地區出現了自然災害，或發生了戰爭，江南一帶自然就成了避難所。古鎮也不例外，很多災民湧入此地，於是就出現了成片的草房。

第三種是磚石木型，即用木頭做樑架，石頭做牆，屋頂蓋瓦。這類房子在盛產石頭的地區較多。

第四種是磚木型，即用磚頭和木材建造的房子，俗稱「瓦房」。這類房屋在江南古鎮建築中佔大多數，所以它是江南古鎮的建築代表類型。

江南古鎮的建築有平房和樓房兩種。小型建築的平房，結構比較簡單，一般都用穿斗式木結構。中、大型建築的樓房，結構比較複雜，都是抬樑式結構。

江南古鎮建築的傳統特色，還可從其他的建築結構中反映，如：飛椽、牆壁的砌法、屋頂的形式和勒腳等。

飛椽： 是江南建築中的特色之一，就是在出檐椽上釘一段椽子，加長屋椽尺寸，防止風雨侵入，兼具觀賞作用。為

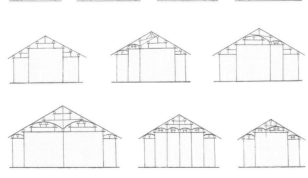

穿斗式構架
（多用於房屋盡端山牆）

抬樑式構架
（多用於廳堂）

雙步樑的組合

▶ 江南民居中各種木構架形式。（選自《浙江民居》）

了支撐加長了的屋檐的重量，有的還用琵琶撐結構，就是在屋椽下做斜撐，把屋檐的重量傳遞到檐柱上。在較大的廳堂中，大都做軒。軒位於內四界前，在前後兩柱間的木樑架下另作對稱式的樑架、擱桁條和椽子，在室內又形成一個空間。廳堂中做軒，分割了室內樑架長度，因此可以減小大樑的跨度，不需用大木料卻可以加大房屋的進深。其次，做軒後，室內空間有主有次，便於裝飾和分隔空間。其三，軒和屋面間的封閉夾層，形成雙層頂，起到隔熱和保溫的作用。

牆： 傳統民居用步架樑柱結構，牆只作分隔和防風擋雨之用，不承重，只是填充柱間空間，所以牆倒而屋不塌。樓房為了堅固，磚都橫擺實砌。平房一般多用斗牆，即用磚縱橫擱空相砌成斗狀。這樣做既可以節省磚頭，也可以增加隔熱和保溫的作用。許多民居從房屋牆腳起，至以上1.5米高左右實砌磚牆，其上便做空斗牆。

屋脊： 江南古鎮中的民居屋頂多為硬山頂，中有屋脊。民居中很少做捲棚頂，因為江南多雨，要利於排水是其屋頂形式單一的主要原因。但屋脊形式卻較多樣，屋脊分為上下兩部份，下部用磚在屋頂兩坡交接處砌成方形的攀脊，上部用瓦豎砌再壓以灰泥，其兩端向上或成花頭跳出作結束處理。式樣有多種，甘蔗頭、紋頭脊、雌毛脊多用在一般房

屋上；哺雞脊用在高等級的大廳堂頂上；哺龍脊用在公共建築的大殿上；而民居中常有雀宿檐，是一種形式輕巧美觀的小屋檐，常用作窗洞或街沿避雨遮陽的平坡小屋檐。它利用廊柱出挑短樑，樑上擱桁條椽子鋪望磚和瓦。為增加牢固，樑端有斜撐，並做成鶴頸，雕飾花紋。

勒腳： 在建築外牆的基礎上，沿室外地坪，砌一條石壘，上砌側塘石到室內地坪，形成勒腳，起穩定牆身和防潮作用。

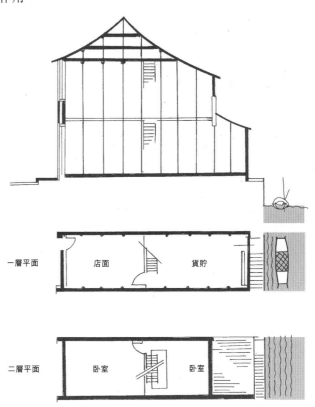

一層平面　店面　貨貯

二層平面　臥室　臥室

▲ 下店上宅式民居。後披是廚房，屋後沿河有私用水埠。（選自《蘇州民居》）

店舖

人口構成是建築形式選擇的決定性因素之一。由於鎮的主要職能是商業貿易活動，所以店舖就特別多，古鎮的店舖往往是將店舖與住宅並用，形成「前店後宅」或「下店上宅」的形制，其次，鎮在商業貿易活動的同時還兼顧工業生產，因而有的住宅便須容納有作坊的空間以作為家庭生產的場所，於是就有「前店後坊」。可見江南古鎮的店舖不同於城市中的商店，相對獨立於商業街，而是與店主本身的住宅相銜接。

下店上宅

在一幢樓房裏，底層做店堂，上層做住宅。這類住宅規模較小，因其兩種功能的重疊，節約了用地，故為城鎮中沿街臨河或前街後河的街坊所廣泛採用。因沿街每戶不能佔街面太寬，所以平面只能與街道垂直，向縱深發展，側牆均為實牆，以便與鄰戶聚靠。在許多情況下，每戶只有一兩個開間，內部採光依靠穿插的小天井來解決。住宅底層臨街的房間為店面，臨河的房間做廚房、廁所或倉庫等，中間部份做起居室或臥室，樓上為臥室。這種平面構成的密度相當高，與水陸交通聯繫方便，內部空間利用率也高。在這一組合方式中，樓梯是建築空間垂直和水平交通的樞紐，既要走得通，又要不礙觀瞻，往往用大商櫃來做隔斷。

前店後宅、前店後坊

這類住宅的規模中等，一般有二至三進以上，往往是在沿主要市街的一側建造，因為每戶沿街面不能佔太寬，所以平面也只能與街道平直，而向縱深方向發展。一般情況下，沿街的房間是店面，店面的後面則是居住空間或作坊，它們的分合關係有的通過天井分隔，有的用廂房進行連接，即店面的正中或一側開有門或留出通道，以進入後面的建築部份。商店與住宅的功能相對獨立地組合在一起，互不干擾。如周莊的張廳就是這樣的形式，住宅裏還設有暗室，以藏財物。「前店後宅」形式多為鎮中沿街居民及中等經營規模的店主所採用，而凡屬手工業作坊生產商品自銷者如食品業、手工

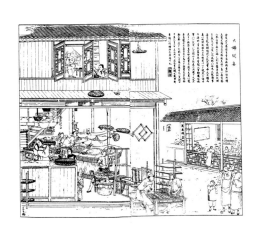
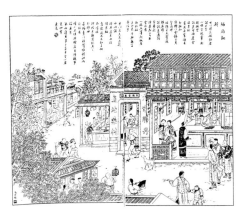
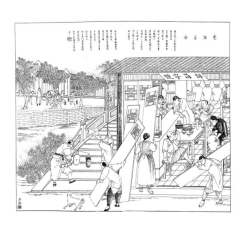

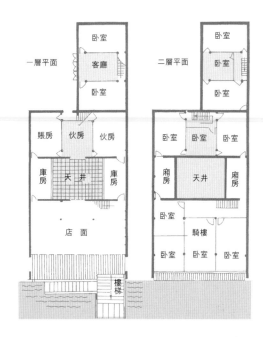

一層平面　　卧室　　客廳　　卧室

二層平面　　卧室　　卧室　　卧室

賬房　伙房　伙房　　　　卧室　卧室　卧室

庫房　天井　庫房　　　廂房　天井　廂房

店　面　　　　　卧室　騎樓　卧室

樓梯

▶前店後宅式民居。三開間二進合院式，後面三間是添建；店面臨河街搭擔廊，以便沿河操作。（選自《蘇州民居》）

工藝、日用雜品及藥材加工等，多採用「前店後坊」的平面佈局。

　　古鎮上的店舖規模大都較小，許多商品也就是手工勞動產品，自產自銷，有着濃郁的地方特色，像竹器、木器、鐵器，酒坊、醬坊、油坊等，還有工藝較強的車工、木雕、家具、紙品等。古鎮上有老字號，有傳世老店，也有隨着行情的變化而改變經營內容的一般店舖。

　　古鎮街道兩側商店毗鄰，每個店舖少則一間，多則三、四間。沿街的店面大部份是開敞式的，店面都是可以裝卸的木排門板。早晨開店卸下門板，櫃台就沿街而立，盡量接近街上的顧客。封閉式的是藥材店、金銀飾品店和當舖，沿街高牆只開一個大門，大門內有天井，然後是櫃台。沿街的店樓一般通排開窗，窗下木裙板，有的花欄杆，落地長花格窗，用吳王靠作欄杆，很是美觀。店樓樓面往往比樓下牆面挑出一米多，既擴大了樓上的面積，又等於給底層做了個遮陽避雨的檐。街上兩側的店面都出挑一米，使本來不寬的街道，顯得更狹窄了，卻增加了熱鬧的氣氛。古鎮的街道給人以親切、祥和的感覺，店面連着店面，整條街很少有凸出凹進的變化，不栽種樹木，石板路，木製門面，木櫃台、木欄杆、木窗，出挑的店樓，掛着各式各樣的招牌，不同商品的櫃台開敞着就在你的身邊，商店裏散發出各種氣味，人聲喧嚷，色彩斑斕，呈現出一派溫馨而又純樸的景象。

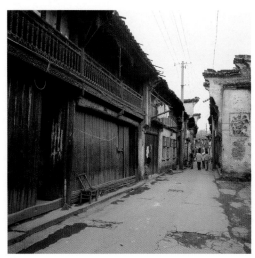

圖二五〇

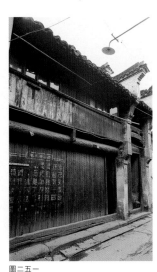

圖二五一

圖二五〇、二五一

　　古鎮街道上的店舖，關閉時全是木排板門，開啟時卸去門板即為開敞店堂。

圖二五二　昔日熱鬧的濮院大街，沿街店面用木排門開敞式，門面一側另設通往後宅或樓上居室的邊門。為顯示店主的實力，對居住入口重點裝修，高高的馬頭牆沿街聳立，橫月樑雕飾細緻。

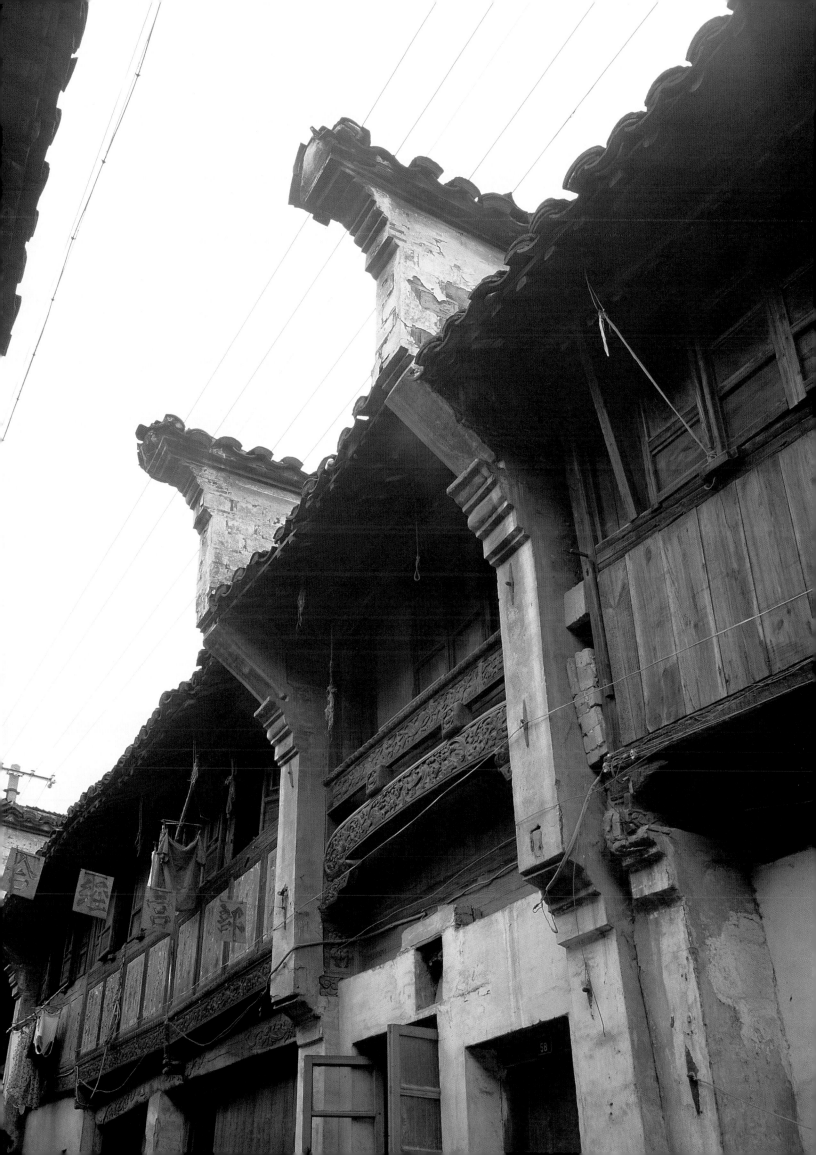

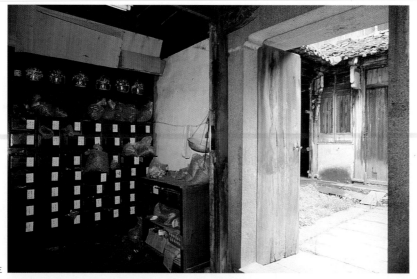

圖二五三

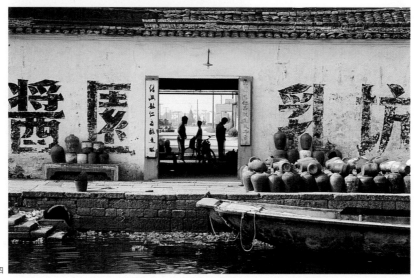

圖二五四

圖二五三　烏鎮藥店為前店後宅
　　　　　式。

圖二五四　安昌鎮醬坊為前店後
　　　　　坊。

圖二五五　周莊鎮戴宅臨街是中藥
　　　　　店，屬前店後宅式，店
　　　　　主擁有四進內院住宅，
　　　　　門院重重。

圖二五六、二五七
　　　　　沿街店舖樓下的橫樑雕
　　　　　花精細，以示店家財
　　　　　力。

圖二五八、二五九
　　　　　沿街店面的排門板，要
　　　　　按次序逐塊裝卸。

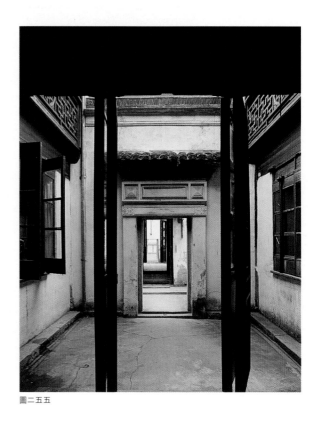

圖二五五

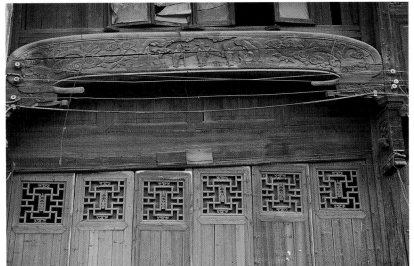

圖二五六

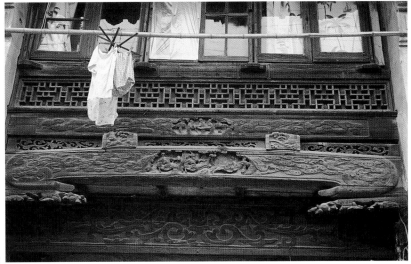

圖二五七

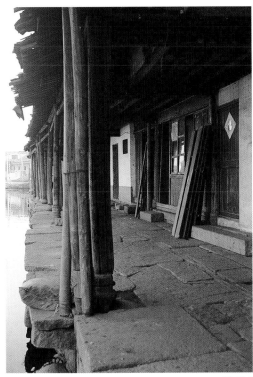

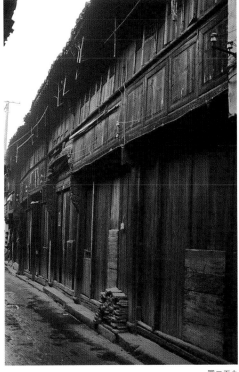

圖二五八

圖二五九

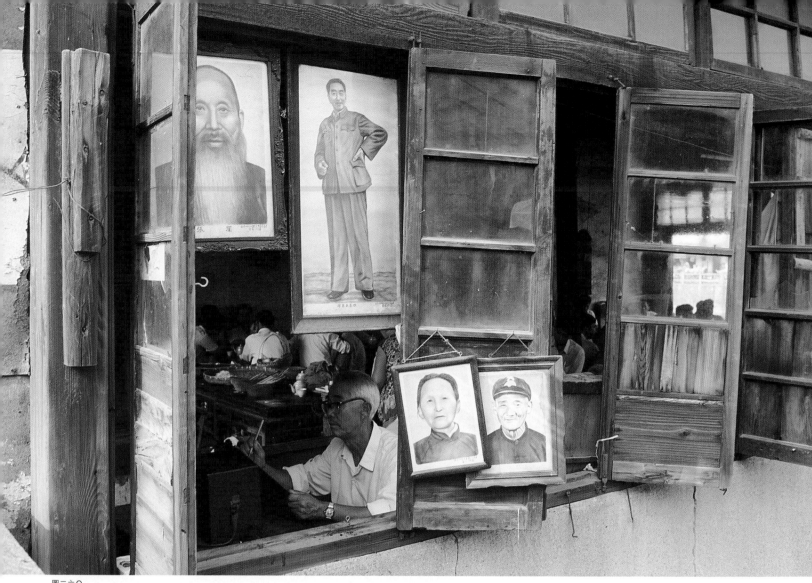

圖二六〇

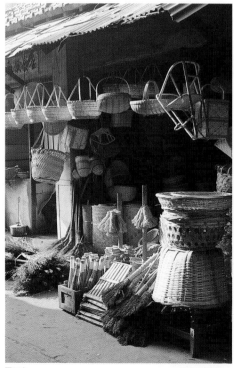

圖二六一

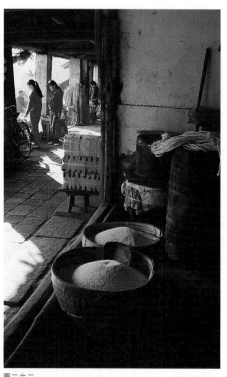

圖二六二

各類店舖：

圖二六〇　畫像店。

圖二六一　竹器店。

圖二六二　米舖。

圖二六三　白鐵舖。

圖二六四　理髮店。老式的鐵製座
　　　　　椅依然管用，而鋪地的
　　　　　青磚已被踩得碎裂，彷
　　　　　彿在告訴人們小店過往
　　　　　的興旺。

圖二六五　壽材舖。

圖二六六　魯迅先生筆下的紹興恆
　　　　　德當舖。

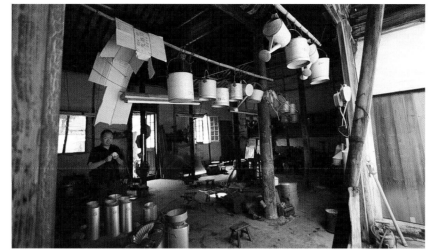

圖二六三

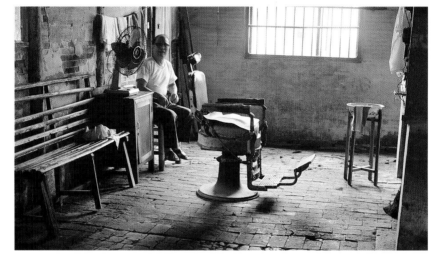

圖二六四

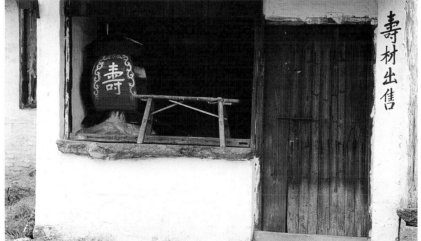

圖二六五

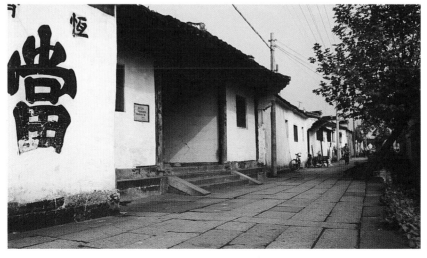

圖二六六

圖二六九 ▶

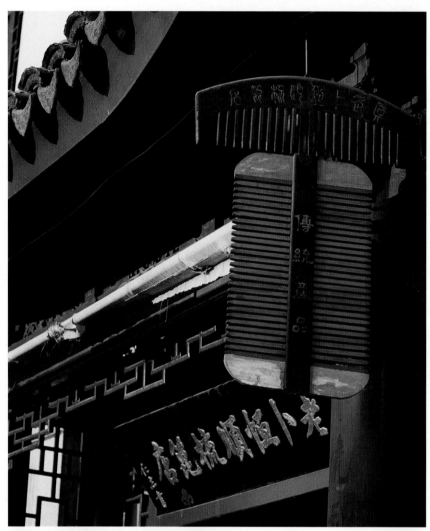

圖二六七

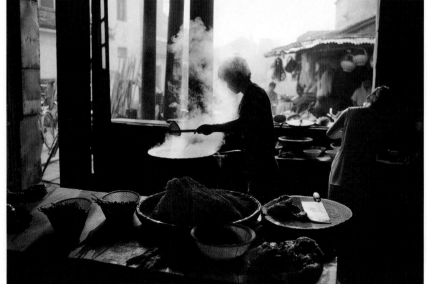

圖二六八

江南古鎮多藥店，並有坐堂名醫。四
鄉居民慕名前來就診抓藥。藥店店面
用大牆門。以烏鎮阮恆德藥店為例：

圖二六七　「官篦民梳」，常熟地區所
　　　　　製的梳篦名聞全國。
圖二六八　清晨時份的點心店。
圖二六九　典型的藥舖店內陳設。

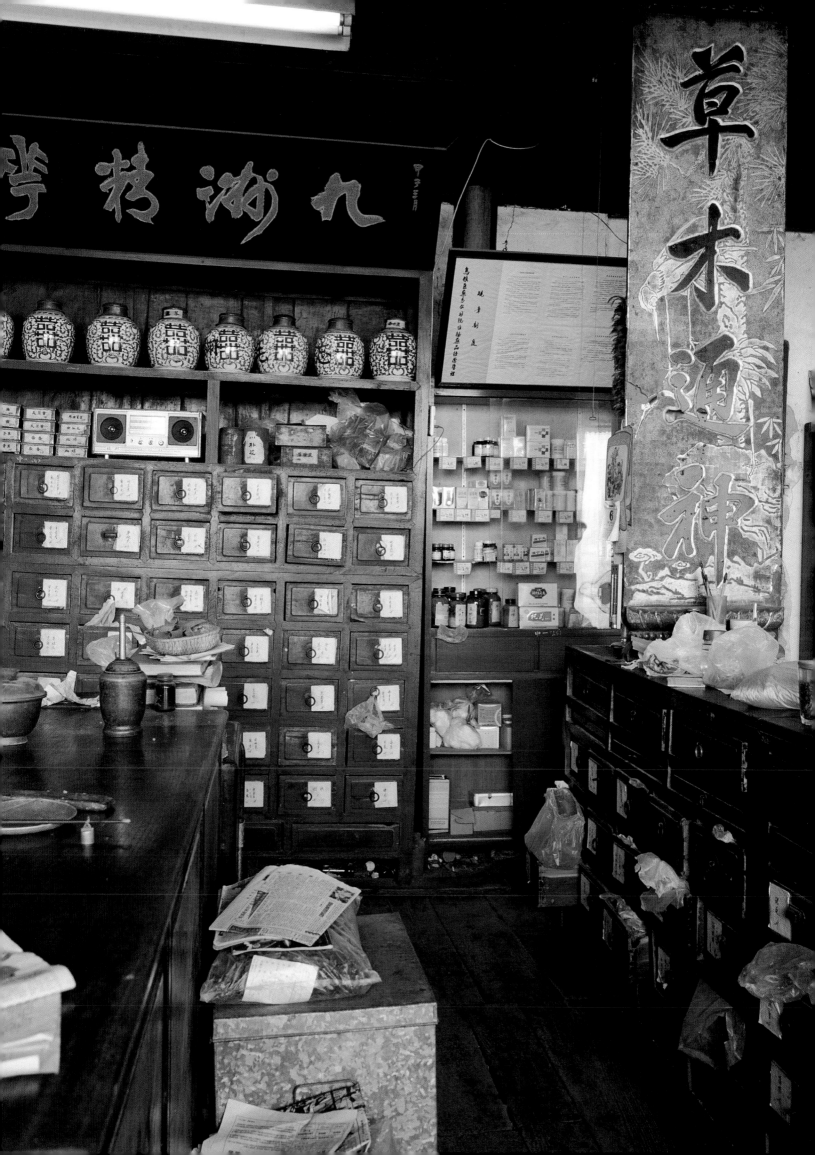

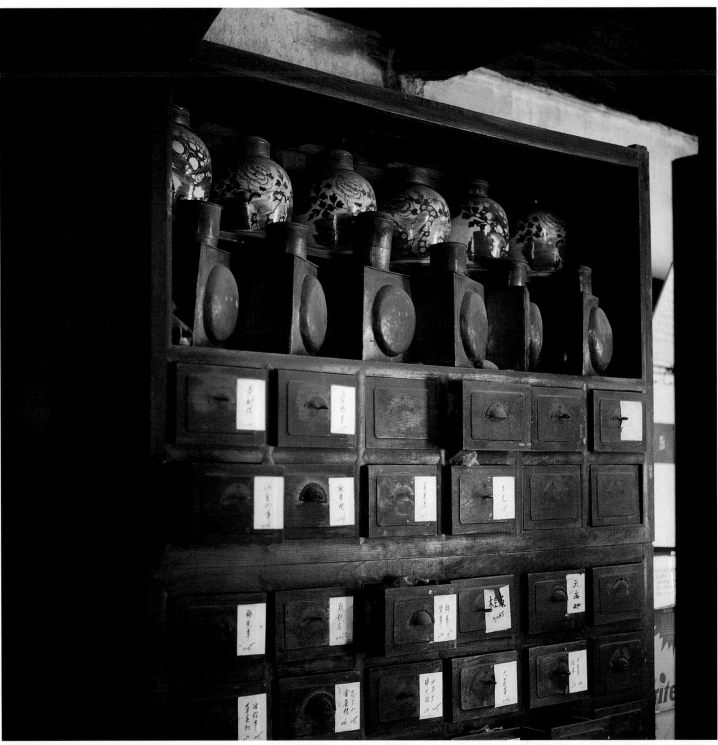

圖二七〇

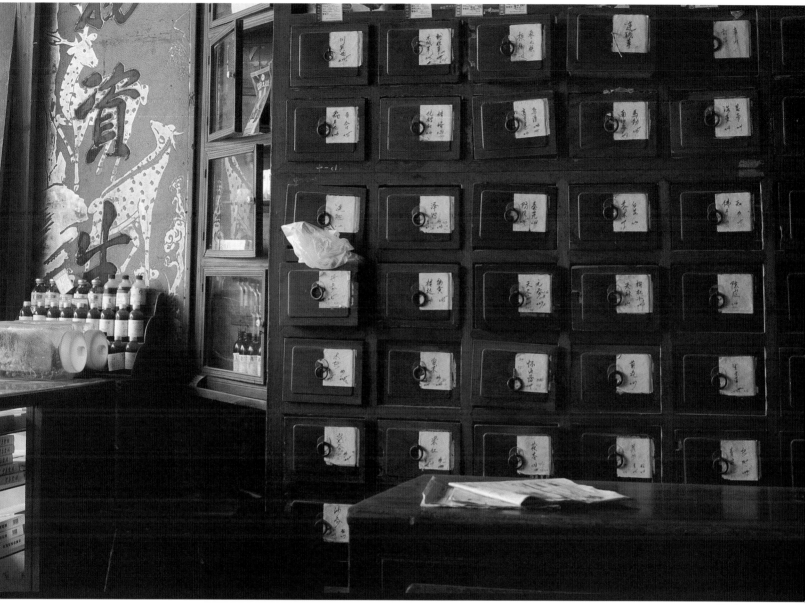

圖二七一

圖二七〇、二七一

　　店內長長的木櫃台、整
　　齊的木藥屜、精緻的古
　　瓷瓶、幾塊金字大招
　　牌，昭示其名藥世家的
　　傳統。

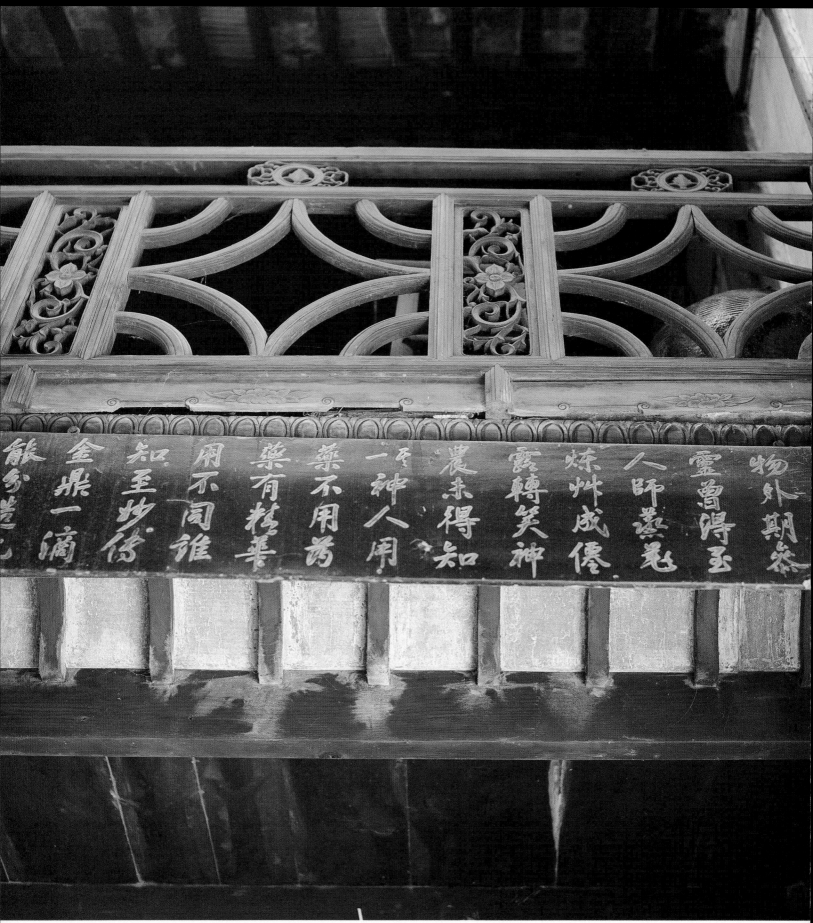

物外期茶

靈曾得玉

人師藥毛

煉朮成僊

露轉笑神

農未得知

一神人用

藥不用藥

藥有精英

用不同雄

知至妙傍

金鼎一滴

能分藝花

圖二七二

196

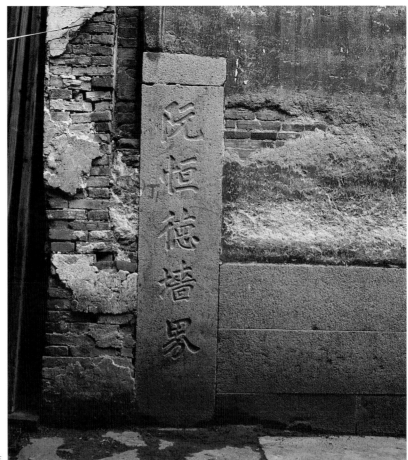

圖二七三

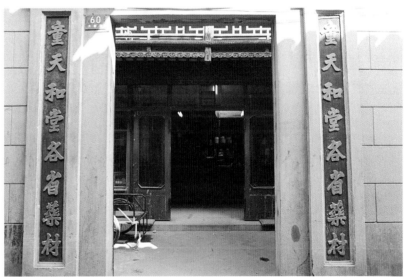

圖二七四

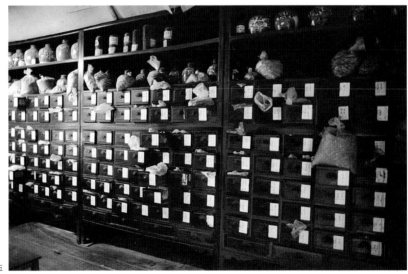

圖二七五

圖二七二　店樓裙邊上的草藥歌區
　　　　　牌。

圖二七三　烏鎮阮恆德藥店的牆
　　　　　界。

圖二七四　童天和藥店的大牆門。

圖二七五　藥店內的瓷瓶和藥屜
　　　　　斗。

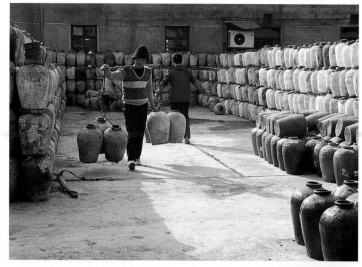

圖二七六

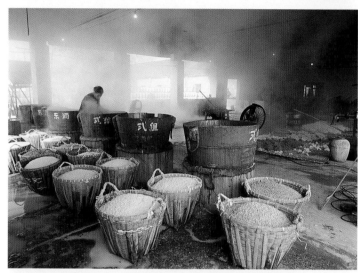

圖二七七

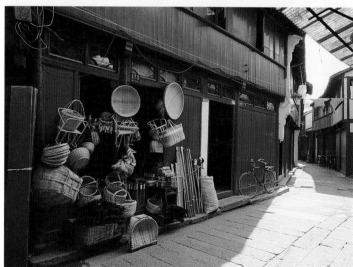

圖二七八

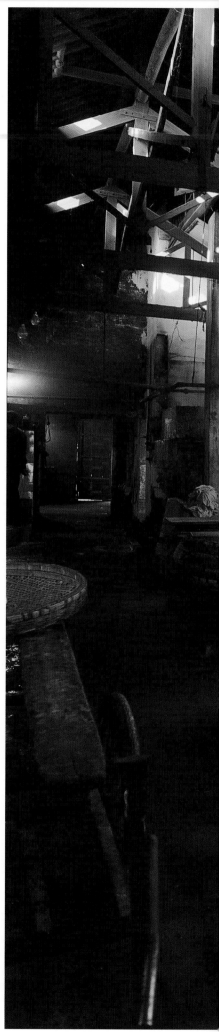

圖二七九

前店後坊式店舖：

圖二七六　古鎮上的酒坊。

圖二七七　古鎮上的豆腐坊。

圖二七八　古鎮上的竹器店，自做
　　　　　自銷，店內編竹，店面
　　　　　出售。

圖二七九　豆腐坊內做豆腐乾的榨
　　　　　床。

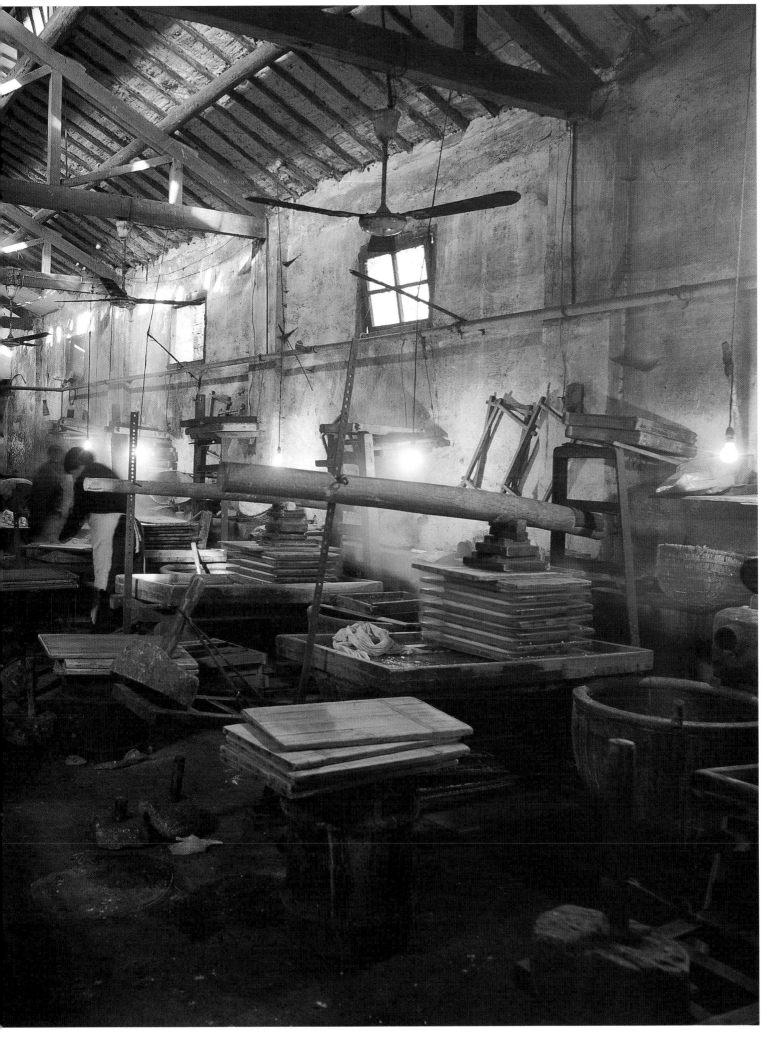

民居

小型住宅

　　經濟實力差的小戶人家住宅形制為「暗房亮灶」，這是因為一日三餐是家裏主要活動，灶房裏勞作時間很長。居室暗些，既有利於睡眠，又有利於私密性。除了這些功能的要求外，就是他們還相信「亮灶發祿，暗房聚財」之説。古鎮中的這類小型住宅平面佈局較為隨意，一個小天井，兩、三間平房，住房、廚房，形式自由，因地制宜，空間利用合理，但私密性較差。有的一間居室帶一間廂房做廚房，成曲尺形；有的沒有廂房，廚房就做在門間裏，單廂房在居室之前砌一垛直角圍牆，形成口字形小院落，叫「前合院」。有的只有居室沒有廂房，而在居室後面砌豬圈、禽舍，並用圍牆圈起來，這種院子在居室後面叫「後合院」。居室之前砌對稱的雙廂房，並設置石庫門的住宅稱「雙廂房」，是小型住宅中的上乘居戶。

中等人家

　　這類住宅基本依據傳統的宅居形制，但較之殷實富戶要相對簡單素樸。我們可以通過對保存較好的一些名人故居的考察，如烏鎮的茅盾故居、黎里的柳亞子故居，從而了解這類民居的實況。

茅盾故居：

　　著名文學家茅盾（沈雁冰）先生的故居在烏鎮中市觀前街19號，這是一幢沿街四開間、兩進樓房，清代末年建造，屬中型民居。沿街的門面是一式的排門板，外面單着半截木門，分東、西兩部份，原來是分成兩家的，後由沈家獨住。樓下最東臨街的一間為大門和過道，內是一丈見方的天井，天井後是正間為客廳，前安有落地長窗，客廳西為廚房，客廳後留有一個半間的柴房，用來貯存柴草。

　　樓梯設在廚房的前端。樓下西側的兩間成一統間，作

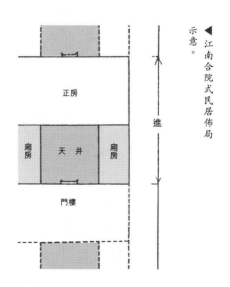

江南合院式民居佈局示意。

（圖中文字）正房　廂房　天井　廂房　門樓　進

餐廳用，內也是個天井。樓上自東向西並排四間，全作為臥房，門前由一條狹長的走道連着這四間房。西側屋的後進樓下西間為起居室，東為樓梯及走道。樓上也是臥室，這是當年茅盾的祖父母居住的。在這四間兩進樓房後面，以後又蓋了三間平房。三十年代初，茅盾用他的稿費，並親自設計將它翻造成略帶日本民居形式的書齋，他幾次回鄉就在這裏寫作。當年茅盾親手栽下的棕櫚和天竹現已十分茂盛。整幢建築樸實無華，沒有磚雕彩畫，房屋開間進深均較窄小，這在當時是普通中等收入人家的住宅，在江南古鎮裏佔有很大的比例。

柳亞子故居：

柳亞子故居地處黎里古鎮熱鬧的市河中心街上，此宅原屬清乾隆尚書周元理的私邸，宅名「賜福堂」，是一座清代早期建築，前後共六進。1922年，柳亞子先生向周家後代典租了這座大宅。

住宅第一進為門廳，第二進為轎廳。第三進是「賜福堂」，這是黎里最有名的建築，庭院寬敞，台基高築，面闊三間，進深四架椽，用草架覆水椽和船篷軒，畫棟雕樑，富麗雄偉。周元理任職期間兢業廉政，受乾隆皇帝九次御賜

「福」字，原掛於大廳柱子上方，現已佚。「賜福堂」三字是丞相嵇璜所書，故此廳又稱「十福廳」。第四進是柳亞子先生一家的生活起居樓，「拜孫悼李樓」，樓上是臥室。第五進是藏書樓，樓下是客廳，字畫、長台、茶几、椅子安放有序，中堂古畫，對聯為亞子先生款筆所書「少年雖亦薄湯武，許身何必宣虞皋」。當年南社同志好友常聚於此間探討詩文，針砭時弊。東首是書房，落地長窗，南北用宮窗隔成兩間，北作夏季臥室和歇乏之用，南放沙發、藤椅、書桌、書架，東牆一區「磨劍室」，取名源於唐賈島詩「十年磨一劍，霜刃未曾試，今日把示君，誰有不平事」，是柳亞子先生一生報國為民的寫照。1950年冬，柳亞子先生將滿滿五大間四萬四千餘冊書籍捐給了上海圖書館。第六進為下房。

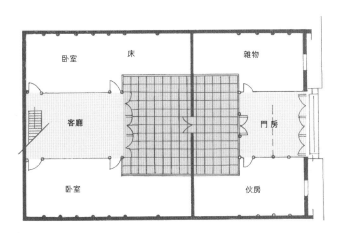

▲ 同里新填街兩進式民居。（選自《蘇州民居》）

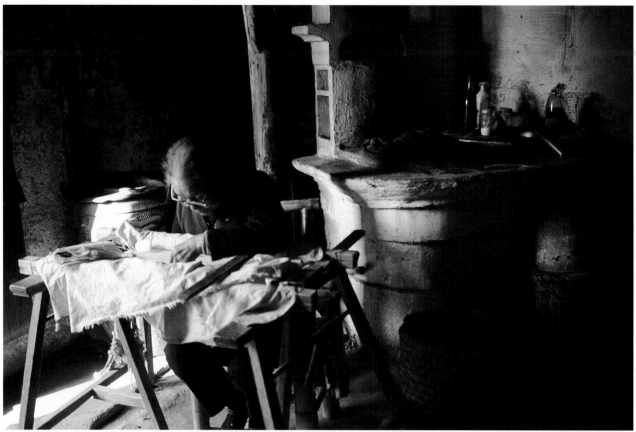

圖二八〇

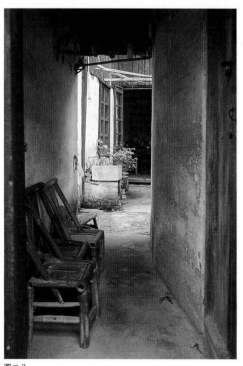

圖二八一

圖二八〇　暗房亮灶。

圖二八一　過道，夏日裏穿堂涼風
　　　　　習習。

圖二八二　古鎮民居灶間的灶台，
　　　　　過去燃料主要是柴草
　　　　　（稻草、麥稭），故需要
　　　　　較大的空間。

圖二八二 ▶

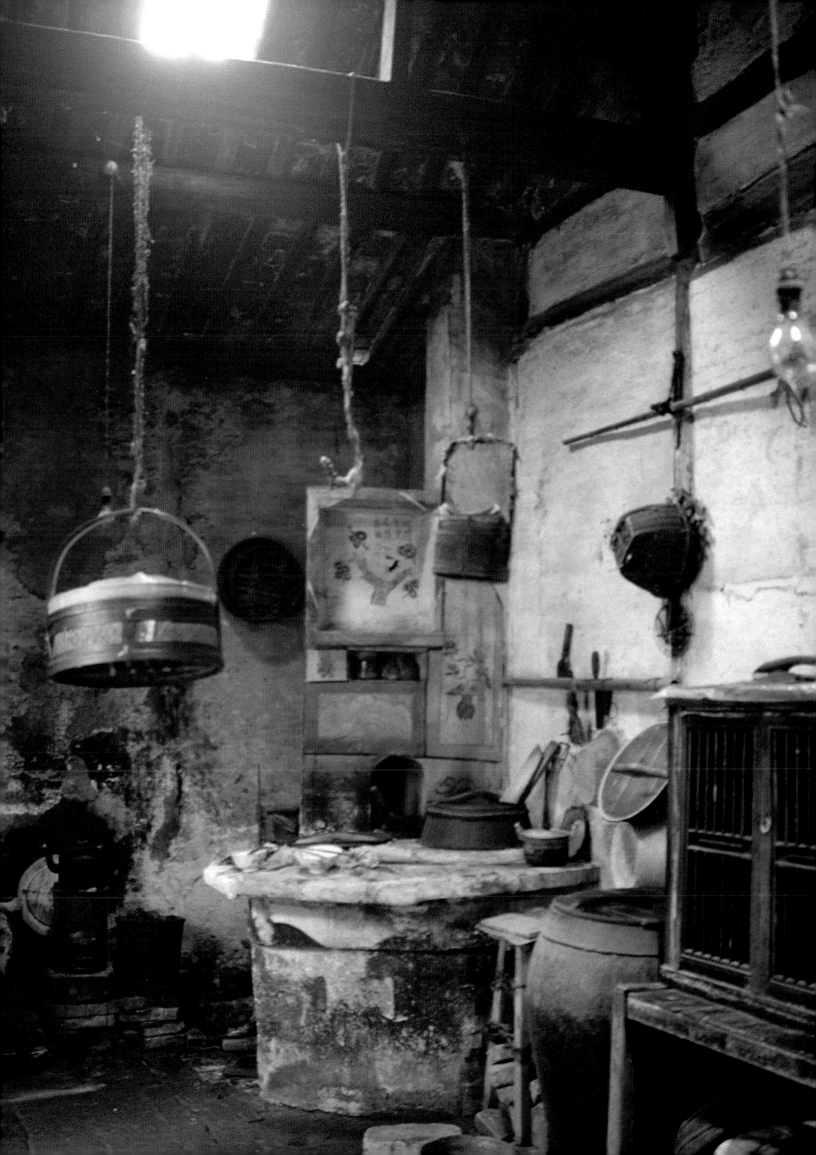

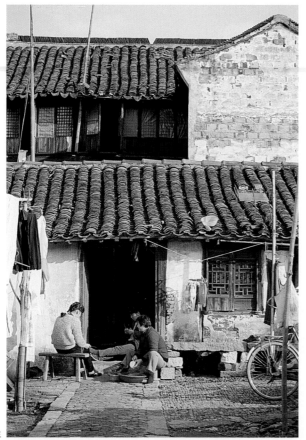

圖二八三

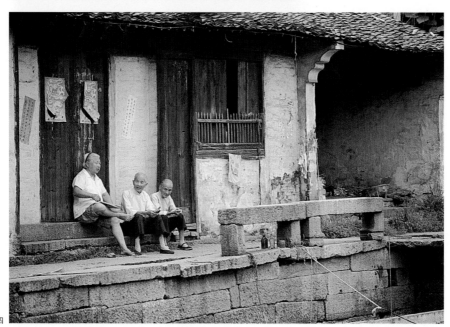

圖二八四

圖二八三、二八四
　　門前空間成為街坊鄰里
　　做家務、聊家常的地
　　方。
圖二八五、二八六
　　小院中自栽的蔬菜瓜
　　果，新鮮方便。
圖二八七　老人自編草鞋出售，惠
　　人利己。

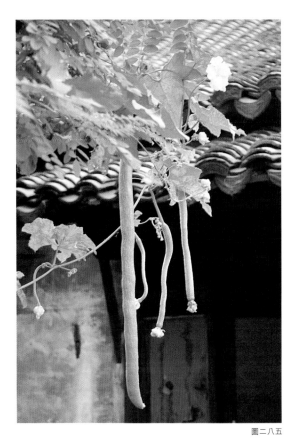

圖二八五

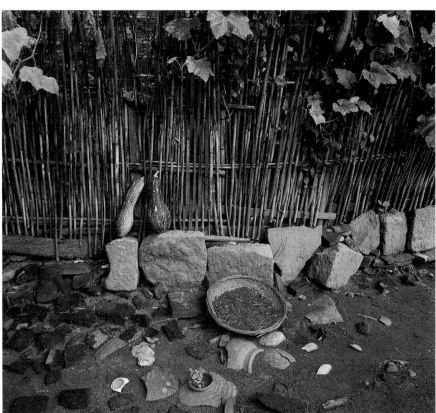

圖二八六

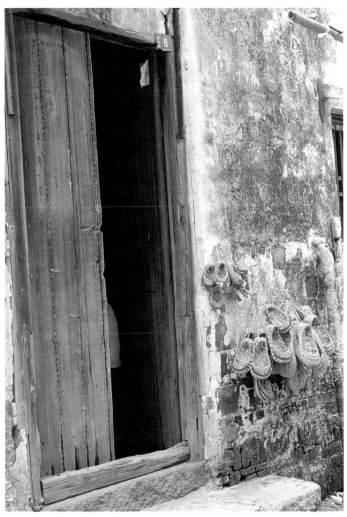

圖二八七

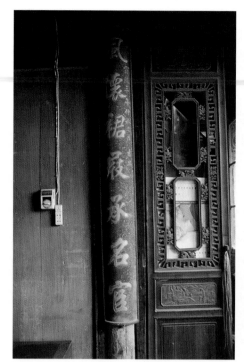

圖二八八

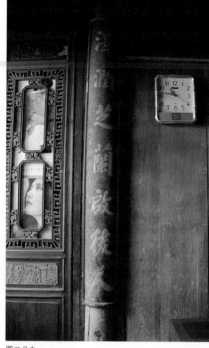

圖二八九

圖二八八、二八九
　　堂屋門柱上的楹聯。
圖二九○　堂屋前狹窄的天井小
　　　　　宅。
圖二九一　小宅的堂屋。
圖二九二　沿街小宅，樓上為臥
　　　　　室，樓下為堂屋。
圖二九三　小宅天井。

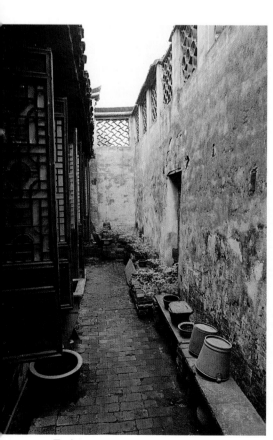

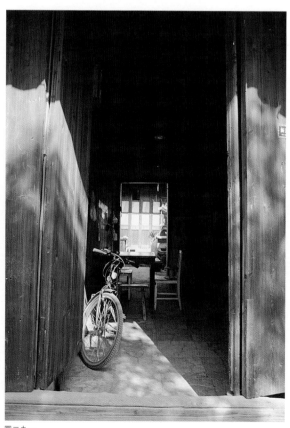

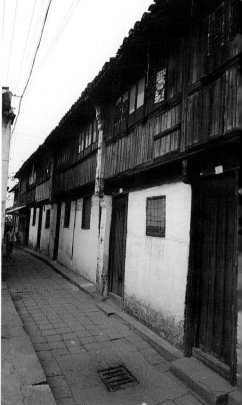

圖二九○　　　　　　　　　　圖二九一　　　　　　　　　　圖二九二

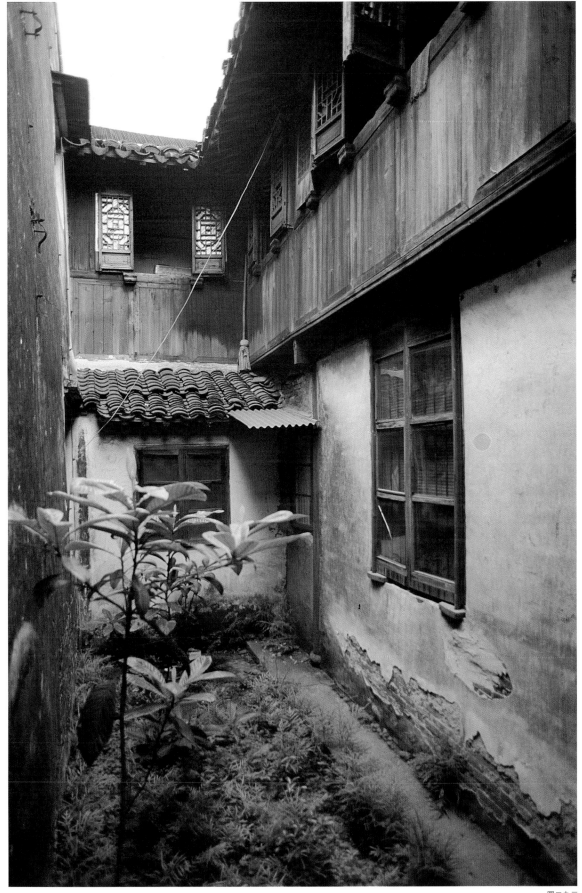

圖二九四　居室內。

圖二九五　樓梯間。

圖二九六　過道。

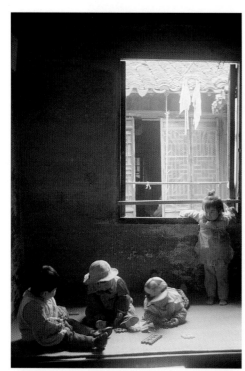

圖二九四

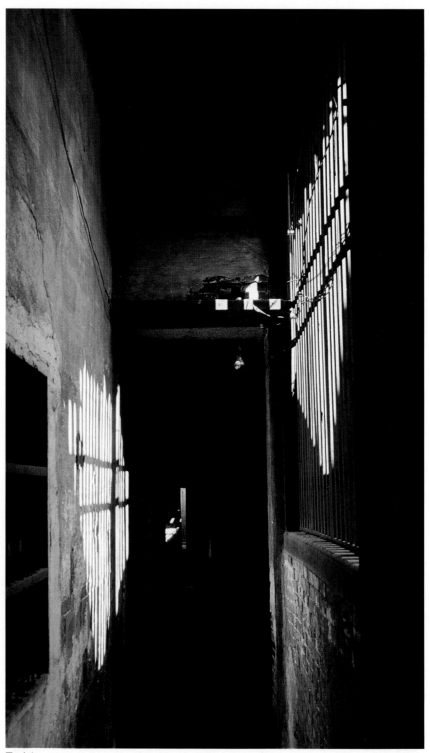

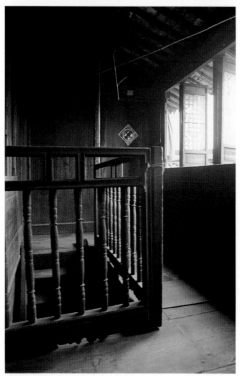

圖二九五

圖二九六

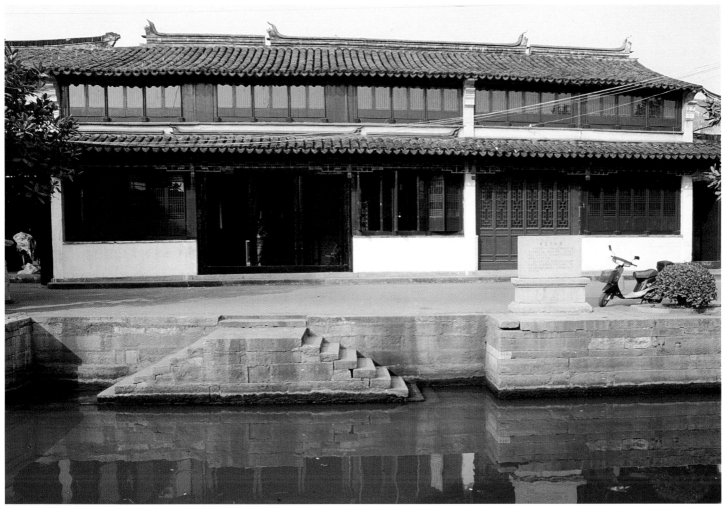

圖二九七

柳亞子故居：

圖二九七　柳亞子故居前的水埠和
　　　　　市河。

圖二九八　柳亞子故居宅門。

圖二九九　第三進「賜福堂」的大廳
　　　　　和天井。

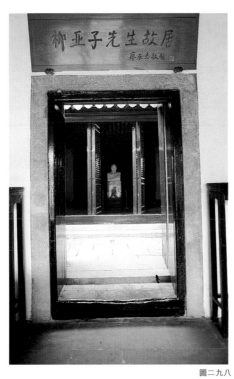

圖二九八

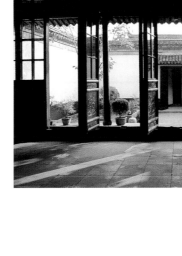

圖二九九

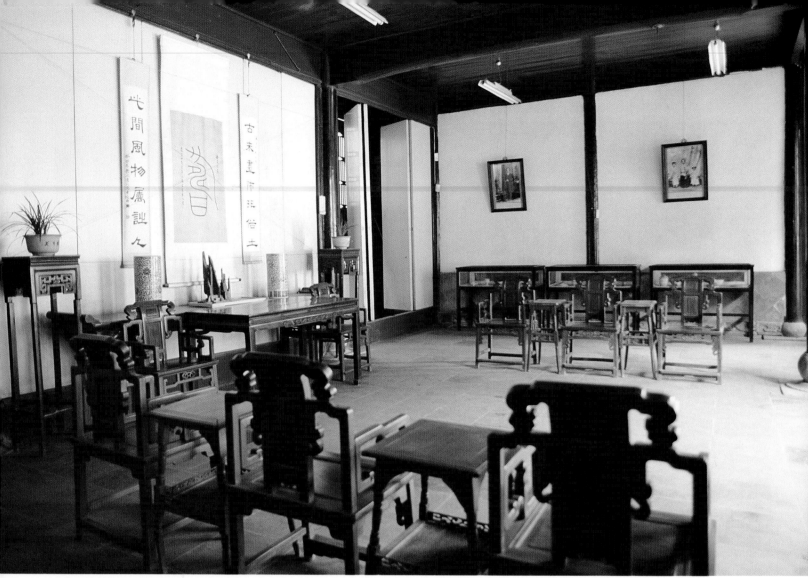

圖三〇〇

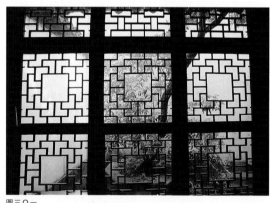

圖三〇一

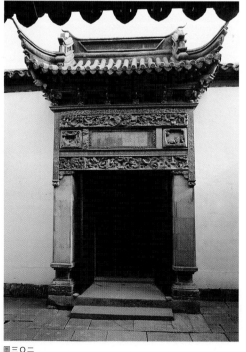

圖三〇二

圖三〇〇　第五進藏書樓，樓下為
　　　　　客廳。
圖三〇一　窗櫺。
圖三〇二　腰門，磚雕門樓。
圖三〇三　客廳東邊書房──「磨劍
　　　　　室」。
圖三〇四　門面寬長的廳堂，樓上
　　　　　為臥房。
圖三〇五　天井廊檐。

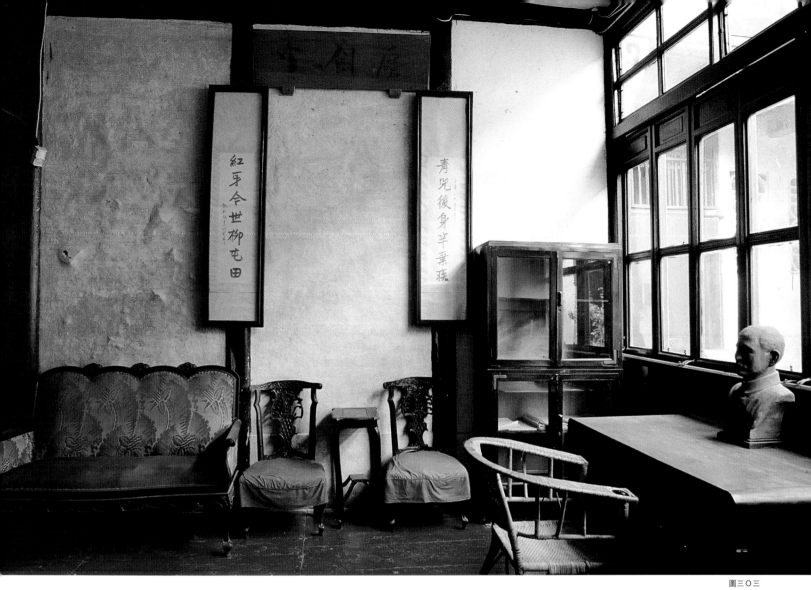

圖三〇三

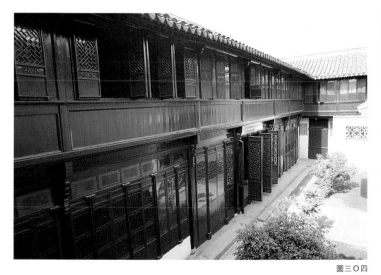

圖三〇四

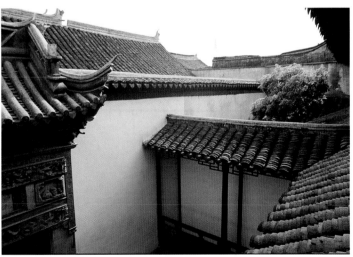

圖三〇五

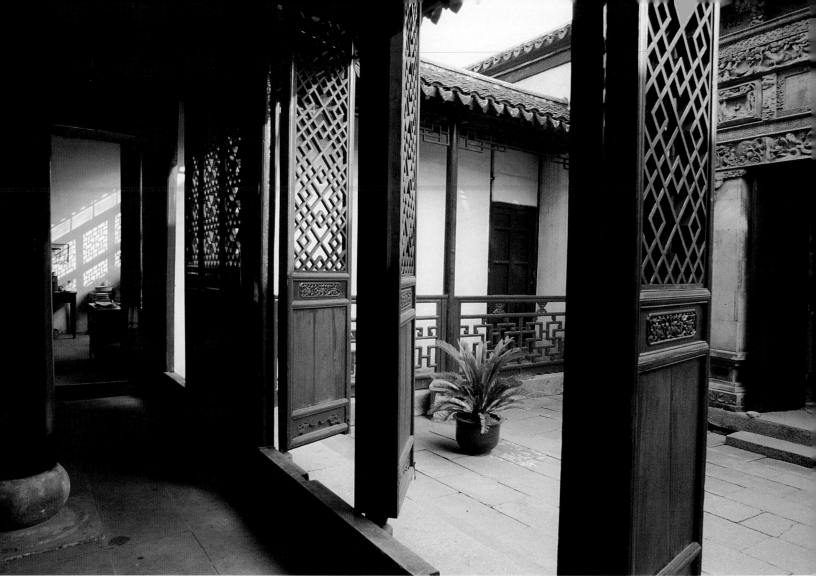

圖三〇六

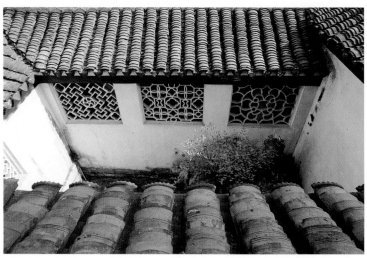

圖三〇七 大廳和天井。

圖三〇六　大廳和天井。
圖三〇七　廳房後的小天井，作採
　　　　　光通風之用，又稱「蟹眼
　　　　　天井」。

殷實之家

江南地區物產豐富，工商繁盛，氣候宜人，又遠離京都，加之山秀水明，風光旖旎，許多古鎮歷來是退位官宦、富戶、學士的理想擇居之地，有的住戶是詩書傳家，有的是名家望族。有文化素養的人家當然是精心營建房舍，而一些富戶大賈也要附庸風雅，請飽學之士協助規劃，所以在這些古鎮中留下許多獨具江南特色的住宅和私家園林。其地形的選擇與佈置，房屋中主房、客房、廳堂的安排，房間的主次、序位、主客、男女、僕傭的隔離與連繫，都有周到的安排。這類住宅是遵循中國傳統禮制所建，平面佈局是「前堂後寢」制：嚴格的軸線對稱，宅院規矩方正，進落有序，一個廳堂一個天井的多進縱向佈局，由內到外的空間序列一般是宅門、入口天井、第二道宅門、廳堂、內院天井、堂樓。庭院深深，門戶重疊。江南地區大宅的縱向院落稱「進」，一進就是一個天井連一個廳堂，組成一組院落。大的宅有四、五進以上，多者達七進、九進。橫向並列的宅院稱「落」，由於一戶人家的子孫成家，在老宅邊又立新居，卻仍共用一個大宅門，但每戶都自有宅門和一個入口天井，並通過台階、地坪的高差，或花窗、漏窗來分隔。房屋之間以天井、庫門劃分空間，既解決通風、屋面排水和採光，又使空間具有一

開一闔，一陰一陽的明暗變化。可見所謂「一陰一陽為之道」的傳統的理念在住宅制度中的充分體現。主要的院宅稱「主落」，兩旁的稱「邊落」，有的大宅有三落、五落之多。正落與邊落之間有通長的走廊，上面也有屋頂，這是供傭人及家人平時出入使用的，稱「背弄」。

大的住宅宅門前有照壁，形成入口的序幕；宅門在民間是很受重視的，俗稱「門臉兒」，因此裝修得十分考究，常有精美的磚雕門樓；入口天井相比之下就比較簡單，或有綠化點綴，或有幾座石凳，只是一個過渡，從而突出門樓和內宅廳堂門窗、柱楣、欄杆、鋪地的華麗，有效地加強室內空間的中心地位。

廳堂的主要功能是接待賓客、舉行家中的婚喪等大事的禮儀。一般按縱軸線依次為：茶廳，以供停轎待茶之用；正廳(大廳)，接待重要客人，舉行典禮用；樓廳，女眷待客之用。

內院天井在每一座建築前設置，它是人們生活中不可或缺的一部份。這種露天而又圍護良好的、與室內空間聯繫極為密切的內院天井，為人們做活、晾曬、宴飲、聊天、遊戲等提供了絕好的場所，「結廬在人境，而無車馬喧」，它使人們既隔離於噪雜又不脫離自然。還有一些天井小院，小巧卻

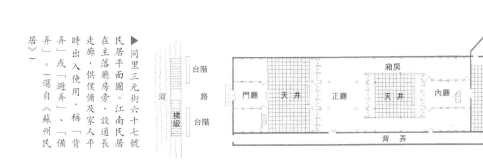

▶同里三元街六十七號民居平面圖。江南民居在主落廳房旁，設通長走廊，供僕傭及家人平時出入使用，稱「背弄」，或「避弄」、「備弄」。（選自《蘇州民居》）

經過精心的佈置，石案石凳、山石盆景，設在書房前，符合主人清靜、高雅的性格。也有將宅外溪水引入宅內廚房前的天井的，以供日常生活取水之便。江南濕熱的天氣需要良好的通風，而古建築進深很大，又要有良好的採光條件，天井就是應這種需要產生並起到很好的效果。在大的廳堂後還設有很小的天井，四面是牆和窗，俗稱「蟹眼天井」，不可通行，只為通風採光用，裏面有芭蕉或竹、石，以作點綴，有的只有粉牆一面。

在住宅的堂前屋後有檐廊，其內側為住宅室內，與門窗相通；其外側由廊柱、廊頂以及平台高差界定了廊與外部空間的聯繫。檐廊在住宅中是有很實用的功能的：街坊鄰居來談天，在廊下坐坐，不會有在廳堂中的拘束；婦女們喜歡在這裏做針線活；雨天，孩子們喜歡在這裏玩耍。這些家常的事在廳堂、臥室或室外，都不如在檐廊下來得舒適。此外，檐廊還起到一種聯繫房室之間的交通功能。因而這些檐廊設置得十分恰當，將室內外、各室之間有機地聯繫起來，雨天在整座住宅裏穿行，也不會被淋濕。

江南古鎮中還保存有優秀的明代大宅，這些住宅已有三、四百年的歷史，是建築中的瑰寶，值得很好地保護。這些明代的住宅建築有着共同的特點：第一，明代大型住宅的大廳採用大樑面，都呈扁方形狀，稱作「扁作」，扁作有獨木的，有拼接的，而以拼接的居多。小宅的樑架斷面都作圓形。第二，月樑曲線較長，顯得莊重又穩當；柱子都用圓形直柱，上下粗細一致，柱高1：9；也有用梭形的，即中間粗兩端細些，這樣的柱子表明建築的年代久遠些。第三，柱礎大多為木質製作，呈鼓形，或以青石為礎。木質柱礎只有明代才做，是重要的鑑別建築年代的依據。第四，門扇、隔扇圖案都用滿天星條格，隔扇邊梃都取單混壓邊線做法，簡潔洗煉，有的窗格上覆以蠣殼片，清代後的窗格圖案要花俏得多。第五，門樓字枋上很少鐫刻題額，樑和脊檁上常有蘇式彩畫。從整個中國來看，明代住宅不多了，因為這些磚木結構的建築，經歷了三、四百年的風雨侵蝕，特別是經過戰爭、火災以及其他的人為破壞，難以完整地保存至今。

現保存較好已被闢為文保單位得到修繕的大型住宅有周莊的沈廳、張廳，南潯的張石銘故宅等，其中最具代表性的是吳縣東山的明善堂。

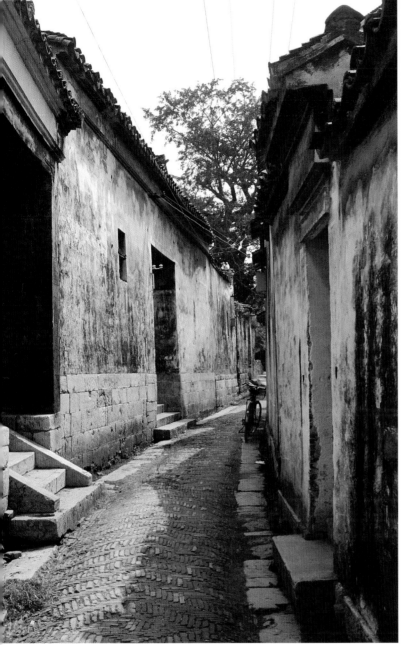

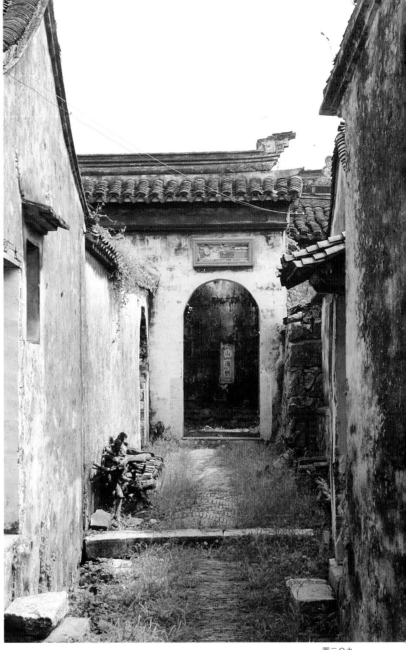

圖三〇八

圖三〇九

大中型住宅：

圖三〇八　東山鎮昔日臨大街的巨宅
　　　　　相互毗鄰，給大街平添幾
　　　　　分氣派。

圖三〇九　深巷中的大宅藏而不露。

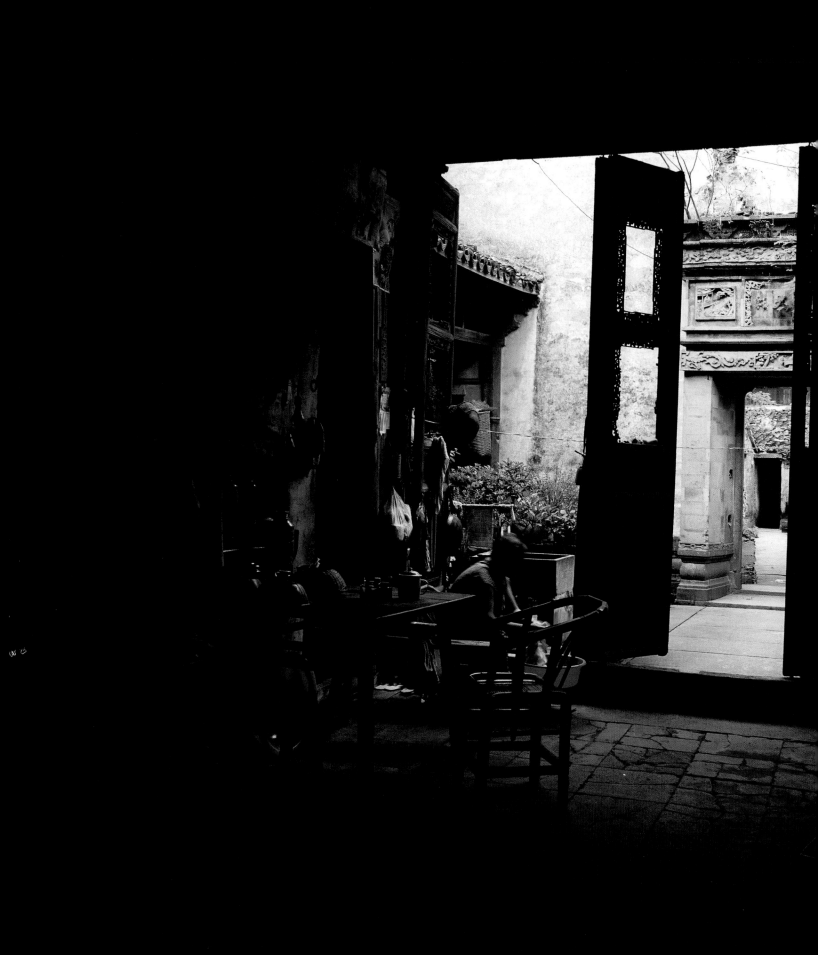

圖三一〇　宅內廳堂前有精緻的門
　　　　　樓，樸素的天井（東浦鎮
　　　　　某宅）。

圖三一一　廳堂的中堂佈置（安昌鎮
　　　　　某宅）。

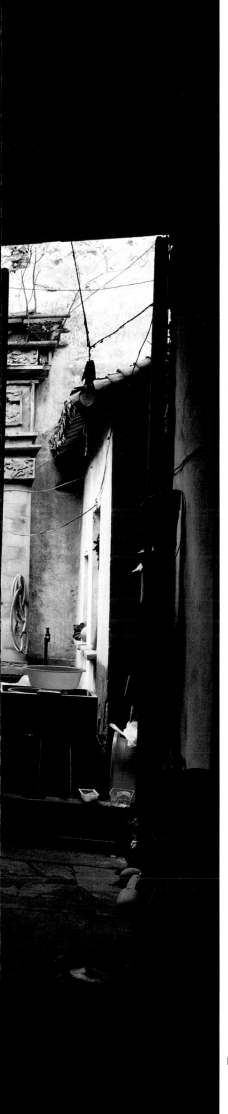

圖三一〇

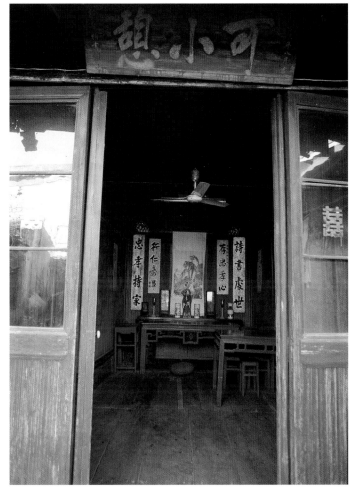

圖三一一

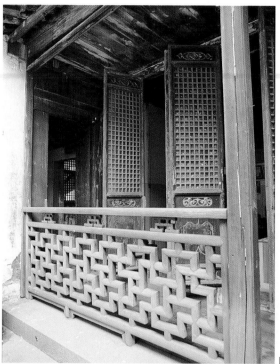

圖三一二

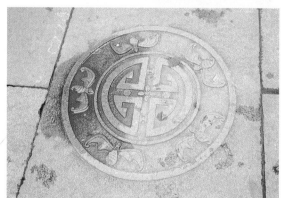

圖三一三

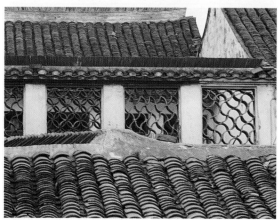

圖三一四

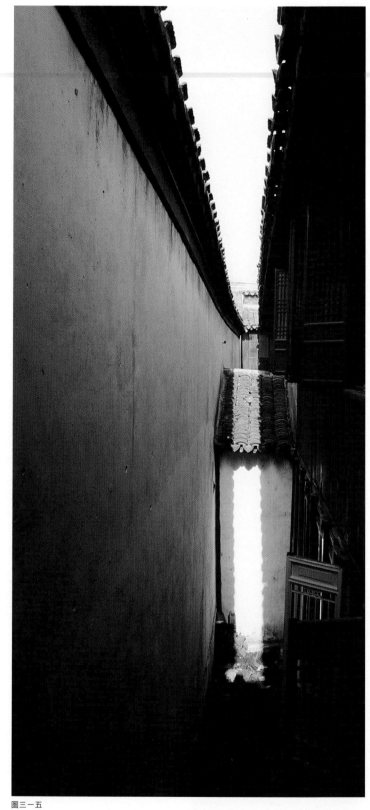

圖三一五

圖三一二　室內外的空間以簷廊為
　　　　　過渡（西塘鎮種福堂）。

圖三一三　天井鋪地一般選用吉祥
　　　　　圖案。

圖三一四　民居圍牆上的花窗利於
　　　　　通風。

圖三一五　蟹眼天井。

圖三一六　民居後天井（烏鎮）。

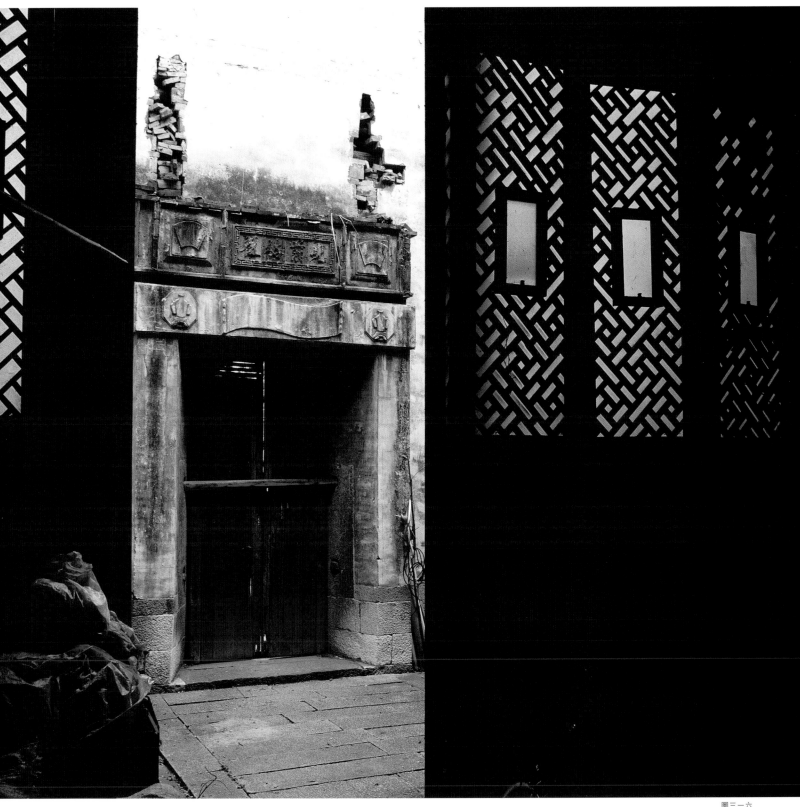

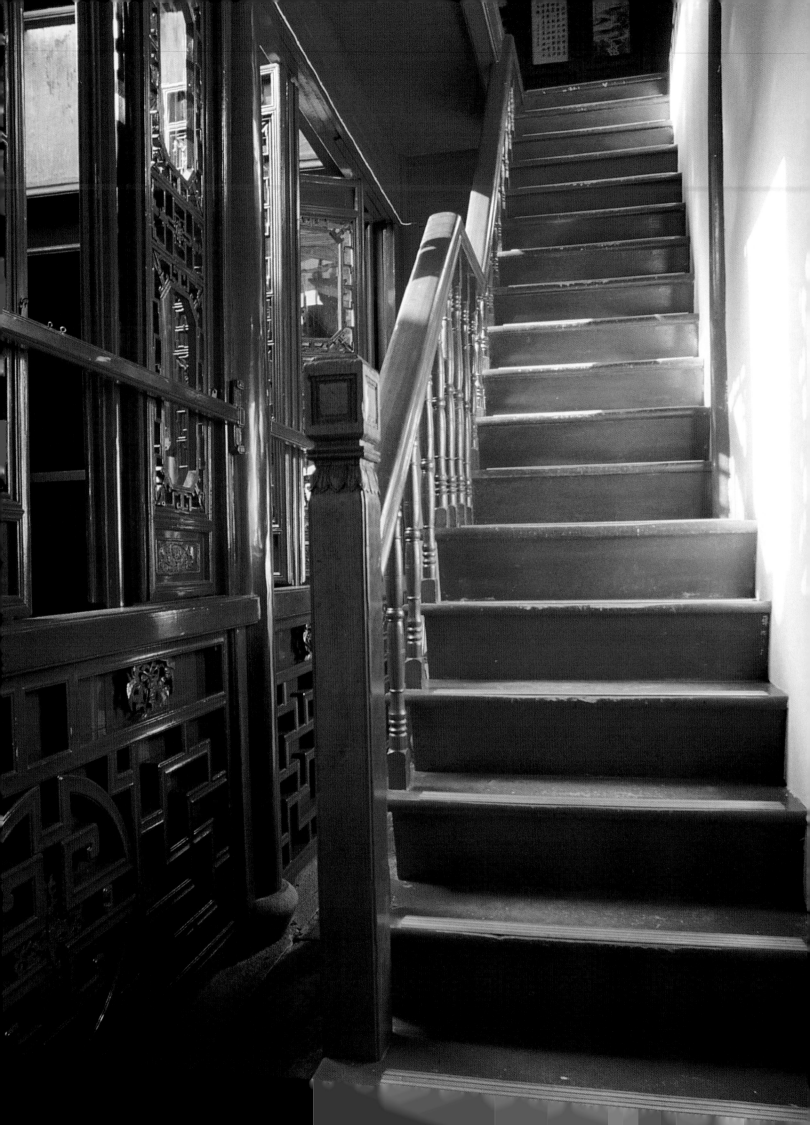

圖三一七　一般大中型住宅的室內
　　　　　佈局均為前堂後寢，後
　　　　　設堂樓，樓下會客，有
　　　　　樓梯通往樓上臥室。樓
　　　　　梯設置比較隱蔽。

圖三一八　背弄側牆上開空花漏窗
　　　　　以透亮光。

圖三一九　背弄設花窗採光，亦於
　　　　　牆上嵌燭龕用於晚間照
　　　　　明。

圖三二〇　(後頁)灶間。

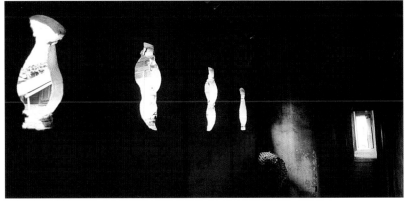

圖三一八

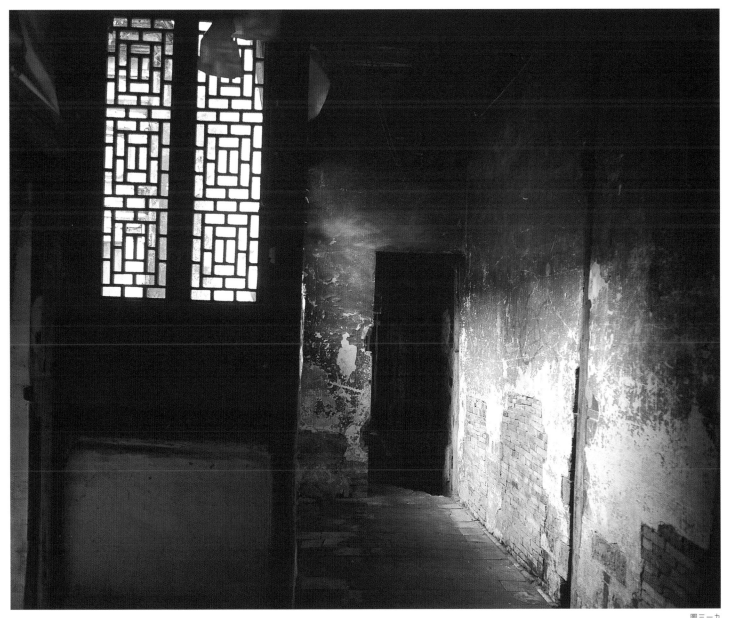

圖三一九

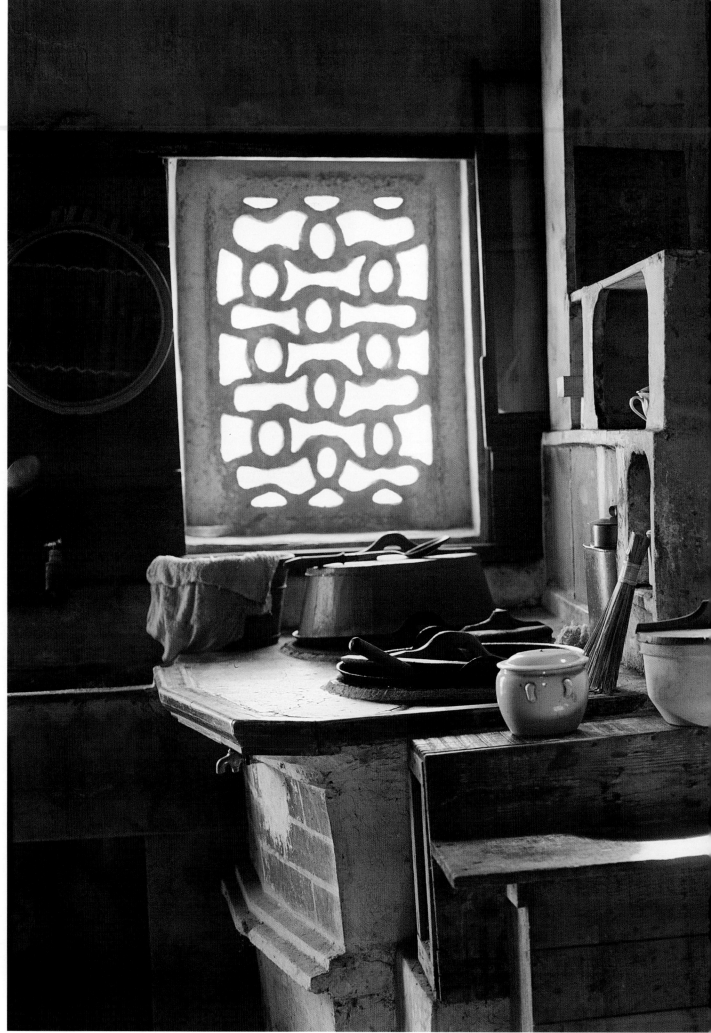

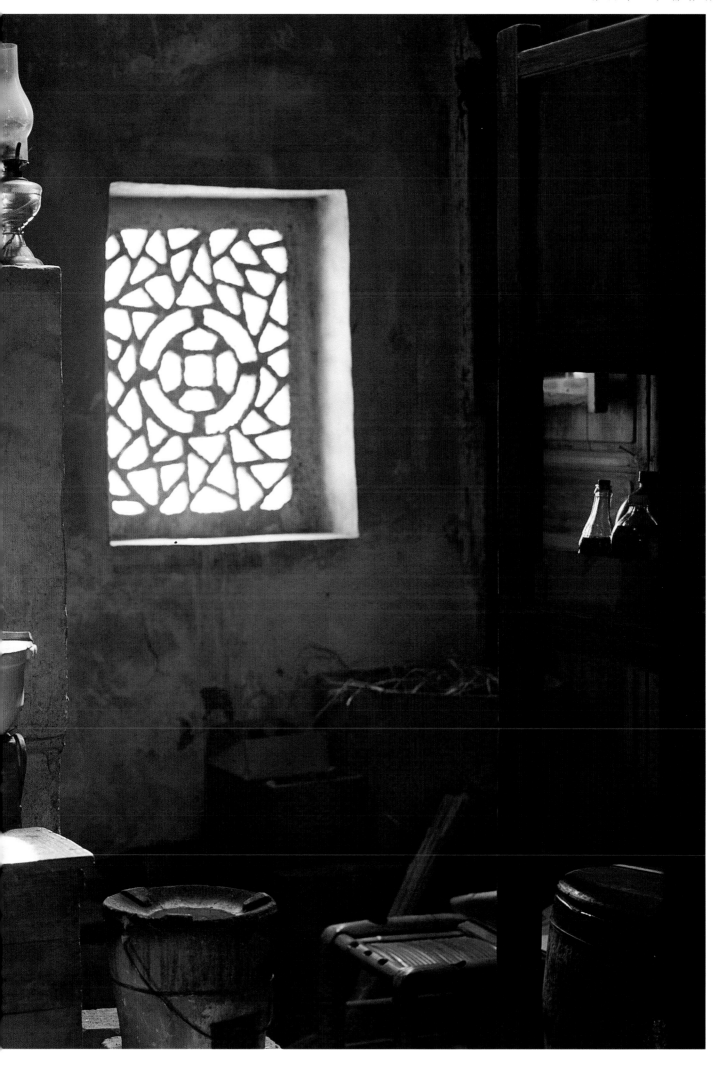

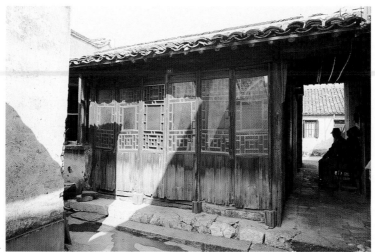

圖三二一

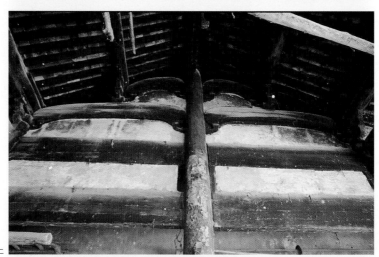

圖三二二

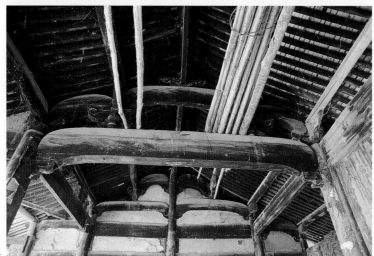

圖三二三

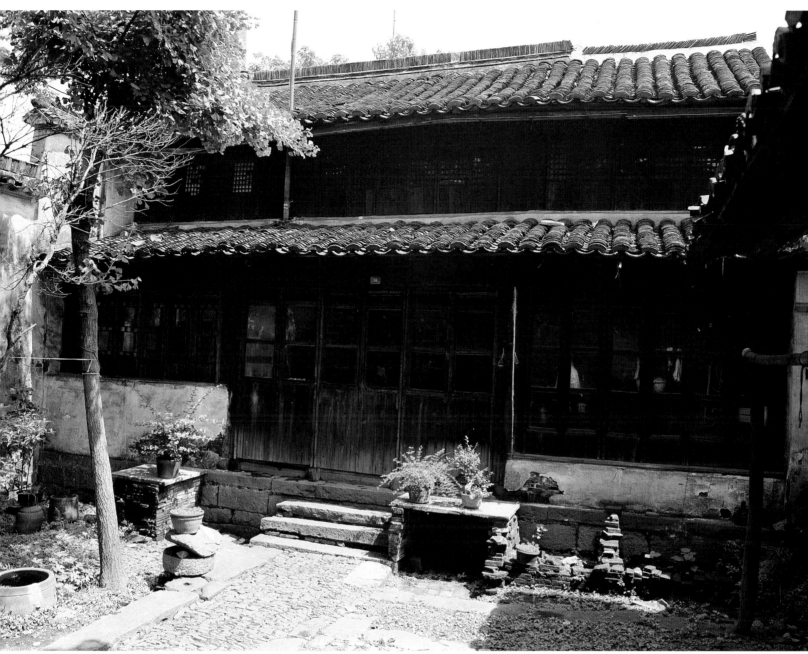

圖三二四

明代民居建築特徵：

圖三二一　青石階沿，明以前常用
　　　　　青石做房基。

圖三二二　立帖式柱架粗重、樸
　　　　　素，體現了明代建築的
　　　　　特點。

圖三二三　曲枋，樑枋做成彎曲
　　　　　形，是明代民居的特
　　　　　徵。

圖三二四　同里鎮的陳彩娥繡樓為
　　　　　典型明代民居。

明善堂：

　　東山楊灣鎮的明善堂是保存較好的一座明代住宅，具有典型的江南明代宅院特徵和相當高的磚雕藝術價值。

　　明善堂的平面佈局分左右兩大部份，大廳、花廳、廂房、備弄在左方；牆門、客堂、佛樓、耳房在右方。宅內以大廳後的牆門為界，分為內外兩區。大廳是外區的中心，供接待賓客，慶典禮儀所用；內區是起居所用。

　　明善堂的大廳，面闊三間，進深八柱十架十三檁，前後做翻軒，平面略呈正方形。大樑扁作虛拼，月樑曲線莊重含蓄，山架樑上作透雕的「山霧雲」裝飾。椽子方形頭部都做靴形卷殺。樑、檁、枋以及山墊板上都繪有彩畫。內柱圓形，上施櫨斗，下墊木質柱礎（又稱木鼓墩），扁圓形的木鼓墩下又墊荷葉形礎石，防潮護柱。檐柱呈小八角形，下墊提燈形石礎。長窗、隔扇做方格圖案，簡潔大方。大廳前廊兩側內牆壁都用水磨磚棱形貼面，光潔美觀。大廳的次間和梢間之間各立山柱，各砌山牆，形成「間隔」，利於防火。大廳用方磚鋪地，經久耐磨。

　　大廳前的門樓是明善堂中磚飾最集中最精華的部份。明代曾頒佈了建築的法制，民居不得使用琉璃、銅、金等材料作裝飾，房屋的高度、大小也有限制，並規定了民居不得使用重彩油漆，色彩上不得用紅、綠、黃、紫等皇家專用的顏色。因此，一些富戶在這樣的限制下，只有另闢蹊徑，用素色的最普通的磚來作文章，於是磚雕、木雕的技藝越來越精細、豐富，以此來反映主人的財力和素養。

　　正對大廳的門樓，是廳堂的主要對景及觀賞物，所以格外精雕細琢。圭角紋飾，淺雕如意曲線和如意頭。左右兜肚分別圓雕「麒麟送子」和「獨佔鰲頭」。上枋深雕「陳摶老祖一覺睡八百年」和「彭祖活了八百零三歲」兩個神仙故事，象徵「壽」。下枋深雕「鳳穿牡丹」，象徵「貴」。青石天幔上，中間是一個圓形的「福」字，意為一團福氣，四周以山茶、牡丹、芙蓉、金桔等吉祥花果點綴。兩角垂蓮柱，末端蓮花怒放。門堂的頂板上雕有雙犀角圖，意為「犀角分水，開門大吉」。門樓中間牌空白無文，喻「清白高尚」，這是明代做法特點。門樓的外側門楣正中淺雕「筆錠勝」紋樣圖案。「筆」喻意仕途；「錠」即金銀錠子，喻富貴；「勝」是古代婦女的一種首飾，為祥瑞辟邪之物。這組圖案，意喻為「必定高升」。兩端淺雕牡丹、秋菊。下枋磚雕「卐」字嵌花圖案，上枋則以竹、桃、梅磚雕裝飾。

　　大廳前天井三面牆體也有精細磚雕，這在民居中是少見的。塞口牆狀的大屏，作枋木結構，通體用磨磚斜方貼面。

明善堂：

圖三二五　　大廳前的天井門樓，其
　　　　　　磚飾甚具藝術價值。

圖三二六、三二七
　　　　　　正廳，大廳正屏。

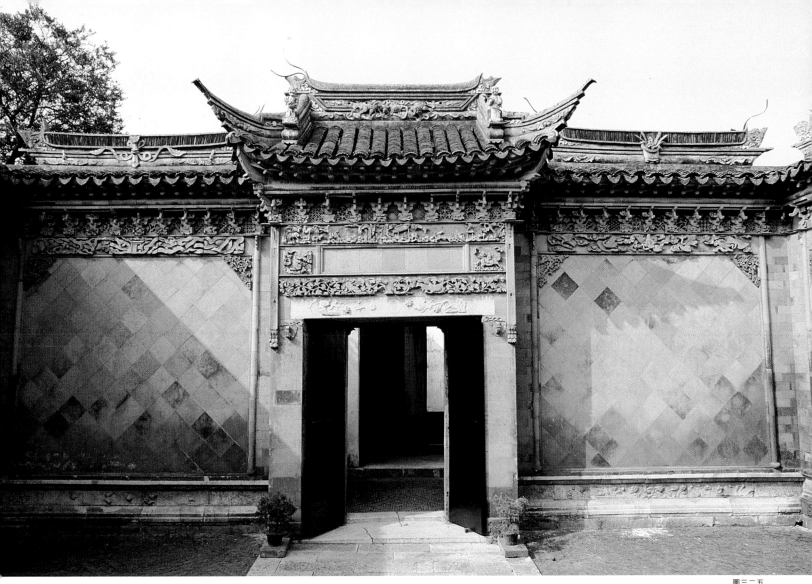

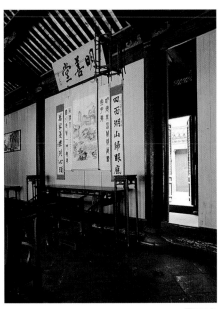

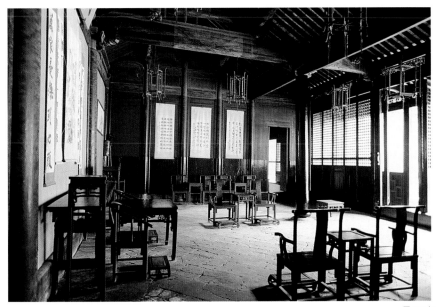

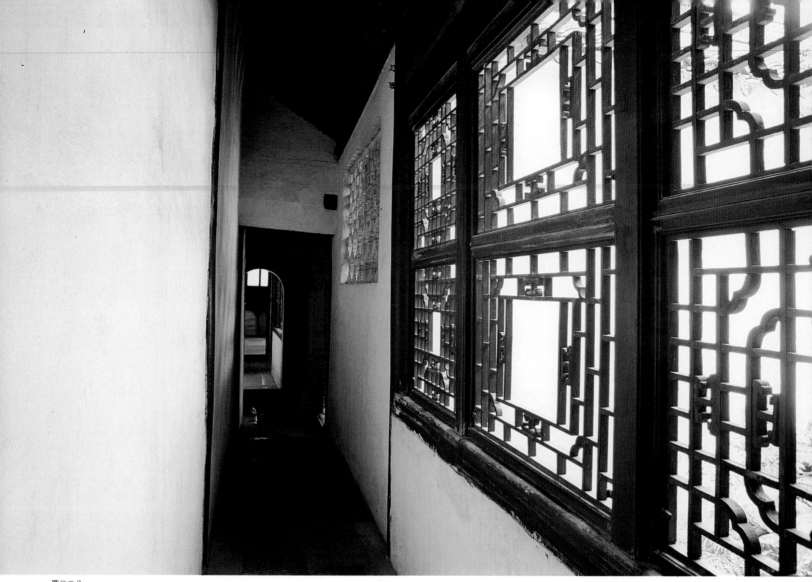

圖三二八

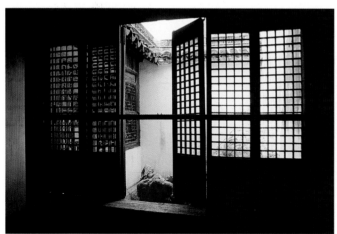

圖三二九

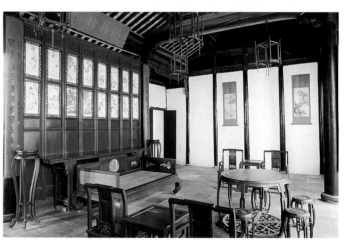

圖三三○

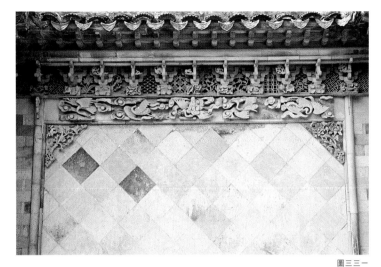
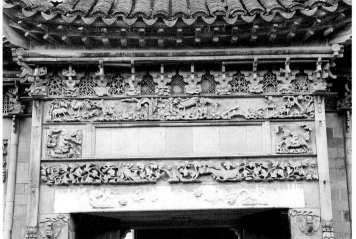

圖三三一 　　　　　　　　　　　　　　　　　　圖三三二

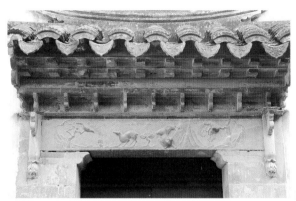

圖三三三

圖三二八　　過道。

圖三二九　　偏室小天井。

圖三三〇　　花廳。

圖三三一　　門樓右壁各式磚雕。

圖三三二　　大廳前的磚雕門樓，均
　　　　　　是吉祥圖案，極盡精
　　　　　　細。

圖三三三　　大廳前門樓外側門楣上
　　　　　　有「筆錠勝」圖案。

圖三三四　　天井右側邊牆仿木結構
　　　　　　和拋方淺雕十個篆體
　　　　　　「壽」字。

圖三三五　　門樓磚雕細部，動感強
　　　　　　烈的雲彩和衣飾，彷彿
　　　　　　仙人飄然而來。

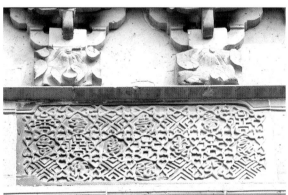

圖三三四

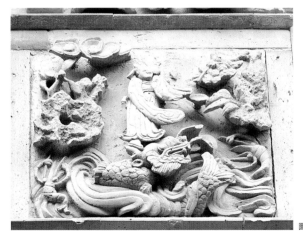

圖三三五

左壁的十二隻荷葉斗墊中分別雕有蟹、蝦、鴛鴦、魚、田螺、青蛙、蜻蜓等七種動物。十二塊墊板又分別透雕石榴、梅花、荷花、桃子、菊花、牡丹、迎春、竹葉等植物及萬字、古錢等圖案；拋方深雕「鯉魚跳龍門」；抹角分別透雕「荷花游魚」和「喜鵲登梅」。青石須彌座的束腰中部浮雕「雙獅繡球」，左側浮雕「松鶴延年」，右側浮雕「柏鹿同春」，兼飾菩提樹和門景，兩端浮雕纏枝穿金錢。右壁十二隻荷葉斗墊，四處雕魚。十二塊墊板分別透雕花卉以及古錢和大小萬字等圖案，拋方深浮雕「五鶴捧壽」。抹角分別是牡丹、雀梅。須彌座的束腰分別雕「百鷺荷花」以及「鳳穿牡丹」、「喜鵲登梅」等。

中央天井的兩垛邊牆，亦作仿木結構，通體也用磨磚料紋貼面。體量、紋飾對稱相同。墊拱板中分別透雕花卉。拋方淺雕十個篆體「壽」字，上方抹角雕盆菊、玉蘭。須彌座為磚質，其束腰中央淺雕筆錠勝，飾古錢，雕「百結彩帶」，水浪紋的底座中部飾如意。整個天井一氣呵成，素淨的磚瓦，謙恭大方，細膩的雕琢，功力深厚，既樸素又富麗，既統一又變化，紋飾中表述了它的主人心中的願望，並與來客分享這藝術的美。這是江南古鎮中的精湛之作。

另外，與門樓隔廳相望的庫門，青石門楣上浮雕日、犴、雀梅，喻為「歡天喜地」。這一組雕刻佈局精巧，畫面簡潔，形象生動，它與門樓塞口牆磚雕，都是明代民間雕刻藝術的珍品。

這座建築藝術價值很高的明代大宅，於1983年被列為江蘇省文物保護單位，受到較好的保護。

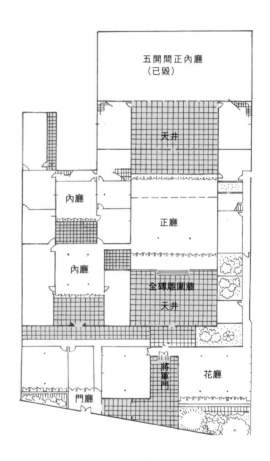

▲吳縣東山鎮明善堂。建於明代，為兩落三進的中型民居，以磚雕精巧而著稱。（選自《蘇州民居》）

沈廳：

　　沈廳位於昆山周莊鎮富安橋東塊南端的南市街上，坐東朝西，七進五門樓，有大小廳房100多間，佔地2000餘平方米，是明代末年所建。沈廳的主人沈本仁係明代初年巨富沈萬三的後代，沈萬三名富字仲榮，又名沈秀。由於做海外貿易而成為巨富。明朝初年，沈萬三為包修南京城牆事，得罪了明太祖朱元璋，被充軍雲南，家產抄沒。至明代末年沈家又興旺起來，重建了宅院。沈廳原名「敬業堂」，清末改為「松茂堂」。

　　人候見飲茶之處。第三進是正廳，是全宅的主要廳堂，為接待賓客，辦理婚喪大事及議事之處。大廳中懸泥金大字「松茂堂」匾額，為南通籍狀元、國民政府第一任農工商部長張謇所書，廳房宏大，牆面闊進、進深均為 11 米。前有軒帶廊，樑柱粗大，雕有龍鳳花飾，面對正廳天井前建有雕琢精細的磚作門樓，正中匾額是「積厚流光」四字，四周額框是紅

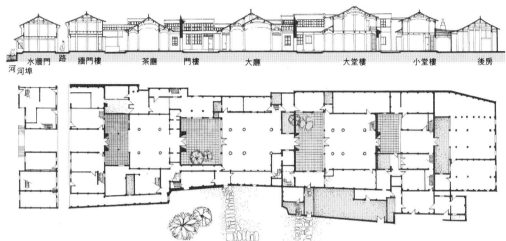

　　水牆門　路　牆門樓　　茶廳　門樓　　大廳　　　　大堂樓　　　小堂樓　　　後房
河 河埠

梅迎春的磚刻浮雕，兩側是戲曲人物、花卉、走獸等，玲瓏剔透，可惜在文革中被損壞。後

　　沈廳共由三部份組成：前部為水牆門、河埠，是在街巷的對面，隔街而築。江南水鄉古鎮，以船隻代步，貴客也多乘船來訪，因此，水牆門就是接客的外廳，上有屋頂一直單到河埠的入水踏步，以避風雨。中部是靠街樓、茶廳、正廳。靠街樓臨街即是門廳，兩旁有耳房供守門人使用，第二進茶廳又稱轎廳，供步行乘轎者停轎，或一般客

部第四進是大堂樓，第五進是小堂樓，第六進是後廳屋，第七進是廚房下屋，是生活起居之處。整個住宅是「前堂後寢」的格局，前後樓之間用過樓和過道閣相連，四圍形成一個大的「走馬樓」，為同類建築中所少見。

　　沈廳在文革中前部用作辦公，後部辦了工廠，現已經全面整修，恢復了原來的陳設與格局，供遊人參觀。

▲昆山周莊沈廳平面及剖面圖。始建於明初，明末重修；一落七進、五門樓，屬大型民居。

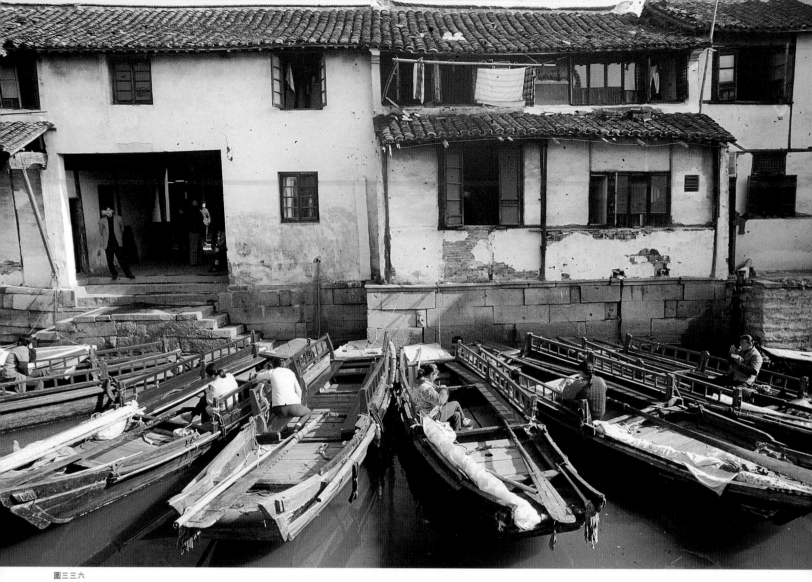

圖三三六

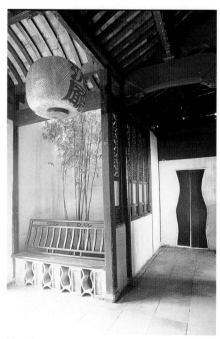

圖三三七

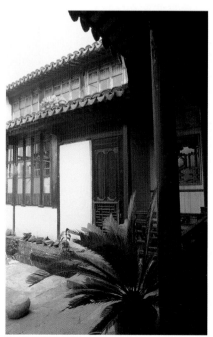

圖三三八

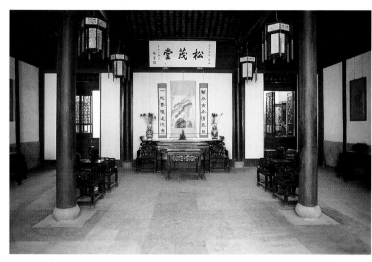

圖三三九

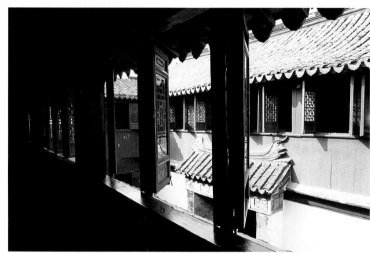

圖三四O

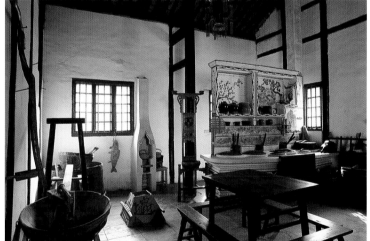

圖三四一

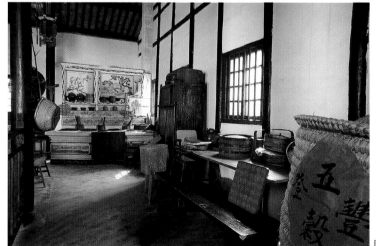

圖三四二

沈廳：

圖三三六　沈廳第一進為水牆門。

圖三三七　轎廳後的過道，側門呈
　　　　　瓶狀，可供僕傭稍歇的
　　　　　吳王靠、半開敞式的小
　　　　　天井內種一叢翠竹，小
　　　　　小的過道空間安排得妥
　　　　　當合宜，情趣盎然。

圖三三八　第三進天井。

圖三三九　沈宅大廳松茂堂，匾額
　　　　　為清末狀元張謇題名。

圖三四O　大小堂樓隔院相望，二
　　　　　樓為居室，有走馬廊四
　　　　　處通達。

圖三四一、三四二
　　　　　廚房及灶間，有三眼大
　　　　　灶、煨藥爐、米舂、案
　　　　　桌、石磨等。

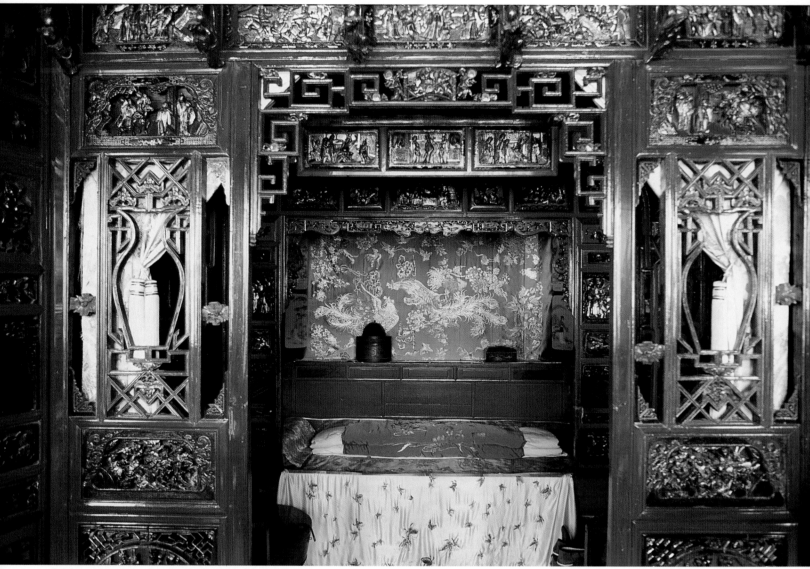

圖三四三

圖三四三 臥室內的雕花大木床。

張石銘故宅：

南潯保存得最為完整的古宅是「張石銘舊宅」，原名「懿德堂」，因原宅高敞，移作倉庫用，一直存有物資，故能較好地保存下來。這座住宅時間跨度大，從清中葉到民國初年，體現了這段時間中國民居建築和裝飾風格的演變——越來越精緻的繁飾，同時也可以看到本世紀初西洋建築對中國民居的影響。

張石銘學名張均衡(1871-1927年)，是南潯「四象」(當地人們把擁資五百萬銀以上的巨賈稱「象」)之一張頌賢的孫子，張均衡是光緒甲午年舉人，他繼承祖業，辦鹽務、開典當，在上海經營房地產，投資銀行和錢莊，家財殷實。懿德堂前門臨南街和南市河，正門稱「大牆門」。原來的門額現已不在。宅院宏大共五落四進。「大牆門」亦稱正門，門內兩側有天井，供通風採光，有腰門與後進相通；二進廳正面為大廳，面闊三間，為主廳，廳後部設屏門，需要時可全部開啟。廳前為敞檐，前有方天井，正對磚雕門樓，廳後有腰門與第三進相通。大廳後為堂樓，亦稱女廳，供女眷使用，也是接待親戚客人之處。此樓呈三間兩廂式樣，天井收小，有

落地長窗，樓上住人。第四進、第五進按西洋樣式建造，大廳整修和鋪地材料均從法國購置，地上鑲嵌彩色瓷畫瓷板，有大壁爐；外牆屋頂均作洋式紅磚紅瓦砌築，可見所建時期西洋式樣正是時髦的時候。北側邊落原為顧宅，後為張購得，裝飾也極為奢華。門廳、大廳均為一層，大廳腰門磚雕精緻，門額「竹苞松茂」，為名人吳涂楷書。天井兩側牆面鑲嵌石雕四塊，是福祿壽三星和八仙過海中人物。第三進為內廳，兩側廊廡、窗檻嵌石刻蕉葉，形態逼真，雕工精美，故稱「芭蕉廳」。樓房窗戶鑲嵌菱形藍色印花玻璃，花式是手繪四時花卉和果品，晶瑩透明，高雅美觀，在當時是極貴重的奢侈品。此進腰門門額為著名書畫家吳昌碩所題「世德作求」。後進天井中有假山石名「鷹石」，形似展翅的雄鷹，保存完好。芭蕉廳原還有琅琊王涍所書「岳陽樓記」雕屏，可惜在修繕時被工匠鋸斷。該宅的掛落、樑枋都是木雕，四周磚雕、石雕眾多。宅院側邊有備弄深長，是連繫前後院落的內部走廊，平時專供傭僕使用，同時也是建築物防火的縱向隔斷和火警時的通道。整座住宅保存尚好，是不可多得的珍品。

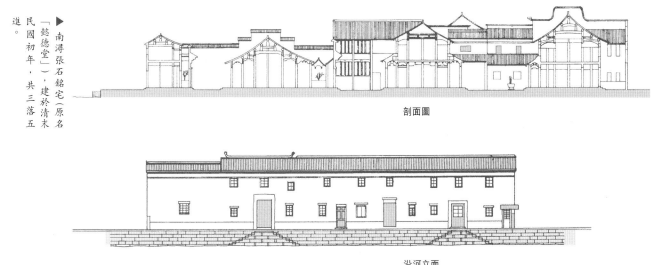

南潯張石銘宅(原名「懿德堂」)，建於清末民國初年，共三落五進。

剖面圖

沿河立面

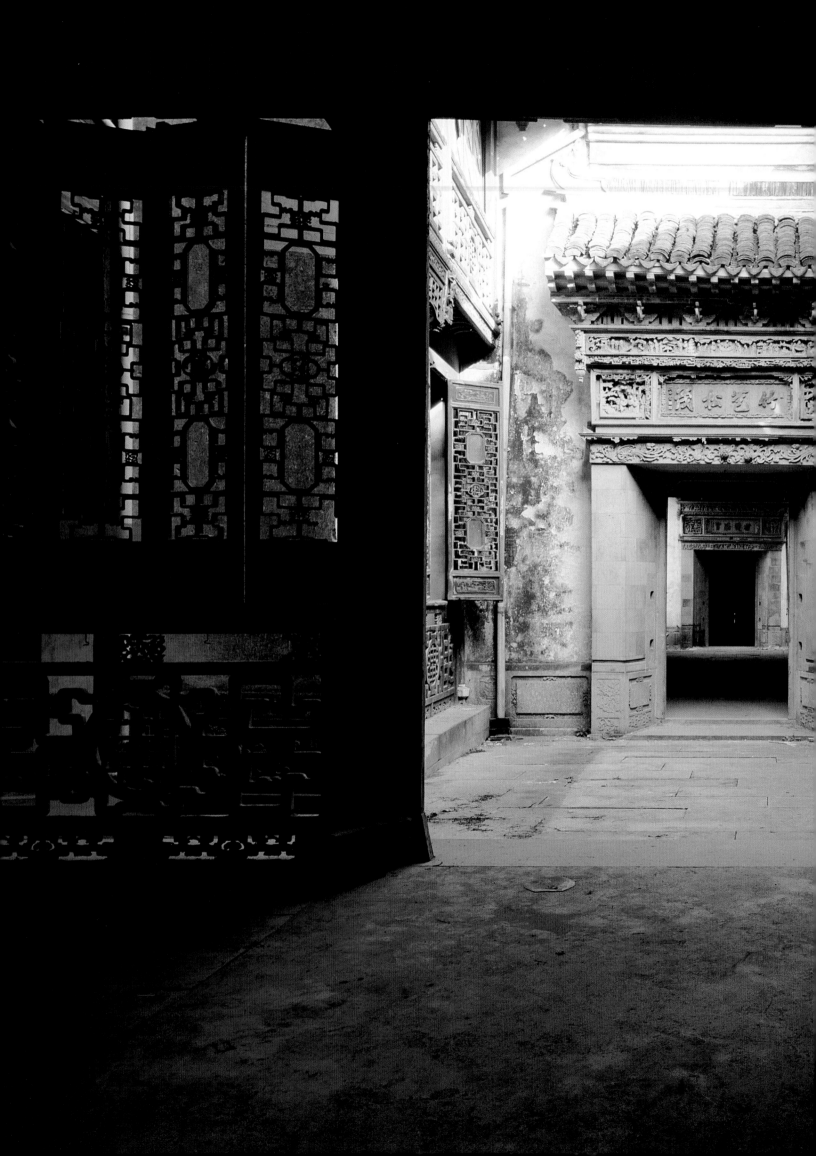

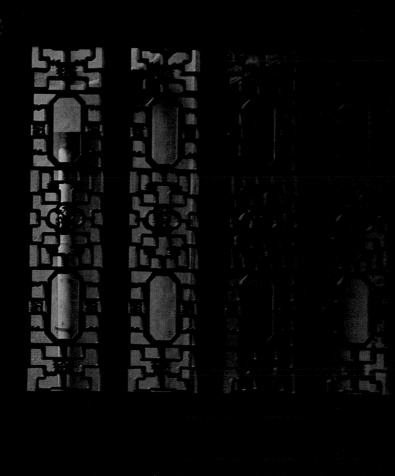
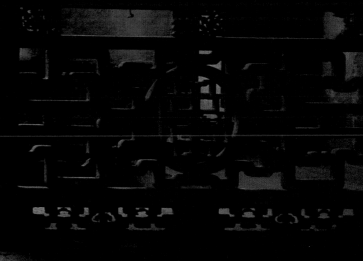

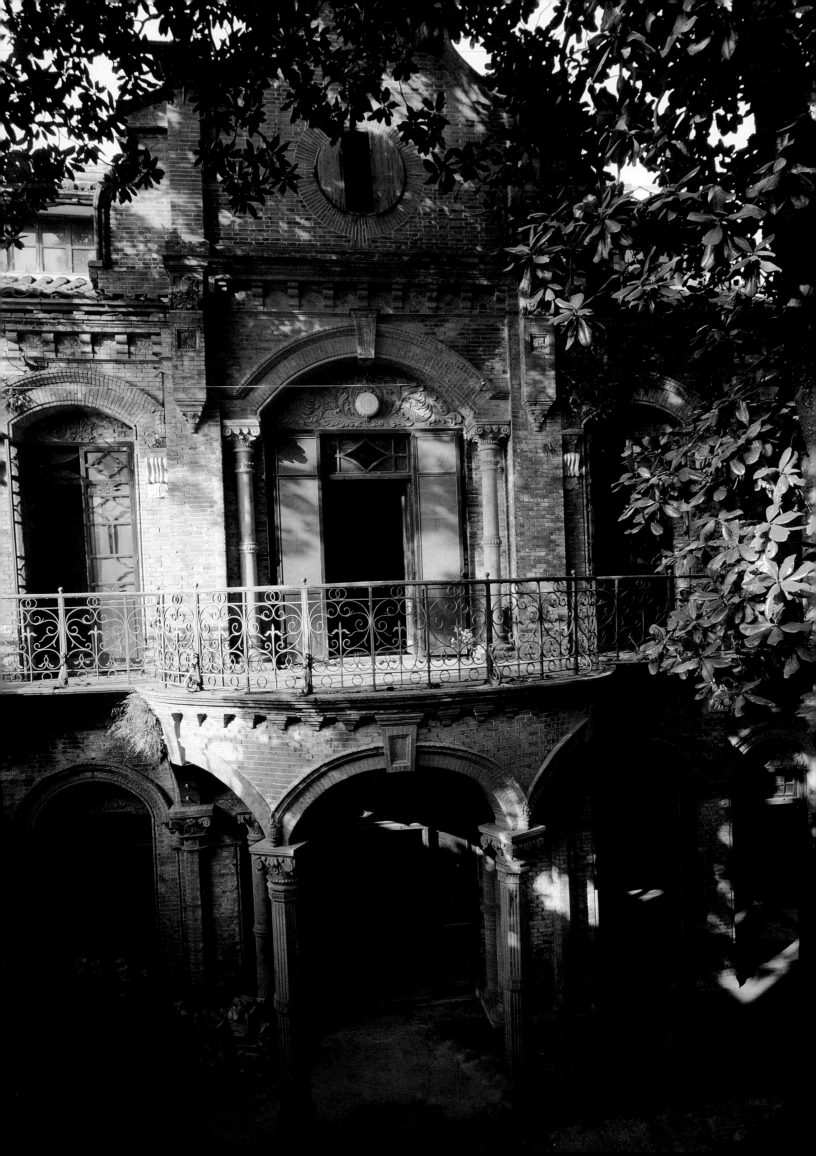

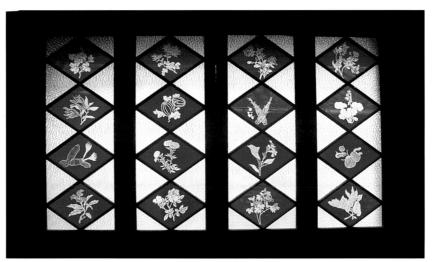

圖三四六

張石銘宅(懿德堂)：

圖三四四　(前頁)庭院深深。張宅
　　　　　邊落第二進和第三進，
　　　　　門額分別為「世德作
　　　　　求」、「竹芭松茂」。

圖三四五　第四、五進為西洋樣
　　　　　式，內部裝修材料全部
　　　　　從法國進口。

圖三四六　第三進內廳堂樓窗戶為
　　　　　藍色印花玻璃，在當時
　　　　　是極為貴重的。

圖三四七　第四進。西洋石庫門式
　　　　　大門及門頭裝飾。

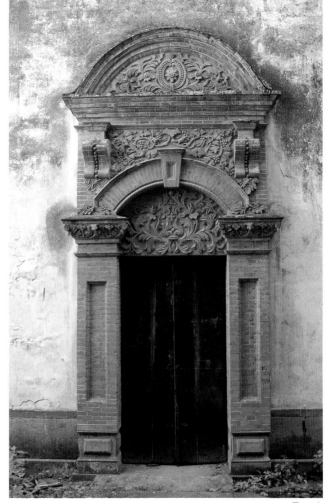

圖三四七

◀圖三四四(前頁)
◀圖三四五

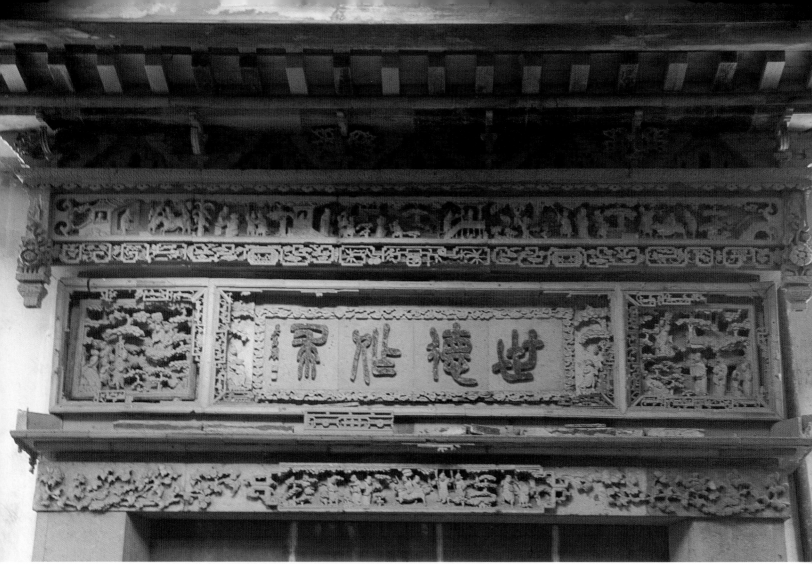

圖三四八

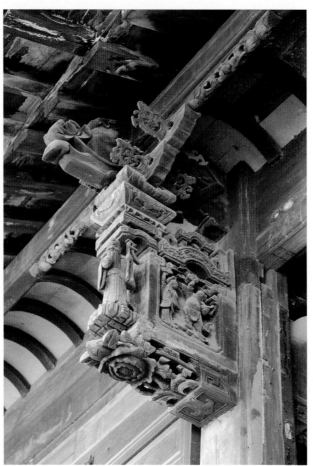

圖三四九

張石銘宅(懿德堂)：

圖三四八　「世德作求」門樓磚雕。
　　　　　清代建築裝飾技藝之精
　　　　　湛可見一斑。
圖三四九　撐拱木雕。

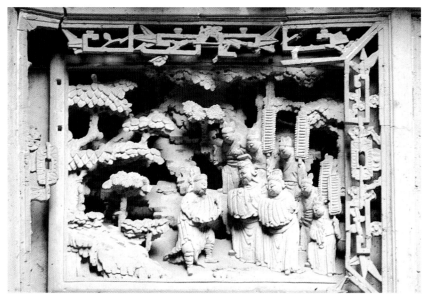

圖三五○

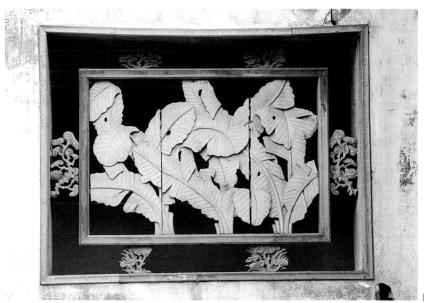

圖三五一

圖三五○　懿德堂門頭題額磚雕。

圖三五一　懿德堂芭蕉廳窗櫺──
　　　　　石刻蕉葉。

私家園林

「大隱隱於市」，受道家隱逸思想的影響，在江南富裕殷實的古鎮上有不少「隱於市」的達官顯貴、退居市街的富戶行商，他們營建一片城市山林作為其休憩養性的居所。中國古代的造園，往往是因文人、畫家的參與而滲透了濃濃的詩情畫意，凝聚了中國人的自然觀和人文精神。「師法自然」，又寄情托性。以疊石、植樹、栽花、鑿池、設亭、建廊等來組織空間，佈置景物。融文學、繪畫和各種藝術於一體，以藝術的情思和豐富的想像力再現自然。園林設計運用了中國傳統繪畫的寫意手法，虛虛實實的構圖，寓情於景，以小見大。創造了咫尺山林的江南園林藝術風格，在世界建築藝術史上獨樹一幟。著名的有南潯的小蓮莊、同里的退思園、東山的啟園。

小蓮莊：

小蓮莊位於南潯鎮西南萬古橋西，是清末光祿大夫劉鏞的私人花園，佔地20餘畝，南宋著名書畫家趙孟頫曾在湖州建有「蓮花莊」，劉鏞追慕趙氏的文采，謙稱他建的園子為「小蓮莊」。

小蓮莊由園林、劉氏家廟和義莊三部份組成，園林部份有外園和內園，外園以十餘畝的大荷花池為中心，這池古稱「掛瓢池」，池水清碧，綠荷田田，亭廊繞池，石徑曲折，松柳高大，花木扶疏。西岸有長廊，臨池有「淨香詩窟」，水榭和法國式樓房「東升閣」。西為「養新德齋」，植蕉滿庭。東有石橋小榭曰：「退修小榭」，突出水上，凌波倒影，別具一格。園內長廊上，嵌有「紫藤花館藏帖」碑刻45塊，內有清代著名文學家袁枚和日本詩人熊坂等人的手跡，還有清代著名文學家嚴可均的「琅琊台峰山碑」的鐵線篆書全文以及其他40餘種名人序跋、詩札，至為珍貴。

內園位於東南角，以假山為中心佈局，北有高牆與外園相隔。假山玲瓏峭削，山道盤旋，山東坡植松，西坡植楓，青松蒼翠，秋楓紅醉，當是絕佳景色。山頂有小亭，可眺望四面田野，西北山麓有小河環繞，牆下築有「掩醉軒」，左側有小方亭。

綜觀全園，佈置得當，建築精巧，曠處豁然，是園林中的精品。

退思園：

退思園位於同里鎮新填街，始建於清光緒十一年至十三年(1885-1887)。園主任蘭生，授資政大夫、內閣學士、任鳳潁六泗兵備道。造園者袁龍，同里人。退思園係任氏被彈劾後落職歸里時所建，取名「退思」，寓意顯然是退而思過。

全園佔地九畝八分，自西而東，左宅右園。宅分為二，西側建有轎廳、茶廳、正廳三進。東側建南北各五樓五底的「畹薌樓」，用走馬廊連通，樓南六間平房，供侍者所用，稱「下房」。

園在宅右，中庭內園，以高牆相隔，係園之序，中置旱船，庭中植樟樹、玉蘭，清雅高潔，北有「坐春望月樓」，登樓為「攬勝閣」，可攬全園景色，南有「迎賓室」為迎客、舞文弄墨之處。

庭園之間有洞門相通，園內亭台樓閣，廳堂房軒均圍池佈置，園以池為中心，所有建築皆緊貼水面，故又有「貼水園」之稱。園池北岸「退思草堂」係全園主景，於堂前貼水平台上環顧四周，由「琴房」、「鬧紅一舸」、「水薌榭」及「攬勝閣」、「三曲橋」、「眠雲亭」、「菇雨生涼」、「天橋」、「辛台」、

「九曲迴廊」等圍成一個舒展曠遠，彼此對應的開闊景致，如一幅山水長卷，濃淡相宜，恬澹靜謐，在這以水為主體的園林中，建築體量尺度得宜，花木泉石佈局得體，小巧玲瓏，樸實無華，充滿了濃重的江南水鄉的韻味，別有意趣。

啟園：

啟園又名席家花園，因原主人席啟蓀而名。園創建於1911年，佔地50餘畝。依山而築，傍太湖，介乎山水之間，得寧靜清雅之所。園內佈置亭台樓閣，園外湖水浩瀚，北山滴翠，得自然山水之勝。

園分三部份，中心為涵影池，環池堆青石假山，四周古木桂樹，有康熙親啖楊梅樹果等遺跡。西有廊橋相隔，堆有小山，山頂有台，供人眺望太湖。園內最大的建築是「藏山納湖樓」，為兩層迴廊歇山頂，樓上四面開窗，視野開朗，遠山近水，盡收眼底。

啟園佈置有藏有露，疏密相間，分區清晰，自成一體。曾為一地方工廠所佔多年，近年被政府收回，全面整修時，又擴大了規模，成為太湖風景區的重要景點。

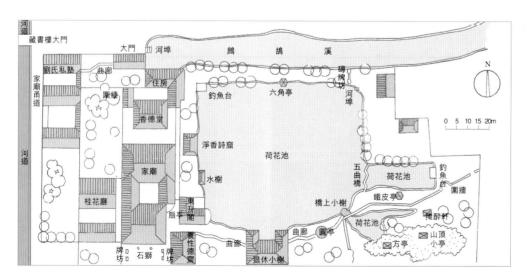

◀ 南潯小蓮莊及劉氏家廟平面圖。小蓮莊是清木光祿大夫劉鏞的私人花園，佔地二十餘畝。園林部份有外園和內園：外園有大荷花池，古稱「掛瓢池」，碧池綠荷，亭廊繞池，花木扶疏，池畔有小榭、樓閣，內園有假山，松楓茂盛，全園建築精巧，佈置得宜，屬精品之作。

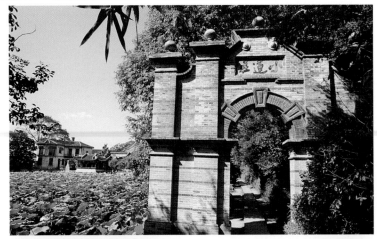

圖三五二

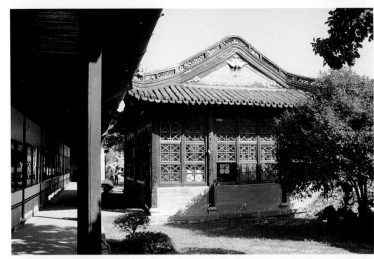

圖三五三

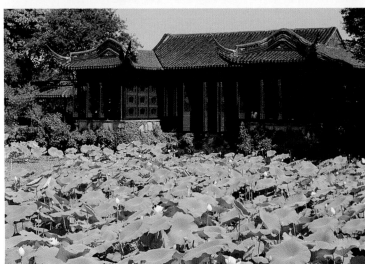

圖三五四

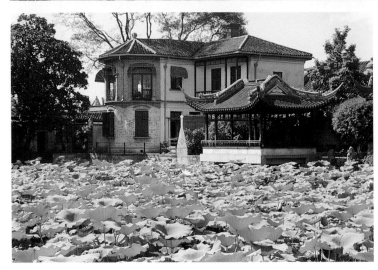

圖三五五

小蓮莊：

圖三五二　西洋式磚砌券門是入莊
　　　　　的標誌。

圖三五三　碑廊和淨香詩窟。

圖三五四　荷花池畔的退休小築。

圖三五五　東升閣和水榭臨池相
　　　　　伴，中西合璧。

圖三五六　淨香詩窟天花做成「升」
　　　　　和「斗」形，小廳又稱「升
　　　　　斗廳」。

圖三五七　劉氏家廟前的雙牌坊。

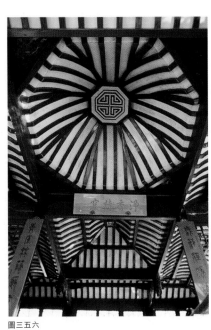

圖三五六

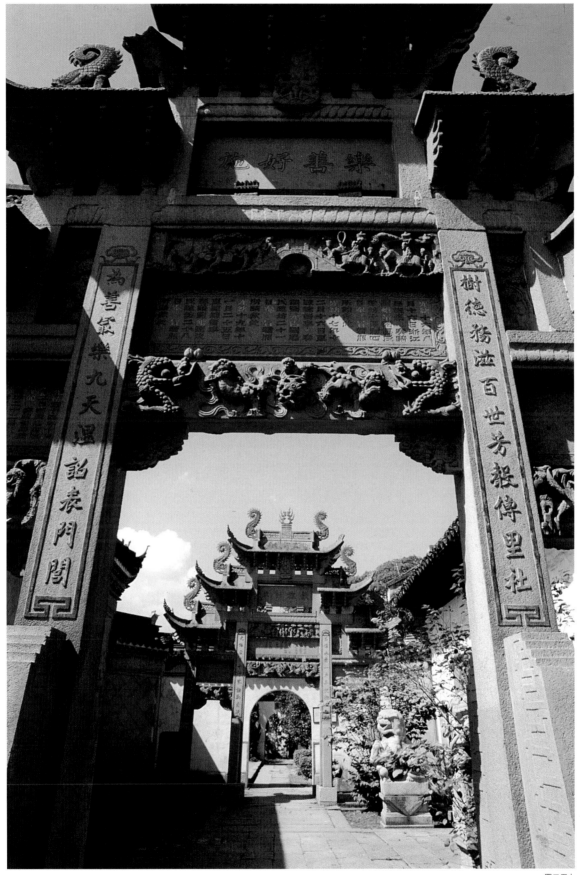

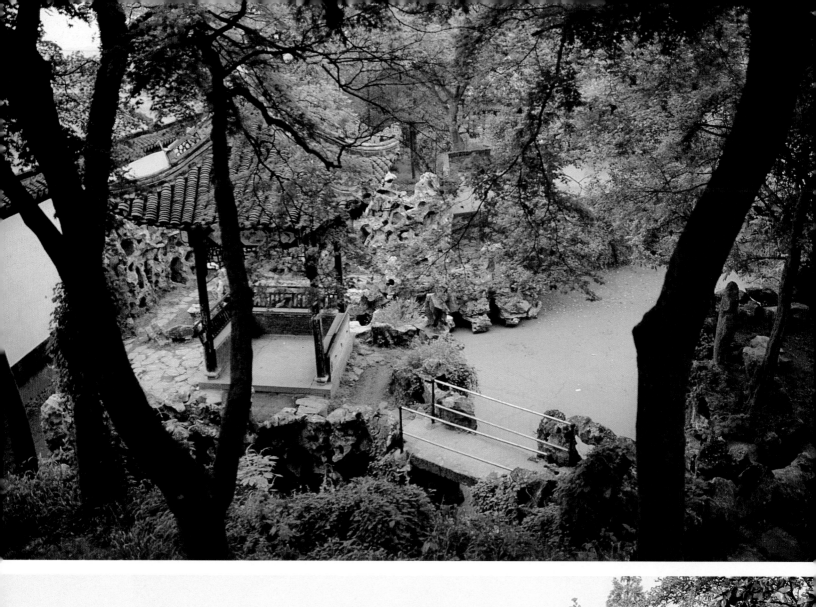
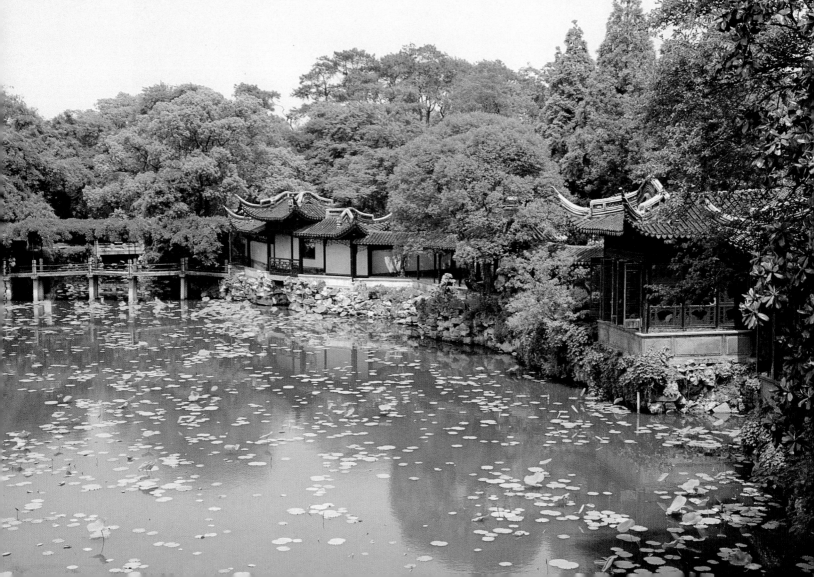

◀圖三五八

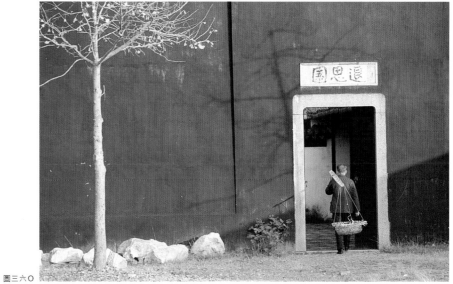

圖三六〇

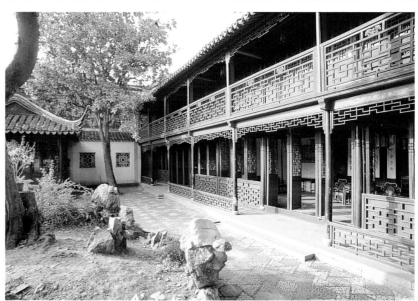

圖三六一

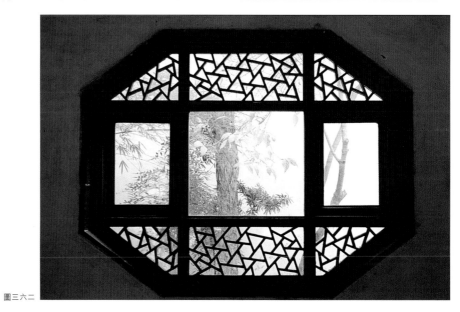

圖三六二

圖三五八　一片碧翠，盡染內園方
　　　　　亭、假山和水池。
圖三五九　滿池田田猶醉，古掛瓢
　　　　　池亭廊。

退思園：
圖三六〇　古園新晴。
圖三六一　宅右中庭「迎賓室」和古
　　　　　樟樹。
圖三六二　花窗框景，石筍翠竹。

◀圖三五九

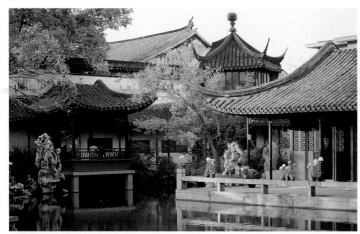

圖三六三

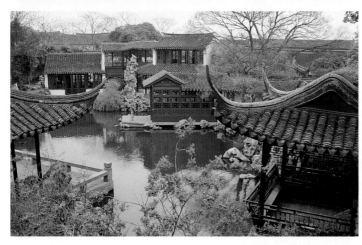

圖三六四

退思園：

圖三六三　內花園中的主要建築「退思草堂」。

圖三六四　建築貼水凌波，故又稱「貼水園」，園中建築群佈局緊湊。

圖三六五　曲廊、花牆。

圖三六五

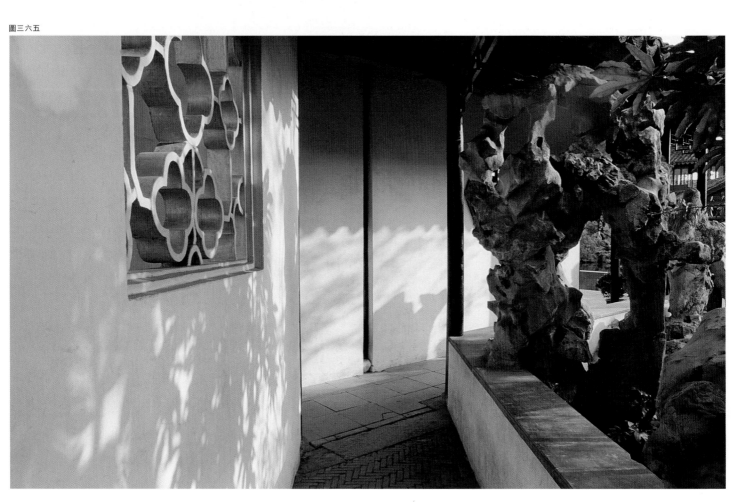

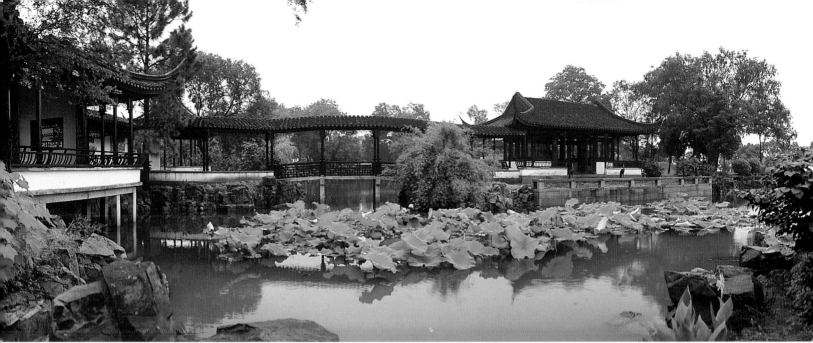

圖三六六

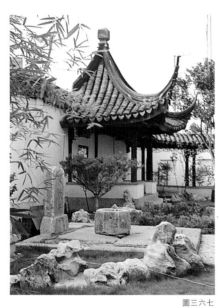

圖三六七

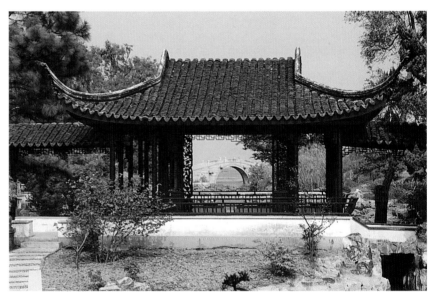

圖三六八

啟園：

圖三六六　涵心池及廊榭。

圖三六七　啟園內的柳毅井，相傳
　　　　　柳毅為解救龍女，順此
　　　　　進下至龍宮。

圖三六八　借太湖水光，成啟園勝
　　　　　景。

公共建築

江南古鎮中的公共建築主要有行政性建築，如衙署；宗教建築，如廟宇、祠觀等；商業性建築，如會館、茶館、酒肆等；娛樂性建築，如戲台等；文教建築有文昌閣、書院等，其中尤以會館、茶館、戲台建築更具有地域的特殊性，我們在此作重點介紹。

茶館

江南古鎮中最多的店舖是茶館，古鎮的茶館有着交往、休息、娛樂、飲食等多種活動，鎮上大型茶館也是重要的公共建築。茶館常位於橋頭、河埠頭、河的轉角、街道路口等水陸交匯處，而這些地方往往就是古鎮的中心、最熱鬧的集市。由於茶館處於古鎮的重要位置，因而成為四鄉農民和鎮上居民重要的社會活動中心。「茶棚酒肆紛紛話，紛紛盡是買和賣」，即是生動的寫照。一壺茶、一支煙，引出了相互的話題，此所謂「醉翁之意不在酒」，喝茶不過是各種活動的媒介。有的茶客頻繁地換座，多是有目的地打聽一些情況，或尋求合適的交易對象。有的則長時間圍坐一桌，多半是熟人。茶客中農民、漁民是在乎集市行情，他們摸清集市價格的漲跌之後，即去集市做買賣。更多的人在這裏休息、談天、聚會。由於茶館吸引着鎮上各色各樣的人，這個中心在那個特定的社區中就具有一定的權威性，因而成為鎮上的一個民間「仲裁所」，諸如房屋糾紛、鄰里口角等，都到茶館中去解決。爭執雙方各陳己見，然後由茶客們評論，最後由鎮上德高望重的耆老當面調停，這稱作「吃講茶」。至今，江南某些城鎮仍沿襲着這個習慣。

茶館還是鎮裏最主要的娛樂場所，如聽曲、下棋等。茶館是江南古鎮男性居民的社交場所，婦女是很少涉足其間的。茶館對於居民如此之重要，因而在鎮上就會開設有很多家。如烏鎮面積1.2平方公里，就開有茶館60多家，平均200平方米一個茶館。用直鎮上也開有40多家茶館。

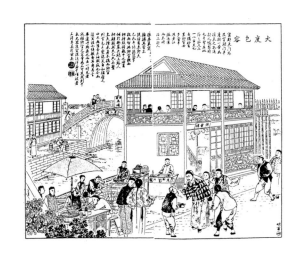

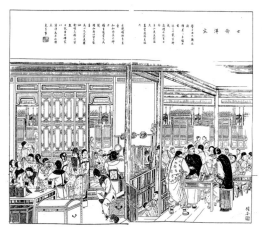

古鎮的茶館分有等級，即不同身份的人有各自去的茶館，即使在同一個茶館內，不同階層的人往往分室或分桌圍坐，表現出江南古鎮中人們較強的社會等級意識。如烏鎮的中市的「訪盧閣」茶館，是鄉紳和上層富戶居民常去的，而農民、漁民則去四柵的茶館喝茶。

由於茶館所具有的特殊的功能和重要性，鎮中的大型茶館大多經過精心規劃和設置，其形態特徵和所處的位置對周圍環境顯得格外重要。像周莊的鳳凰樓茶館，它就設置在周莊鎮中的南北市河和東西河交匯處的富安橋塊，富安橋是座明代的石橋，橋的四塊都建有房屋稱「橋樓」，鳳凰樓是其中之一，其他三座樓雖然也佔有街面、河、橋之便，但鳳凰樓的位置最佳。

鳳凰樓：

鳳凰樓佈置在兩河的轉折交口上，佔有了兩條河之便，並造成了兩面臨河的最佳位置。它夾在兩條路、兩條河、兩頂橋之間，高聳的樓房，屋頂的鳳凰圖案，很遠就能看到。茶座設在樓上，兩面臨水，兩面臨街，四顧高暢，憑欄觀賞，古橋、小河、漁舟、行人盡收眼底。

又如烏鎮的訪盧閣茶館建在應家橋南塊，在市河和應家橋河的交匯處，兩面臨河，突出在河岸拐角處，佔有了橋頭三條街的有利位置。

訪盧閣：

烏鎮的訪盧閣茶館分上下兩層，樓梯設在中間，便於樓上茶客上下，也容易照顧四角的茶客。茶館平面分南北二間，南間與廚房相連，廚房不煮飯，只燒開水，所以也可放茶桌，樓上只有南間，一般是鎮上有地位的茶客專用着。面河臨街都開長排窗，可供眺望，夏季可以納涼。訪盧閣的屋面坡頂做法也有特點，東西向一坡到底，南北都坡向河面，以利於排水，由於訪盧閣的位置好，景觀好，所以建樓近百年來，一直是茶客熱衷之地。不論寒暑雨晴，總是茶客滿座。

▲ 周莊富安橋建築剖面圖。

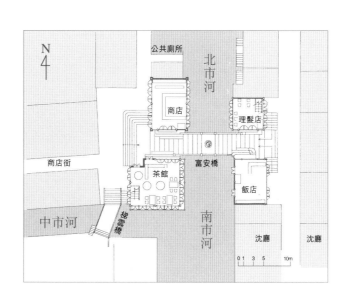

◀ 周莊富安橋建築佈局平面圖。

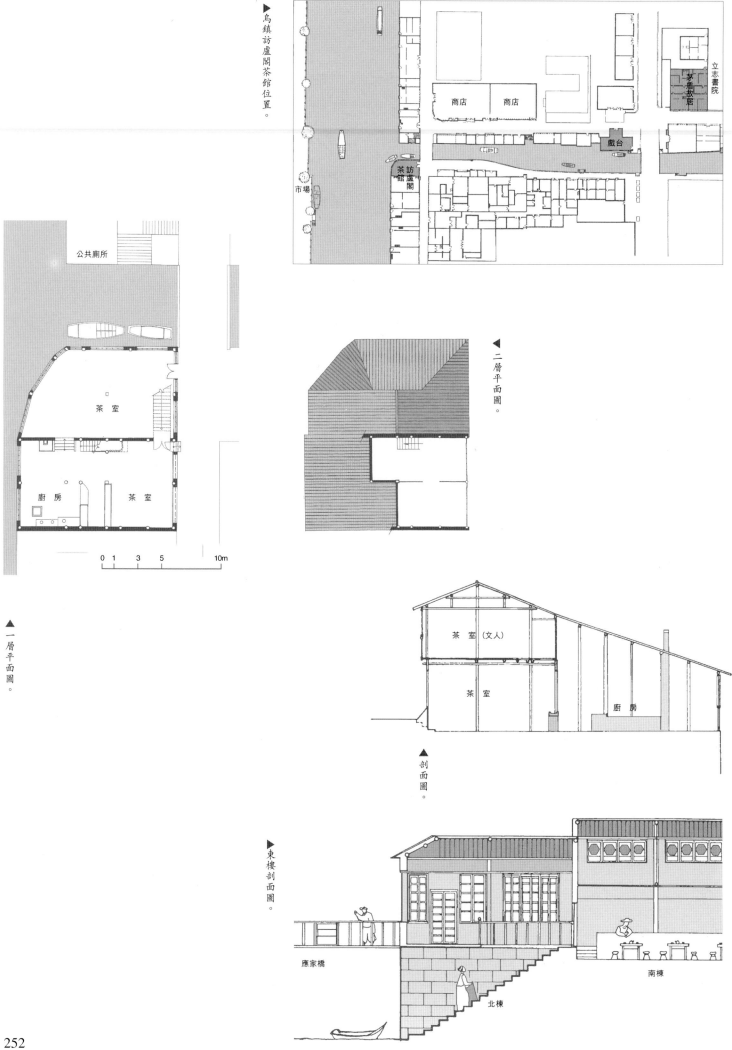

▶烏鎮訪盧閣茶館位置。

立志書院

茅盾故居

商店　商店

戲台

茶館　訪盧閣

市場

公共廁所

茶室

廚房　茶室

0　1　3　5　　10m

▲一層平面圖。

◀二層平面圖。

茶室（文人）

茶室

廚房

▲剖面圖。

▶東樓剖面圖。

應家橋

北棟

南棟

同里的南園茶館亦如此，前臨鎮上大街的四叉路口，後沿小河，茶館設在樓上，樓下是另開的飯店與倉庫，做一個迎街的大樓梯直達樓上正中。

南園茶館：

南園茶館樓上南、北、東三面開窗，高爽明亮。茶館四周有飲食及百貨商店，並緊靠定期航船的碼頭，許多候船的、等人接客的都可以在茶館裏喝茶小憩，憑窗眺望，街上、河上的情景一目了然。

雖說茶館是男人的去處，江南古鎮上的婦女也愛喝茶，像昆山的周莊鎮、青浦的商榻鎮就流行着喝「阿婆茶」的習俗，鎮上的中老年婦女在午飯後，忙完了家務，三五成群，聚在一起，往往輪流做東，泡一壺好茶，擺上幾個碟子，放一些自家腌製的鹹菜、醬瓜，炒些瓜子、蠶豆，高興時也備一些糖果、蜜餞。夏天在屋檐的陰涼處，冬日在院子裏太陽底下，喝着茶，哼着小曲，聊會兒家常，道些個舊事新聞，其樂融融。這種「阿婆茶」一直延承下來，成為當地人們的一種傳統文化。

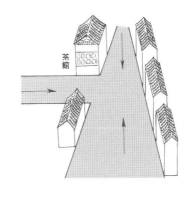

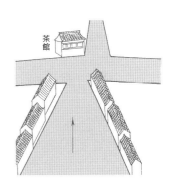

▲ 樓房建於河道交叉處，位置顯著，視線開闊。

▲ 同里南園茶館位置。

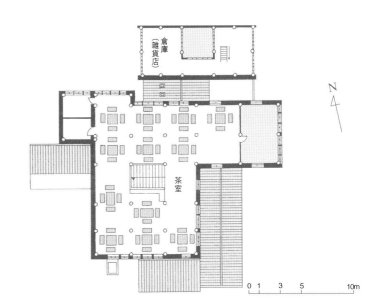

▲ 同里南園茶館平面圖。

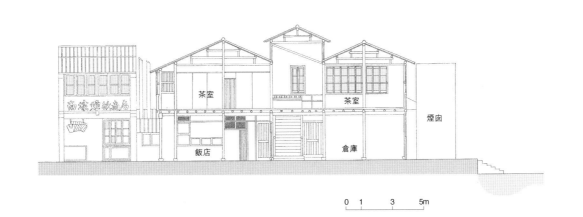

► 同里南園茶館剖面圖。

253

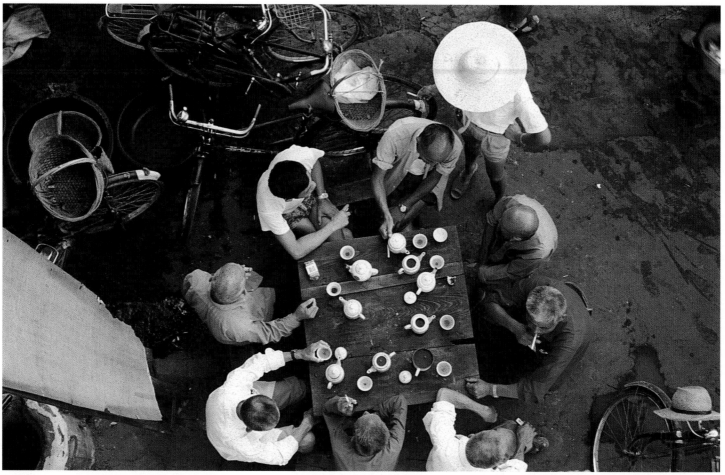

圖三六九

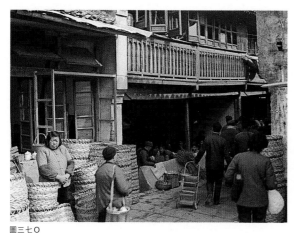

圖三七〇

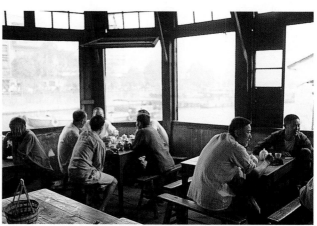

圖三七一

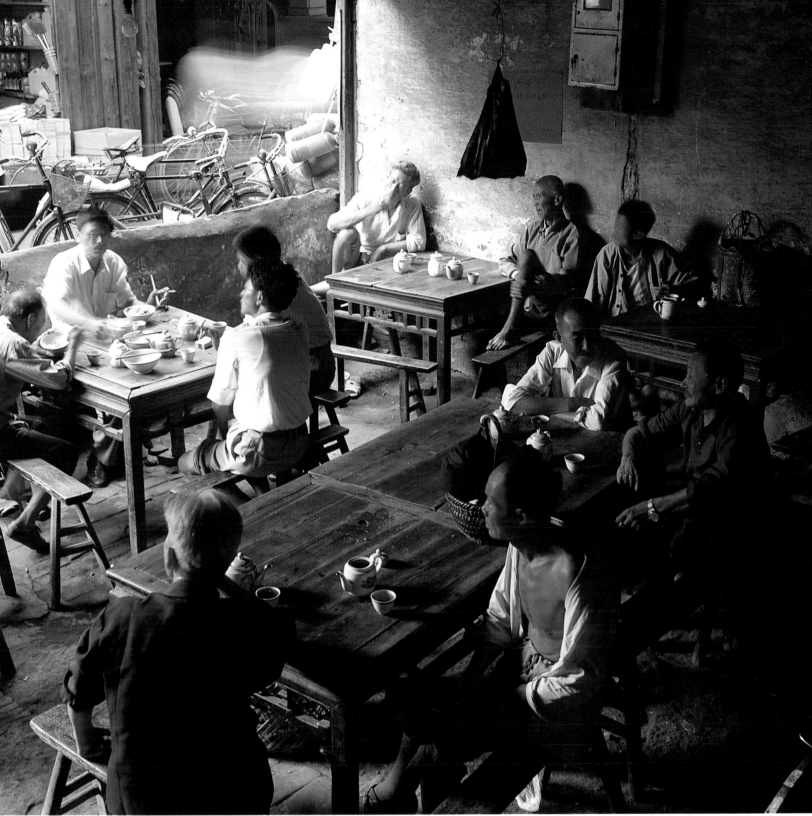

茶館：

圖三六九　　夏天，茶桌放到室外，
　　　　　　茶客涼快些。

圖三七〇、三七一

　　　　　　烏鎮訪盧閣茶館背臨市
　　　　　　河、面向中市街，佔據
　　　　　　了良好位置，是觀景的
　　　　　　最佳點。

圖三七二　　烏鎮西柵上毗鄰着四五
　　　　　　家茶館，家家從清晨熱
　　　　　　鬧到中午。

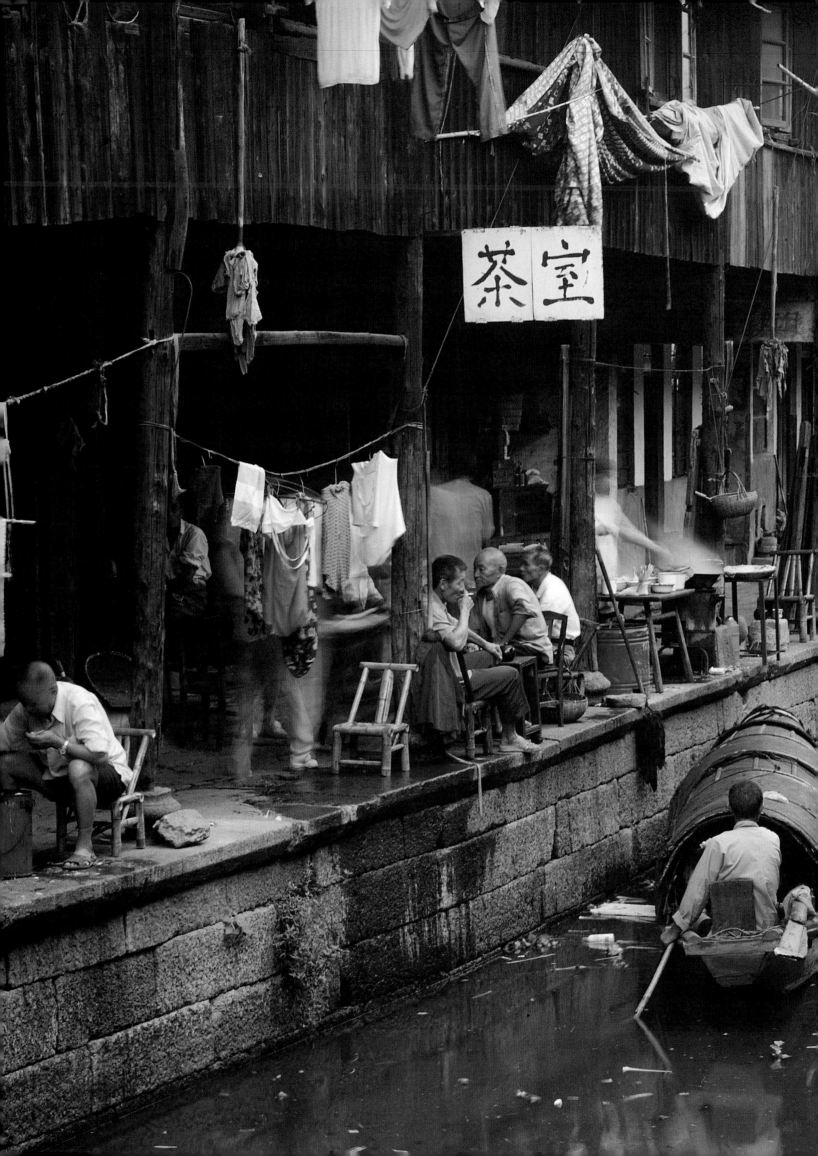

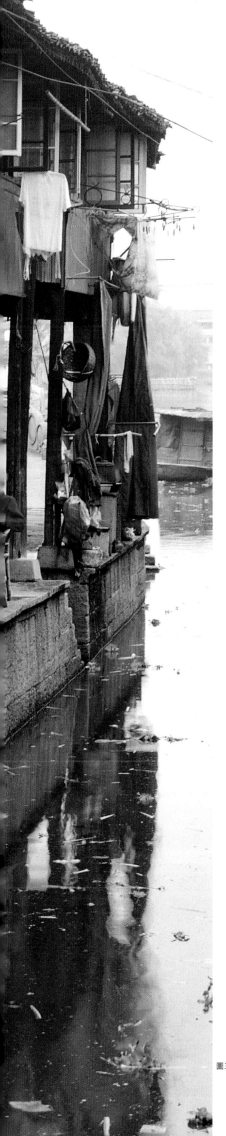

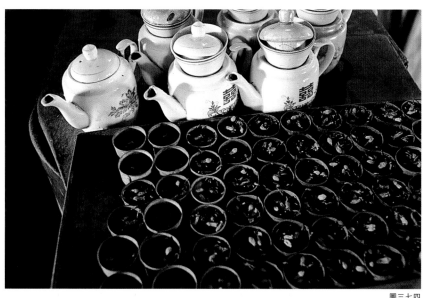

圖三七四

圖三七三　柯橋鎮河邊的小茶館。

圖三七四　清香誘人的茉莉花茶。

圖三七三

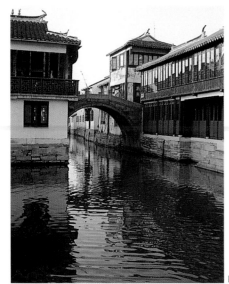

圖三七五

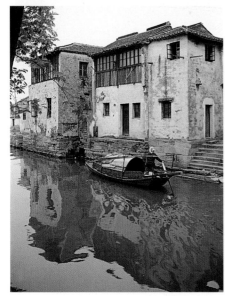

圖三七六

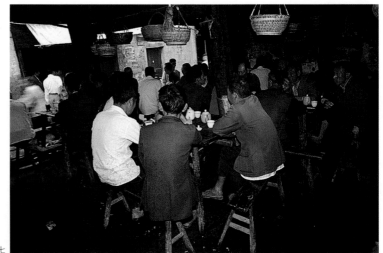

圖三七七

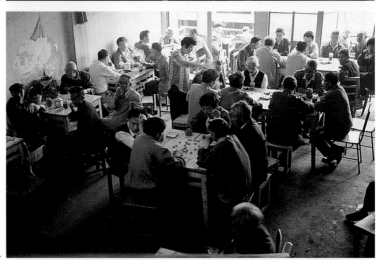

圖三七八

圖三七五　　周莊鳳凰樓茶館佔據鎮
　　　　　　中心位置，是鎮中最重
　　　　　　要的公共建築之一。
圖三七六　　周莊鎮三毛茶室，台灣
　　　　　　作家三毛曾來此飲茶。
圖三七七、三七八
　　　　　　清晨茶客們四方來聚，
　　　　　　其樂融融。
圖三七九　　客散後的烏鎮茶館。

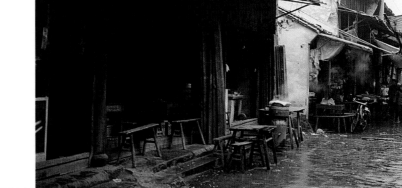

圖三七九

戲台

江南是中國傳統戲劇的發源地之一，古老的昆曲就是當今風靡世界的京劇的前身，越劇也產生在這個地區，其他還有紹興大板、蘇州灘簧、評彈、上海滑稽戲申曲(滬劇)等。

古鎮人的公共娛樂活動以看戲為最普遍，節日、各種慶賀活動，宗教活動以及農閑時，就會有專業的或是業餘的戲班子，登台演出，這是當地鎮民和四鄉農民最高興的事了。

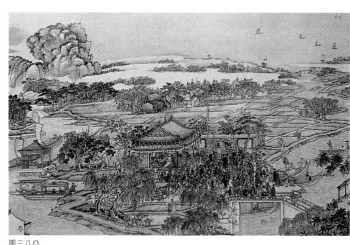

圖三八〇

演出要有場地，臨時搭台，費事又費料，而且露天戲台，解決不了避風遮雨的問題，因此公眾看戲的戲台就在一些古鎮建設起來。清光緒《周莊鎮志》記有：「二三月間各鄉村集名優演劇，從郡城邀至，歌值加倍，午後登場，……三月二十

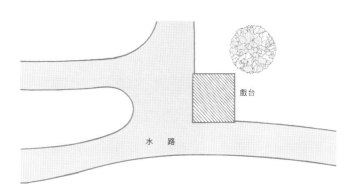

戲台

水 路

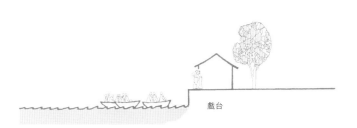

戲台

▲ 水戲台位置。

圖三八〇　春台社戲：獅山之前，臨河處有一紮彩的戲台，台下人頭攢動，聚觀者數百人，據《清嘉錄》載，蘇俗每年有「二、三月間，里豪市俠搭台曠野，醵錢演戲，男婦聚觀，謂之春台戲，以祈農祥。」

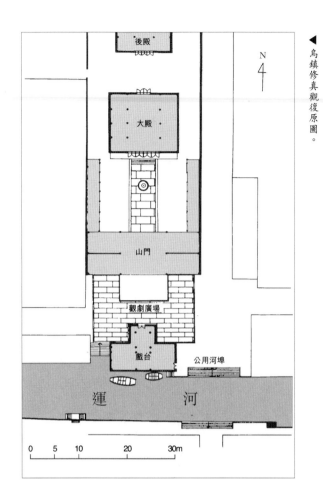

八東獄誕界分五方，各方斗麗辦齊筵，或演劇或放花，弦歌簫管之聲晝夜不絕三四月，……」

古鎮上的道教寺觀一般都建有戲台，因為按道家做法事的要求，戲是演給「老爺」（即神仙）看的，所以寺、觀、廟堂的戲台都面對主要的大殿，一般就設在山門的後面，戲台前就有較大的場地可以容納看戲的人群。像朱家角的城隍廟就是這樣佈局的。戲台都做得很講究，有屋頂、天棚、欄杆、掛落，雕刻彩畫極為華麗，戲台平面有前台、後台、側房，供演戲時的各種需要。大殿前的露台就是貴賓席，屆時放置桌椅，供鎮上有地位的人士觀劇，而一般鎮民只好在天井裏站着看戲了。河網密佈的江南古鎮也常將戲台建在水邊，四鄉的農民可以划船來看戲，像烏鎮的修真觀戲台就緊靠在河邊，在觀的大門外面利用了街道廣場作為觀戲的席位，戲台在街上呈凸字形，可以三面供人欣賞。

在紹興的一些河道上的水戲台，就是單獨地建造在河口，專供划船來觀戲的。這是水鄉的一種特殊建築，臨水構築，飛檐敞台，是河上的另一種風景。可以想像當年台上琴聲鑼鼓，河上小舟四集，船上擠滿了看戲的人，河裏蕩漾着漣漪，是一幅生動的水鄉風情畫卷。

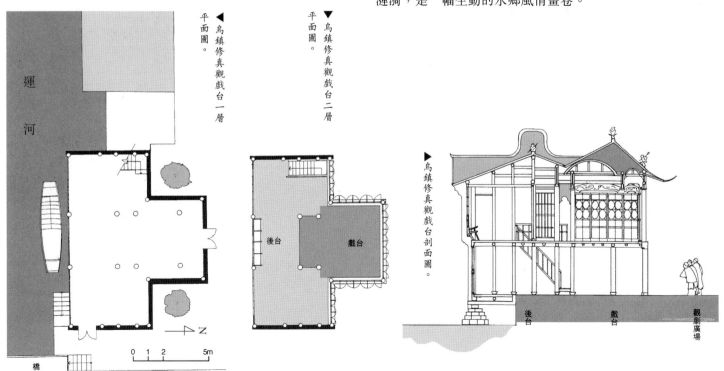

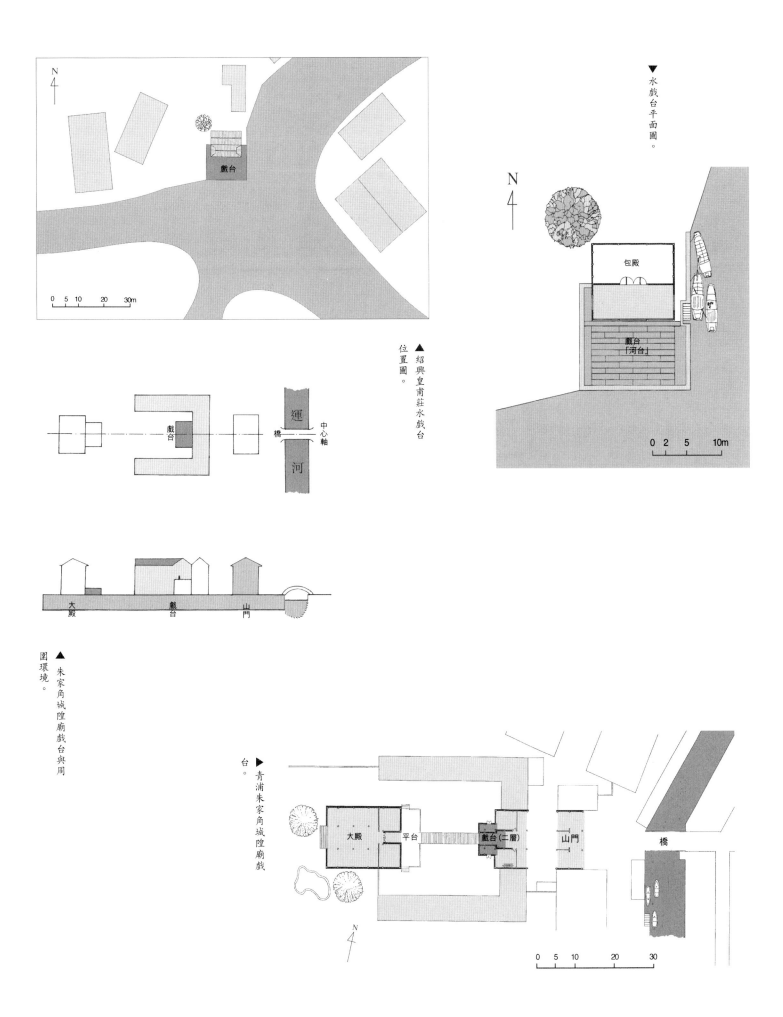

▼ 水戲台平面圖。

包殿

戲台
「河台」

0 2 5 10m

▲ 紹興皇甫莊水戲台位置圖。

運 河

中心軸

橋

戲台

0 5 10 20 30m

▲ 朱家角城隍廟戲台與周圍環境。

大殿

戲台

山門

▶ 青浦朱家角城隍廟戲台。

大殿

平台

戲台(二層)

山門

橋

0 5 10 20 30

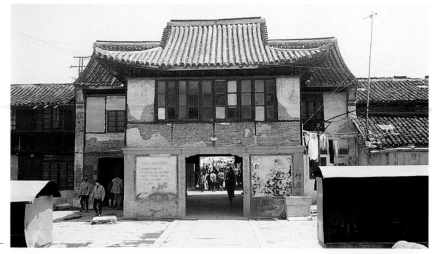

圖三八一

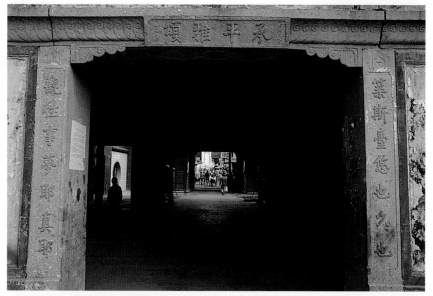

圖三八二

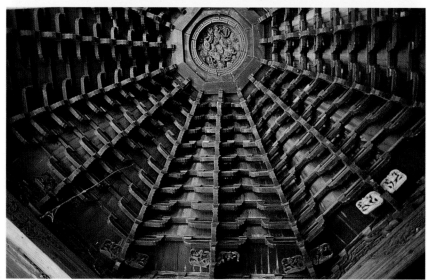

圖三八三

戲台：

圖三八一　朱家角城隍廟前戲台。
　　　　　戲台前闢有小廣場，每
　　　　　逢有戲事，里人扶老攜
　　　　　幼聚於此間觀戲；平日
　　　　　則作為集市廣場用。

圖三八二　朱家角戲台台下有穿
　　　　　廊，門柱刻聯曰：「築此
　　　　　台悠也久也，觀往事夢
　　　　　耶真耶？」

圖三八三　朱家角戲台迴音頂。

圖三八四　烏鎮修真觀戲台面朝街
　　　　　廣場，後部沿河演出時
　　　　　為後台，平時用作商
　　　　　店。

圖三八五　烏鎮修真觀前戲台，背
　　　　　臨市河，四鄉農民划船
　　　　　前來觀戲，台上音樂聲
　　　　　動，台下小船攢集，一
　　　　　幅水鄉升平圖。

圖三八六、三八七
　　　　　修真觀戲台下的台聯：
　　　　　「同治十一年五月青鎮里
　　　　　民得建，憲奉禁演淫
　　　　　戲，台下毋許堆積。」體
　　　　　現了政府對娛樂方面的
　　　　　管制。

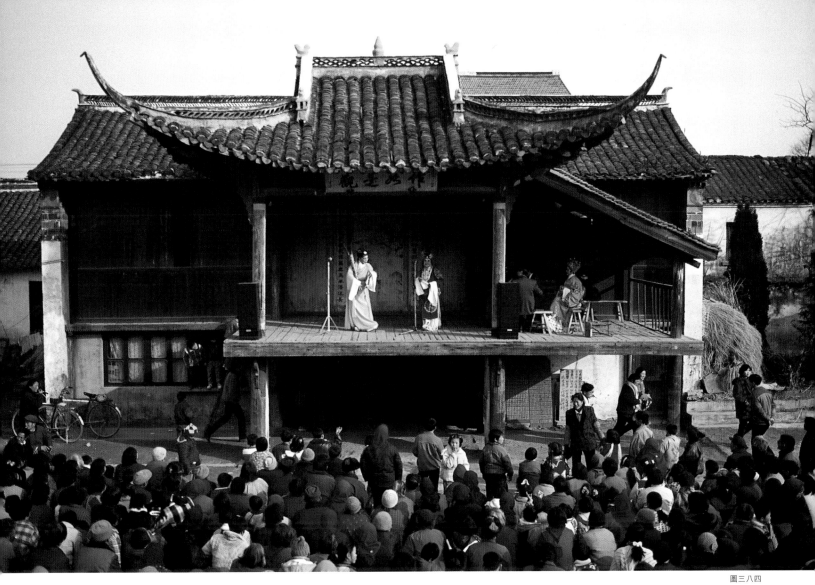

圖三八四

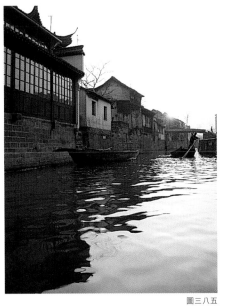

圖三八五

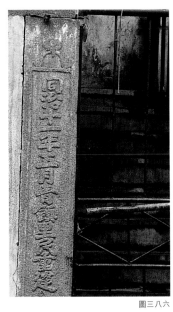

圖三八六

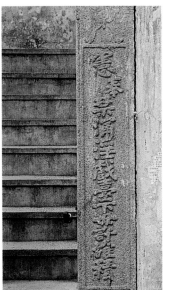

圖三八七

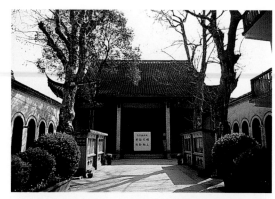

圖三八八

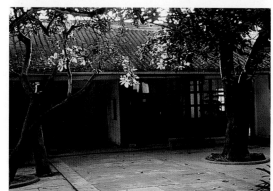

圖三八九

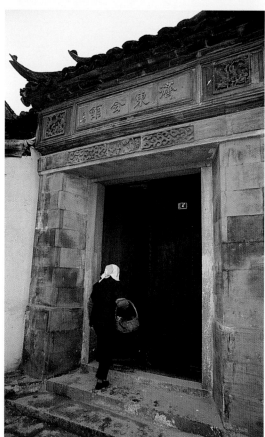

圖三九〇

會館:

圖三八八　南潯絲業公所,清同治
　　　　　四年(公元一八六五年)
　　　　　建,是收解捐稅,維護
　　　　　絲商利益的機構,現為
　　　　　鎮中心小學所用。

圖三八九　南潯商會,建於一九二
　　　　　六年,現為南潯鎮政府
　　　　　所用。

圖三九〇　盛澤濟東會館建於嘉慶
　　　　　年間,是山東濟南府人
　　　　　所建。

圖三九一　濟東會館磚雕門樓。

圖三九二　濟東會館內堂樓,是接
　　　　　待同鄉或商友的住所。

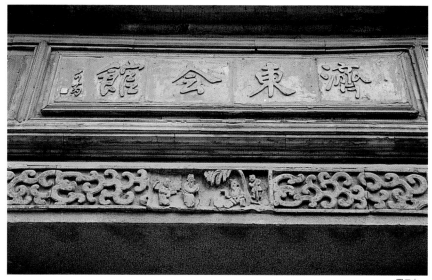

圖三九一

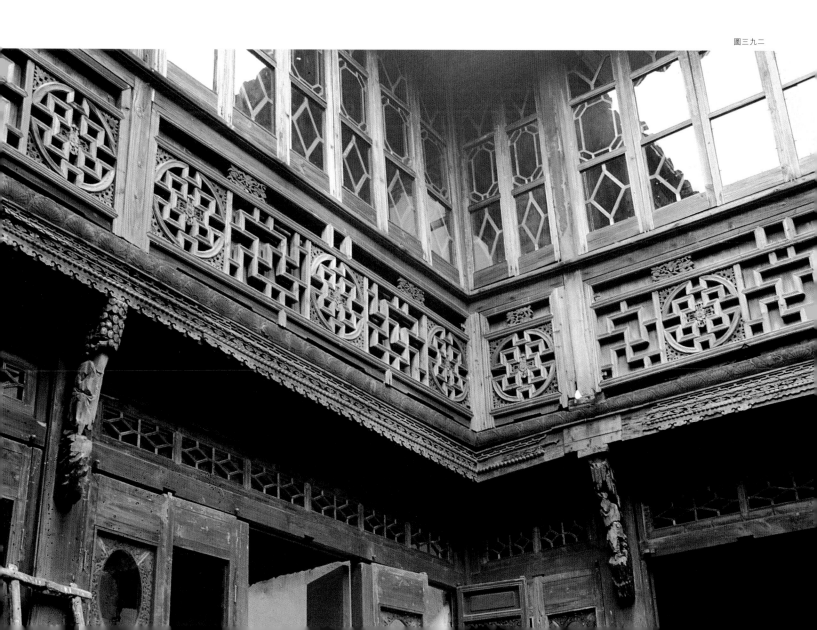

會館

在一些商業繁榮的城市中，常建有許多會館，也叫作公所。會館與封建社會的「行幫」有關，由同業或相關的行業組成，也有的是由同地域的經商者組成的，用以接待賓客、洽談業務、照料同鄉及舉行商業性禮儀和節慶活動等，「籌立商會以交換知識，聯絡商情，維持公益。」(民國《雙林鎮志》) 如手工業行會、商業行會、陝甘會館等。城市裏的會館為了顯示本行會的經濟實力，常做得很豪華，而古鎮的會館就顯得簡樸些。但因其商貿的需要，選址也十分講究，往往是交通便利、位置顯要之處，房屋也造成較為高大氣派，古鎮上的會館一般有門廳，一個開敞的院子和大廳以及一些輔助房間，院子和大廳就是經常舉行集會和活動的場所。

江南一帶土沃桑茂，家家養蠶，戶戶繅絲，其中一些古鎮就成為絲綢集散之地。商貿的發達使較大的古鎮上出現許多會館。以南潯古鎮為例，湖州地區所產之絲稱湖絲，湖絲中以「輯里絲」尤為著名，集中出產於南潯鎮的輯里村。以後處處皆佳，南潯絲都稱「輯里絲」了。不少絲行的經營者，由蠶絲的收購出售而成大商，南潯民諺有：「四象、八牯牛、七十二隻狗」之說。當地人們把擁資十萬銀以上者稱為「狗」，擁資百萬銀元者稱「牛」，擁資五百萬銀以上者稱

「象」。這是對富商大小的形象比喻。南潯鎮上絲行林立，為絲商活動服務的商會、公所、會館等商業機構也擁有很強的經濟實力，南潯曾有絲業公所、南潯商會、寧紹會館、新安會館 (徽州地區商人建立的會館)、金陵 (南京) 公所、閩 (福建) 公所等等。

寺廟

廟是精神信仰性的建築物，包括奉祀天地自然物和祖先、英雄等，如東嶽廟、禹王祠、司徒廟，紀念鎮之先哲，如甪直的甫里先生祠，等等。江南好佛法，香火興盛，其興衰與佛教在中國的沉浮相一致。王公貴族競相建寺院，此風在鎮上也頗為流傳，不少信徒甚至捐宅為寺，《震澤鎮志》記有：禮部侍郎楊紹雲因其母信佛，遂將舊居闢閣藏經，稱「尊經閣」。「吳俗素信，廣建崇 (宗) 祠院宇，操豚蹄而致 (至)，祝趨之若狂然，旱乾水溢仰藉神庥者不少，爰為備載之。」「此間男女最崇香信，遠則越海而至普陀，不避風波之險，外此如武當，三第九華、天竺等處，亦歲必至焉。……村中里老無力出鄉，僅在馬現莊落霞浦野廟中和南膜拜，作竟日之遊。亦以為了卻一年心事也。」如黎里鎮清嘉慶年間，鎮東西三里半，周八餘里，就有寺廟25座，其中年代最

早的羅漢講寺建於東晉，位於鎮北(清嘉慶《黎里鎮志》卷五《寺院》)。

在地勢平緩的江南地區，高聳的寶塔是豐富古鎮輪廓線的重要景物，也是水鄉地區行舟的重要標誌。塔原先與佛寺同建，又稱佛塔，屬於佛教建築。宋以後，人們崇尚風水，城鎮中也有建風水塔，屬於道教建築，兩者形式相仿，意義不同。風水塔如有稱文峰塔、魁星塔等，這些塔的位置選擇很講究，按風水要求，一般建在古鎮外的山腰和水口，意為全鎮帶來福蔭，卻也造就了古鎮的美好風景。

在眾多的江南古鎮寺廟中現存最早的寺廟要推吳縣光福鎮的司徒廟了，它建於東漢，奉祀大將軍鄧禹；而最具藝術價值的要數甪直的保聖寺(國家級文物)和東山的紫金庵(省級文物)。

司徒廟：

司徒廟既非佛教的庵寺，也非道教的宮觀，而是祭祀東漢初年鄧禹(公元258年)的祠廟，鄧禹協助東漢皇帝劉秀推翻了王莽的統治，被封為大將、司徒，晚年到光福，在西崦湖邊上隱居，死後建祠廟，後人就稱為「司徒廟」。它有另一名稱「柏因精舍」，因為廟內有鄧禹手植的四株柏樹，它們歷

經滄桑，遭受雷劈電擊，依然生機盎然。而這四株漢柏古拙別致，乾隆皇帝到此題為：清、奇、古、怪。清柏主幹筆直，體態穩健，枝葉蒼翠，巍然挺拔；奇柏蒼老遒勁，主幹折裂，一空其腹，生氣欲盡，而神不枯竭，頑強不屈；古柏少皮禿頂，樹身皴折盤旋，姿態肅穆、古樸莊重；怪柏遭雷擊，一劈為二，一臥地三曲，屈如彎弓，另一就地匍伏，呈蛟龍昂首狀。清奇古怪都有一副百折不撓、頑強抗爭的氣概，給人們以遐想和啟迪。他們是活文物，是研究古植物、古氣候、古地理的珍貴材料。

保聖寺：

甪直古鎮的保聖寺，創建於梁天監二年(公元503年)，北宋時又重建，寺廟規模龐大，盛時有殿堂5000多間，僧侶千人。元代書法家趙孟頫曾為該寺題詞：「梵宮建梁朝，推甪里禪林第一。羅漢溯源之，為江南佛像無雙。」甪里是甪直的古地名，佛殿裏的羅漢像是唐朝著名藝術家楊惠之的作品。據說楊惠之當時與大畫家吳道子齊名，但他自覺不如吳等，於是投筆捉刀，致力於塑像，因而譽滿天下。楊所塑佛像，以真實人體為模，又重形貌體態，極為傳神，一反先前印度傳入中國的佛像樣式，開創了新風。保聖寺的羅漢像是

國內自唐宋保存至今僅有的珍貴文物。古人就有評論説：這些羅漢像是「筋骨在胸，脈絡在手」，「呼之欲出，炯目有神」。1927年大殿失修倒塌，十餘尊羅漢被毀一半，當時一些文化界名人蔡元培、馬敍倫、葉楚傖、顧頡剛等人，募集資金，研究保護，建了羅漢陳列館，並由雕塑家復原了塑像後壁；令殘存的九尊唐代名師大作羅漢像，保存下來，1961年被列為全國第一批重點文物保護單位。

紫金庵：

東山鎮的紫金庵也有一堂羅漢塑像，堪稱傳世精品。據説是南宋民間雕塑家雷潮夫婦的作品，距今也有800年的歷史。紫金庵的羅漢塑像有很高的藝術價值，它在繼承前代羅漢畫和羅漢塑像的基礎上，有所創造。既以豐富的想像力表現了不同年齡、性格、經歷的佛家弟子皈依佛法、修煉傳道的情況，又把現實生活中的喜怒哀樂熔鑄於羅漢形象之中，使這些塑像更富於情趣。例如，它表現「降龍」羅漢，就不同一般。三尊羅漢目光都對着對面柱頭上的蛟龍，「降龍」羅漢正在作法，神氣集中，狀貌威武，旁邊兩尊羅漢，一個表示欽佩，一個不屑一顧，組成了一幅生動的畫面。這些塑像，全是彩色漢服，衣褶流轉，層次分明，色彩鮮艷，質感很強。如右壁一尊諸天，用三個手指輕輕托起一塊經蓋（繡花絹帕），皺紋自然下垂，充分表現了絲織品輕柔、垂感強的質地特點。真是維肖維妙，具有亂真的藝術效果。前人對這些藝術成就早就十分推崇。明朝有個大燈和尚，寫了一首紫金庵羅漢歌：「金庵羅漢形貌雄，慈威嘻笑驚神工，當年製塑竭奇巧，支那國中鮮雷同。」

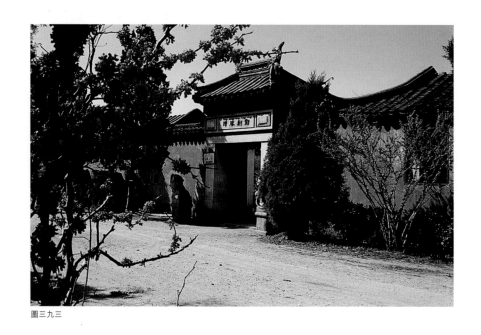

圖三九三

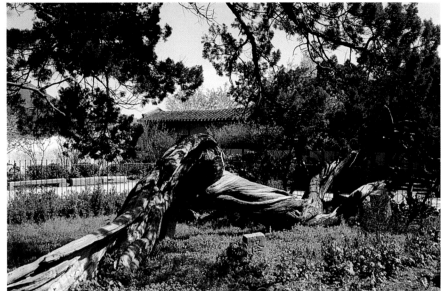
圖三九四

司徒廟：

圖三九三　光福鎮司徒廟。

圖三九四　怪柏。

圖三九五　古柏。

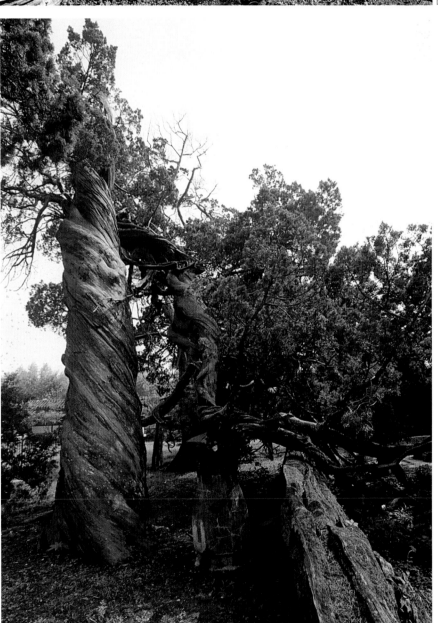
圖三九五

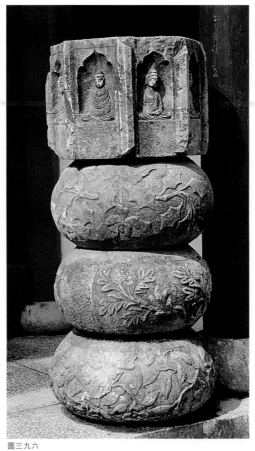

圖三九六

圖三九六　廟內保存的古青柱礎和
　　　　　石經。
圖三九七至三九九
　　　　　江南古鎮香火綿盛，廟
　　　　　宇道觀眾多。

圖三九七

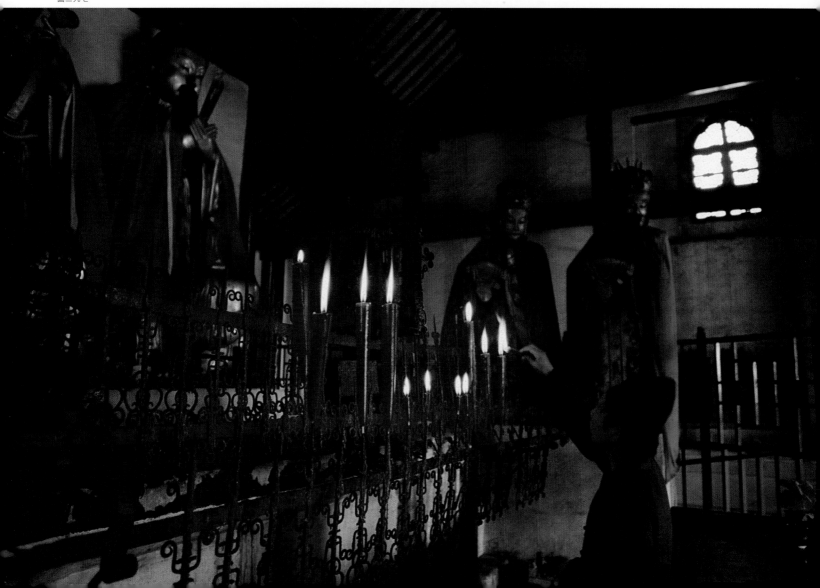

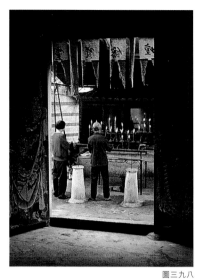

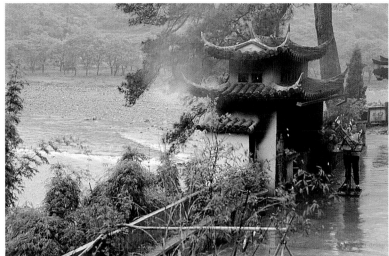

圖三九八　　　　　　　　　　　　　　　　　　　　圖三九九

保聖寺：

圖四〇〇　　用直保聖寺大門。

圖四〇一　　保聖寺民國初年大殿倒
　　　　　　塌，當時文化界名人蔡元
　　　　　　培等集資造此屋保護唐代
　　　　　　羅漢塑像。此屋已於1994
　　　　　　年被重新改建。本照攝於
　　　　　　1985年。

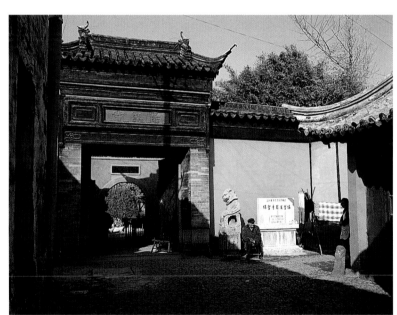

圖四〇〇

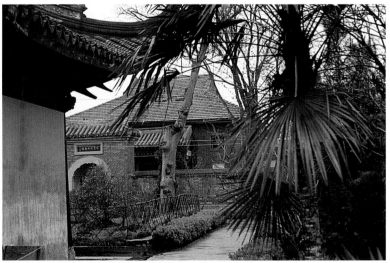

圖四〇一

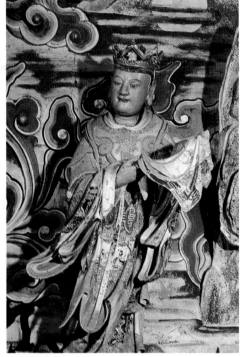

圖四〇二

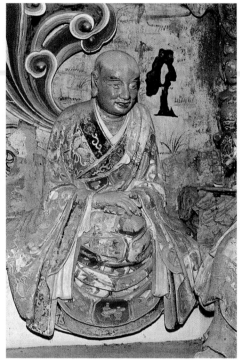

圖四〇三

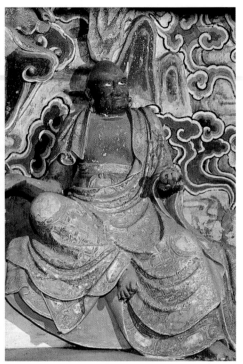

圖四〇四

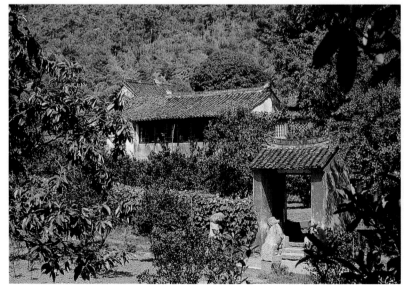

圖四〇五

紫金庵：

圖四〇二　庵中所藏唐代泥塑──
　　　　　二十諸天之一，三個手
　　　　　指輕輕托起一塊經蓋，
　　　　　泥塑絹帕竟如絲織錦繡
　　　　　一般輕柔飄逸。

圖四〇三　鷲峰山中阿氏多第十五
　　　　　尊者，盤膝而坐，專心
　　　　　聽經，似有所悟，面露
　　　　　喜色。面目表情把握得
　　　　　如此傳神。

圖四〇四　半渡波山那伽犀那第十
　　　　　二尊者比其他塑像略高
　　　　　一二寸，目光炯炯，直
　　　　　視柱頭蛟龍，左手托
　　　　　鉢，右手作法，表現了
　　　　　降伏獰龍的決心，俗呼
　　　　　之為「降龍」羅漢。

圖四〇五　紫金庵座落在花果滿
　　　　　山、綠樹環抱的東山。

書院、藏書樓

　　書院是我國古代教育中的一種獨特的辦學形式。「書者，五經六籍總名也」(《史記》)，「院者，取名於周垣也」(《玉海》)。書院在宋之前是一種藏書機構，到了北宋，大約公元1000年左右，出現了聚徒講學與皇帝詔賜《九經》，作為書院教學活動的開始，亦即書院兼具藏書與教育兩個部份，缺一不可。江南書院興盛於南宋，至明代中葉較其他地區發達，除了由於政治上的原因，即宦官專權，朝政腐敗，有識之士以書院講學形式抨擊時弊，還有經濟因素，蘇杭地區出現了資本主義萌芽，新的市民階層開始形成，並以書院為基地進行傳播。據地方志統計，明朝書院有1239所，長江流域就有646所，居第一位。江南書院的興盛，對江南文化的推動起着重要的作用，書院培養了大批文化名人，如王陽明、黃宗羲等，他們受業於書院，又傳教於書院。

　　中國的藏書之風源遠流長，晉以後由於以紙軸為書，藏書始盛。北宋全國藏書以四川、江西為最，南宋則以江浙影響最大，明清兩代刻書大盛，因而藏書亦更興盛。江南藏書的最大特點是個人收藏，並且往往藏書家即為刻書家，兩者相輔相成，促進了書業的發展。江南古鎮中現存最著名的藏書樓是南潯鎮的嘉業堂。

嘉業堂：

　　南潯是個詩書之鄉，出了許多飽學碩著之士，僅從清初到民初的280年中，可查考的學者就有450餘人，著作1200餘種，所以南潯的藏書家應運而生，這些人多是絲業富户的後代，有錢又愛文化。如以書畫鑑賞聞名的龐元濟，他收藏了宋、元、明大量善本書，其中不少是稀世珍寶。南潯建有許多藏書樓，著名的有「眠琴山館」、「密韻樓」、「六宜閣」、「夢坡室」等。其中最著名的是「嘉業堂」，樓主劉承干(1871-1963)，其父劉錦藻是清朝進士，清末曾任浙贛鐵路副總經理，祖父劉鏞，經營湖絲成富商，是南潯「四象」之一，劉承干繼承祖產，成了豪富。辛亥革命後，社會大變動，許多清朝官宦世家破敗，有大批古籍流入市場，劉承干既嗜書卷，又擁有錢財，就乘機收購了大批好書，他自稱歷時20年，費銀30萬兩，得書60萬卷，其中有宋代、元代刻本和明抄本、手稿本等，還有清代禁書多種，甚為珍貴。劉為此專門建造了私家藏書樓，樓位於南潯南柵西華家弄，建於民國9年(公元1920年)，民國13年建成，佔地20餘畝，書樓呈正方形，是迴廊式的兩層樓房，面闊七間，上下有庫房共52間。樓下有「詩萃室」、「宋四史齋」，樓上闢有「求恕齋」、「希古樓」、「黎光閣」等，均為藏書之所。後排正房，上懸清朝末代皇帝

題賜的「欽若嘉業」的金字匾額，書樓由此得名，此室也名「嘉業堂」。樓中為一大天井，地面石鋪平整，可供曬書之用。樓東側有平房三進名「抗昔居」，供貯書版、編校、會客用。樓外有花園，園中有荷花池、曲橋，有亭三座，環池點綴假山，其中有一峰，石有孔，人吹之發虎嘯之聲，名「嘯石」，上有清代大學士阮元題字。園內樹木茂盛，環境靜謐，實為讀書求學之佳處。

1933年以後由於整個絲業的衰落，劉家也隨之破產，嘉業堂的大量珍貴古籍有所散失，1951年劉承干將書樓連同剩下的藏書、書版，全部捐獻給國家。現嘉業堂成為浙江省圖書館的藏書樓，尚存書13萬餘冊，版片3萬餘片。以後又陸續購進大量版本，累計達20餘萬片。80年代初政府撥款重修，現已對外開放，可供學者查閱研究，也是觀光遊覽的勝地。

古鎮中的其他文教建築還有文昌閣，因崇文重教，所以文昌閣的位置也是經慎重選定的，現在能保存下來的很少。

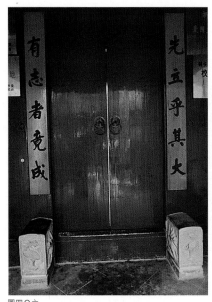

圖四〇六

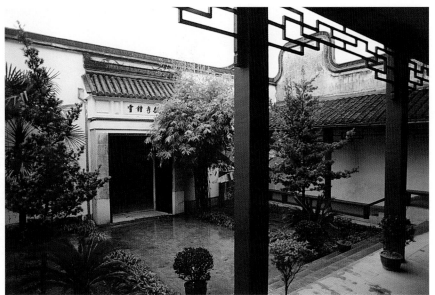

圖四〇七

立志書院：

圖四〇六　大門對聯點名校名含義，是辦學者清朝進士嚴辰手書。

圖四〇七　立志書院內院。

圖四〇八　建於清咸豐九年（公元1859年）的立志書院，院舍前後四進。清光緒年間廢科舉，它遂成為國民初等男子學堂。

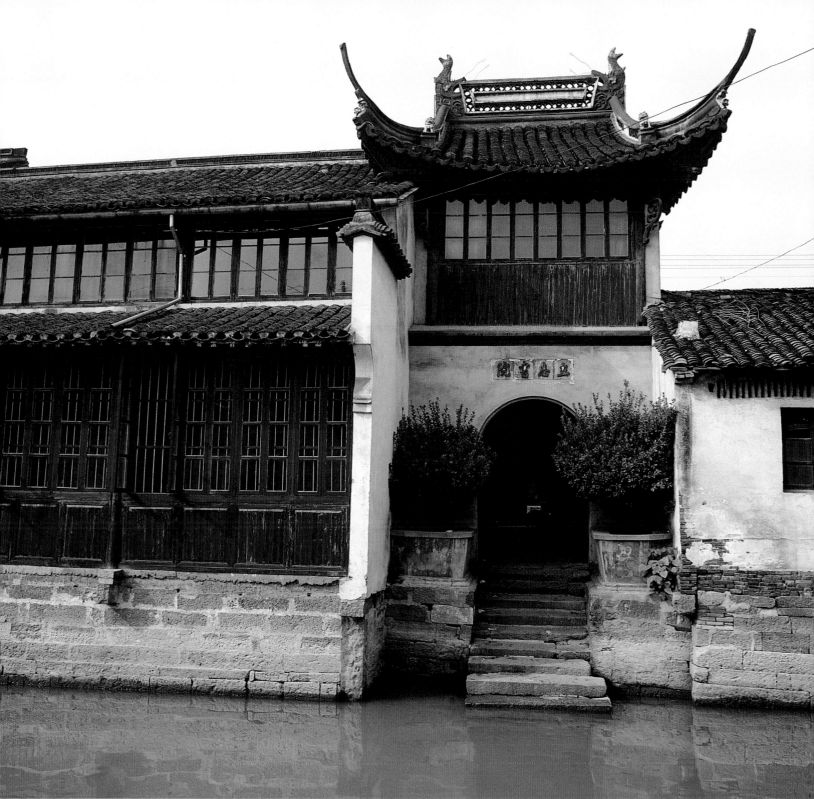

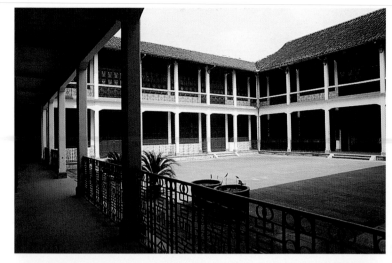

圖四〇九

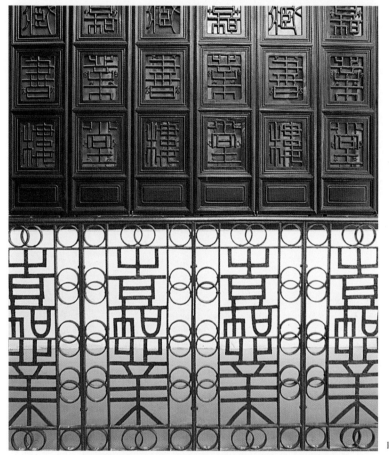

圖四一〇

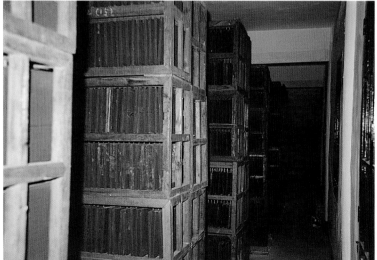

圖四一一

嘉業堂：

圖四〇九　藏書樓內院，圍合成四方天井，書室內敞亮，並為曬書提供了場地。

圖四一〇　欄杆和門窗都以「嘉業」做紋樣。

圖四一一　嘉業堂藏書版。

圖四一二　「欽若嘉業」是清宣統帝所題。

圖四一三　「詩草堂」內景。中間接待貴賓，兩邊陳列書版。

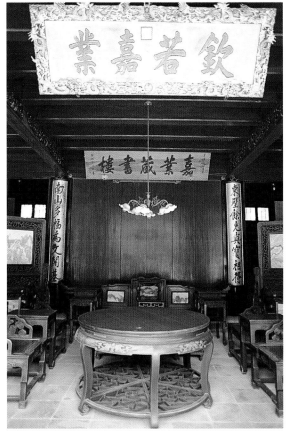

圖四一二

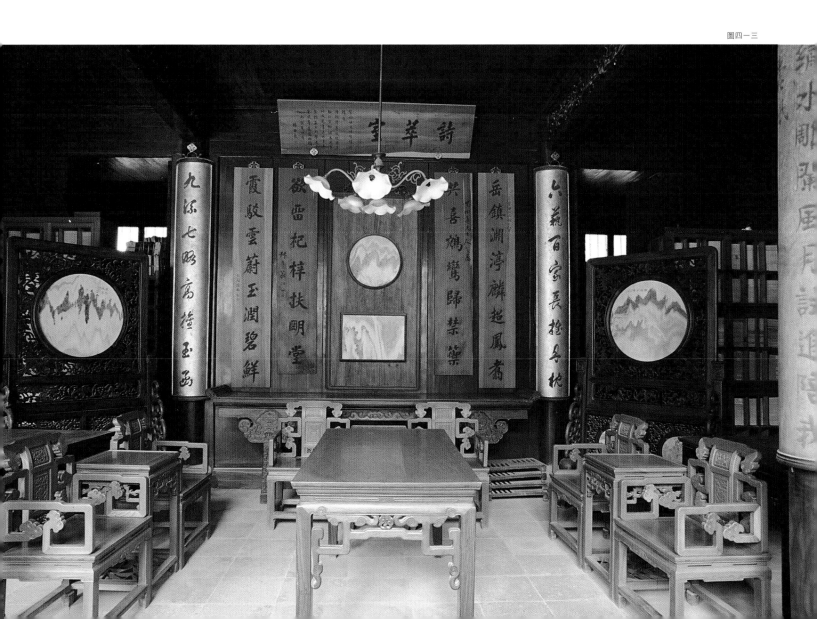

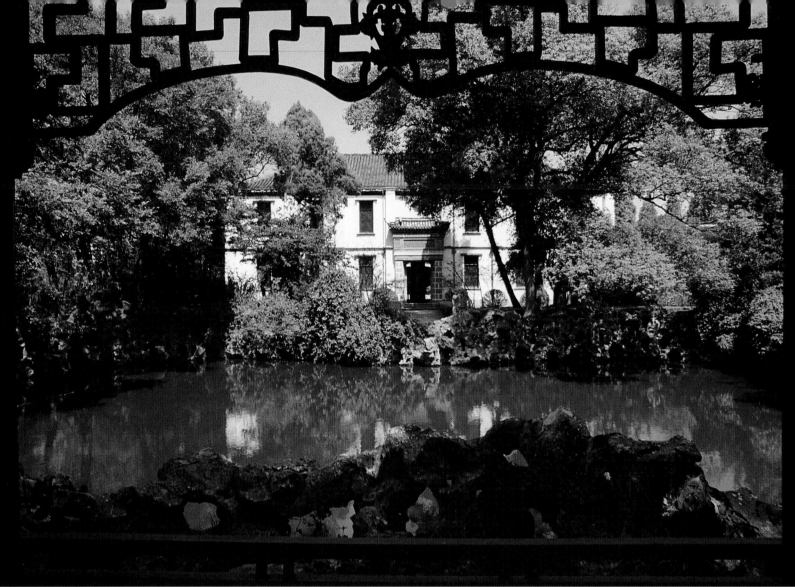

圖四一四

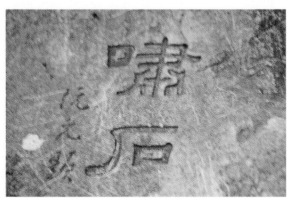

圖四一五

圖四一四　嘉業堂花園，鑿池疊石，
　　　　　清雅靜謐。
圖四一五　園中嘯石，因吹之發虎嘯
　　　　　之聲而得名，由清嘉慶、
　　　　　道光大學士阮元題名，為
　　　　　江南名石之一。
圖四一六　嘉業堂背弄。

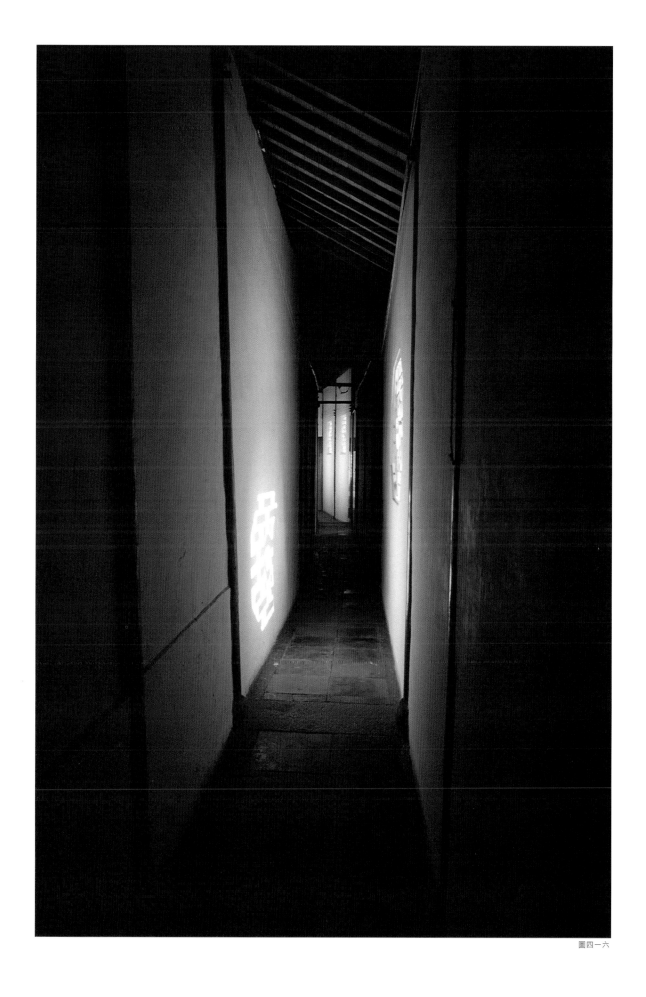

圖四一六

第五章　江南古鎮的保護和更新

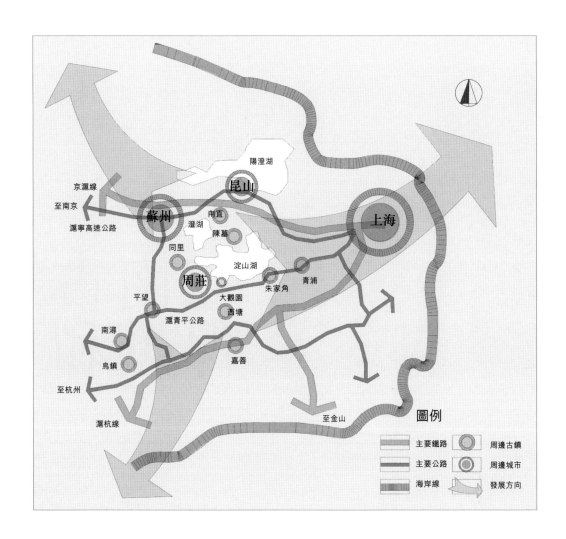

陽澄湖

昆山

京滬線

至南京

蘇州

冉直

滬寧高速公路

澄湖

陳墓

上海

同里

淀山湖

周莊

青浦

平望

大觀園

朱家角

西塘

滬青平公路

南潯

烏鎮

嘉善

至杭州

滬杭線

至金山

圖例

主要鐵路　　周邊古鎮

主要公路　　周邊城市

海岸線　　　發展方向

進入八十年代，傳統的江南古鎮面臨着經濟發展所帶來的嚴峻挑戰，以傳統的水系統為主的交通方式、三合院、四合院等低層居住形式、石板街、店舖等漸漸地被冷落；快捷的公路交通、多層新式公房、新型娛樂設施等現代化的城市生活方式吸引着城鎮居民。這種替代正以「推倒重來」的方式進行着。八十年代後期，它開始受到建築界人士和有關部門的關注，並制定了一些保護法規。進入九十年代，當大城市的人們突然湧入古鎮去尋找一份遠離喧囂的寧靜時，一些城市的有識之士為配合旅遊業興建了包括江南水鄉古鎮這一個微縮景觀的仿古建築群，而本土的古鎮卻一個個被推倒了。這種現象蘊含着一個深刻的問題：對一種生存環境和生活方式的肯定和否定。古鎮的格局是宜人的，但生活設施相對落後。它是否只是一種逝去的生活方式纏綿地留在我們的記憶中？

人們面對大城市急劇膨脹所帶來的複雜的城市病，開始冷靜思考中國的城市化道路該選擇怎樣的模式，各種對傳統城、鎮的研究和保護工作因而也得到更多的關注。昔日的江南古鎮，是今日的長江三角洲經濟發展區及其延伸地區。我們對此地區的研究工作自1985年來沒有中斷過。我們的祖先在這片沃土上創造了獨具特色的生存環境——精緻而富有詩意。這種創造是基於對自然環境的充分認識，是「與自然相和諧」的中國人的自然觀和生活哲學的產物，千百年來它得到了實踐的認可。我們認為應該保存的是這種實質。科學的生活環境的選擇是民族性、地域性、歷史性的綜合，從而必然形成鮮明的城鎮特色，這亦理應成為營建現代城鎮的重要原則。所以將傳統建築、歷史環境納入到現代和將來的生活中去，成為城鎮生活的一部份，新與舊有機地融合，創造一個既使江南古鎮那種富有特色的人居環境和歷史性文脈得以延續，又能符合現代化發展的需要和現代人物質、精神生活的需要的鎮的居住環境，是我們的目標。

在實際研究中，我們總結出三種保護與更新的模式，即完全保護型、局部保護型和整體更新型。但每一種模式的選擇都必須基於對古鎮的充分調研和性質論證，錯誤的選擇往往會導致保護工作的失敗。

完全保護型

1964年的《威尼斯憲章》規定：「文物建築在其存在過程中所獲得的一切有意義的東西都應該保留。」因此對於那些綜合價值評價較高，具有較強的歷史文化內涵，同時環境形態的完全性也相當高的古鎮，應該採取完全保護的措施，保護其生活環境、景觀環境、規劃佈局結構、造型及色彩形象等等。這種保護形式除了在文化價值方面，例如考古、審美以及建築借鑑具有資源性的保護外，更是為了積極地用其本身的資源來實現其使用價值，包括功能的延續，旅遊開發等，以鎮養鎮，使得城鎮的傳統成為其新的生命源泉。這種「活的博物館」的保護數量是極為有限的。目前採用這種保護形式的只有周莊、同里、西塘。現以周莊為例：

周莊鎮的規劃結構是將鎮區分為三部份：古鎮區、新區、工業區，其職能分工為：古鎮區為傳統歷史街區；新鎮區為行政中心；急水港以北地帶為工業區。限制機動車進入城鎮區，新老鎮區以一條環形道和南北市河相接，生活、交通相間而行。並在此基礎上疏解老鎮區人口，整治老鎮區環境。對老鎮區內的歷史遺存和傳統風貌，逐一評定，劃分為絕對保護區、重點保護區、一般保護區。對文物古跡、古建築、園林等，由保護單位負責，不允許隨意更動及改變原有狀況。其修繕工作必須在專家指導下按原樣修復，並有嚴格的審核手續。重點保護區是對絕對保護點的周圍環境的有效控制，也包括傳統街區，民居群落等保護區段。周莊絕對保護區為銀子浜沈萬三水底墓、雙橋、沈廳，在此範圍內的一切建設活動均要經城建和文物有關保護機構審核批准，建築物及各種設施的性質和內容不能與保護對象有衝突，並且在外觀造型、體量、高度和色彩都要與保護對象相協調。對於這些地段往往要做出詳細規劃，如周莊鎮的南、北市河的詳細規劃，以橋文化為主體景區，分別為「雙橋勝景」、「橋樓疊翠」、「曲橋煙雨」。一般保護區也稱環境協調區，在此範圍內的建築物和其他設施在內容、形式、體型、高度上盡量與所保護對象相協調，取得合理的空間和景觀過渡，以求較好地保護環境風貌。

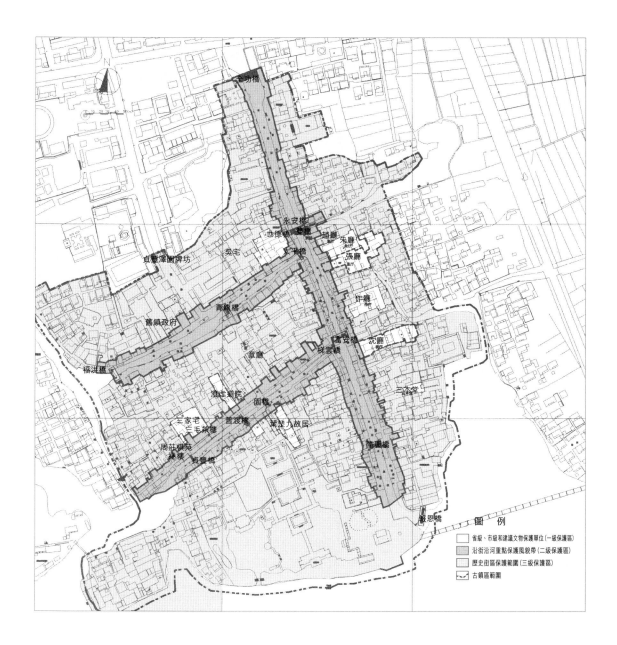

▲ 周莊古鎮區保護詳細
規劃保護範圍。古鎮區
共二百七十平方公里，
要求全面保護。古鎮範
圍內所有新建房屋與設
施均要與古鎮風格取得
一致。房屋層數不得超
過兩層；沿街沿河屬重
點保護風貌帶，所有房
屋不得隨意拆改。80%以
上要保持原樣，不得改
動原有的風貌，個別整
修的要經過審批；各級
文物保護單位、名勝古
迹，按文物保護法規要
求保護。

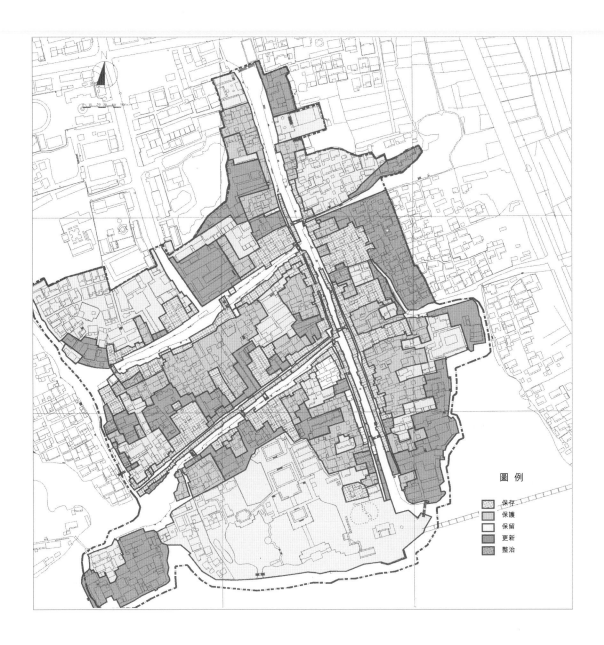

圖例

保存
保護
保留
更新
整治

▲ 周莊古鎮區保護詳細
規劃改造方式。

保存指文物保護單位及
名勝古迹，沿街沿河風
貌地帶，古鎮風貌完整
的地段，基本保持原樣
不變，修舊如故，以存
其真。

保護指對古鎮風貌依
存，但房屋破舊，或部
份不符，需作必要整
修、維護。

保留近年建造質量較
好，又不嚴重破壞風貌
的房屋。

更新指房屋嚴重破損，
嚴重干擾風貌，必須拆
除重建。

整治指對房屋內部功能
及格局進行調整。

局部保護型

此類城鎮分佈面廣，情況複雜，它們往往具有一定數量和質量的有價值的單體，並有一些比較明顯的地方特色，但是分散而不成氣候。如許多歷史巨鎮：南潯、烏鎮、震澤、千燈、陳墓等。在這些古鎮裏現代的生活要延續，新舊關聯的問題尤其突出，除了在形象、結構、空間上的新舊關聯外，使用功能新舊關聯更具有現實意義。

千燈鎮的古跡主要是建於梁天監二年的秦峰塔、曾出土有新石器時代文物的少卿山、明末清初著名學者顧炎武先生墓。此外千燈鎮的街道不僅具有典型的古鎮商業街的特色，而且2070塊青石板鋪設的街道蜿蜒逶迤，貫穿南北，獨具一格。民居橫向鱗次櫛比，縱向屋檐層層重疊，故里人稱之為「足下青石板，頭際一線天」。規劃便對此良好的基礎進行整治，恢復其原來的功能，並以長街來串聯秦峰塔、少卿園、顧炎武墓三個景區。

大量的古民居是古鎮風貌的基礎，民居又直接與古鎮居民的日常生活緊密相關，所以民居的更新與改建影響到古鎮的保護和更新工作的成敗。江南古鎮的民居是以三合院為基本單元，每個院落都是以正房的堂屋為生活活動地點。過去堂屋作為大戶人家的「起居室」，具有良好的通風採光條件，而現在多戶居住使其變為公共過道，或堆放雜物，或成為廚房。空間利

用的不合理造成住房的更加擁擠。我們在詳細規劃中提出了在現有條件下的改建方案：將宅院分為兩部份，前後進入，或側向進入，以天井聯繫每戶，同時，天井兼有解決日照、通風的功能，為居民尤其是老人和孩子提供戶外活動的場地。對於拆建更新的新街坊的設計也要體現水鄉風格。

整體更新型

對環境形態破壞嚴重，或者歷史價值不高，年代不悠久，風格不突出的古鎮，可以採取整體更新的方法，使其盡快地跟上地區經濟發展的進程。但是，對規劃和設計仍有如何保持江南水鄉城鎮特色的要求。我們要研究富有本地區特色的城鎮空間佈局手法、造型手段、技術工藝手段以及細部裝飾手段、色彩肌理等，也就是對傳統建築語言符號的提煉和運用，並與現代的科學技術相結合，創造一個既有地區傳統特色，又適合現代人居住的理想城鎮環境。

江南古鎮的形成，究其核心是「天、地、人」的和諧和秩序的完滿統一，它所折射出的整體形態、思維方法及綜合功能的價值觀，無疑是前人留給我們的一份寶貴財富。我們應該珍惜它，並從中尋找出一套如何保護古鎮，建立城鎮網絡新格局的合宜模式。這也是我們編著本書的旨意。

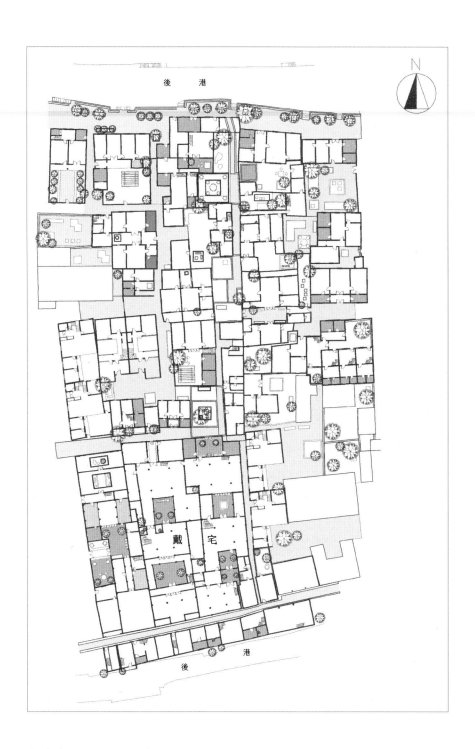

▲ 周莊戴宅地段底層平面規劃。戴宅為三落三進前店後宅臨街中型民居，與後港有小巷相通，其間多處已破損，規劃整治，老宅新居，庭院綠樹，曲徑通幽，展鄉民生活情趣，尋故宅流連佳境。

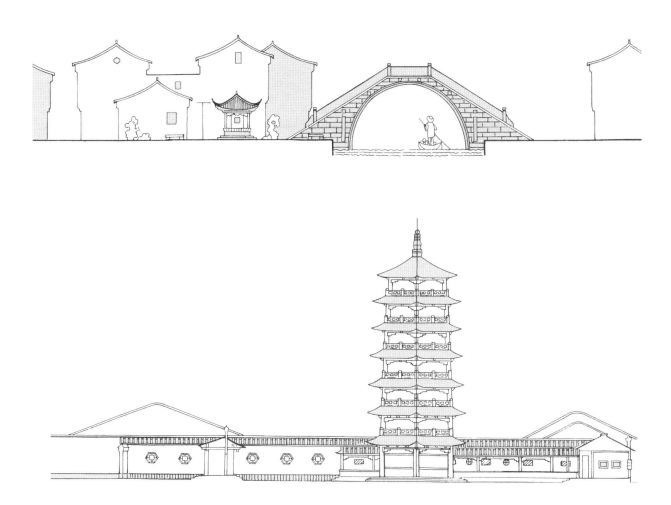

▲ 西塘古鎮旅遊景點設計——環秀橋（上圖）及七老爺廟塔院（下圖）。浙江省嘉善西塘鎮，自元代就形成市集。鎮內河渠縱橫，景色宜人：民間文化活動興盛，詩畫棋藝、杜鵑花栽培，名聲遐邇。保護古鎮，增設旅遊設施，此為橋、亭景點一例。

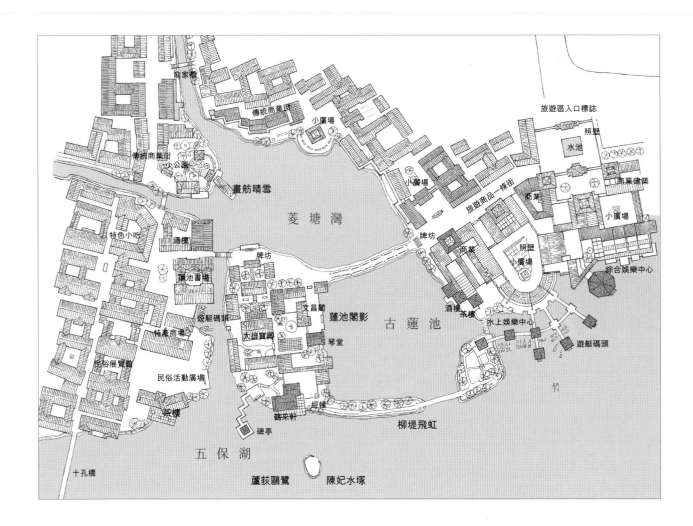

前家橋

傳統商業街

小廣場

旅遊區入口標誌

照壁

水池

商業建築

傳統商業街

小公園

畫舫晴雪

小廣場

旅遊商品一條街

商業

小廣場

特色小吃

酒樓

菱塘灣

牌坊

商業

照壁

小廣場

綜合娛樂中心

蓮池書墅

牌坊

文昌閣

蓮池閣影

古蓮池

酒樓

茶樓

遊艇碼頭

大雄寶殿

琴堂

水上娛樂中心

遊艇碼頭

特產商場

民俗展覽館

民俗活動廣場

茶樓

鶴來軒

經幢

碑亭

柳堤飛虹

五保湖

十孔橋

蘆荻鷗鷺

陳妃水塚

▲ 錦溪古鎮文昌閣古蓮
池保護及開發設計。

290

後記

　　我從60年代初，就對江南古鎮進行了調研。起先只是為這些優秀的鄉土建築和水鄉環境所陶醉。進入80年代以後，由於中國農村經濟的迅速發展，這些古鎮也發生了巨大的變化。許多佈局精巧、富有特色的古鎮遭到嚴重的破壞，大多數傳統江南民居變成了成排的小方洋樓，街上也成了一式的裝飾粗陋的洋式店面。河填了、橋拆了、水逐漸發黑發臭，傳統文化氣氛正逐漸消失。

　　我本着搶救優秀文化遺產的心願，找到了當時還屬於交通閉塞、經濟落後而風貌猶存的一些古鎮，進行調查、規劃，並且多方游說，上下疏導，力爭上級政府支持，促使當地領導實施這些規劃，這樣才總算保住了一些古鎮。如周莊古鎮今天已成為著名的旅遊勝地，古鎮的居民也得到很大的實惠。現在我們正和周莊一起制定新一輪的古鎮保護規劃，要完整地保護古鎮的歷史風貌、提高古鎮的旅遊質量、增強古鎮的文化內涵，並大力改善古鎮的生活環境。最令人欣喜的是，周莊古鎮的老百姓都支持這項新的

規劃，大家同心協力地維護古鎮的傳統特色，這就開始了良性循環，並且也引起了不少古鎮的仿效。

本書就是這些年來，我的研究和實踐成果的反映。我很欣賞三聯書店和上海畫報出版社的編輯們，尊重我的內容構架，而使本書具有學術的容量和導向的意圖。近年來中國的傳統民居和地方建築引起了人們的關注，也有不少有關的圖書陸續出版。但我覺得僅僅是紀錄、欣賞和介紹是遠遠不夠的，既發現其重要性，便應設法保護它，不使其遭到破壞，讓它得以保存下來，並進行合理的開發和利用。這項工作在當前是特別艱難的。但若不去做，這些好東西就會很快地消失掉，這種例子不是很多嗎？

本書的出版，有賴許多同人的合作和努力。金寶源和爾東強兩位攝影家為本書擔任主攝工作，攝影家馬元浩、周仁德、湯德勝諸位先生也為本書提供了照片。上海畫報出版社的張錫昌室主任和朱憶雯編輯極為認真，親自跑了許多古鎮。張錫昌先生還為本書寫了「編者的話」並補充了不少照片。書中許多插圖是我的日本留學生高村雅彥測繪製作的，他的碩士、博士論文在日本已出版，就是《中國江南水鄉城鎮研究》。本書中的御製「木棉圖」和御製「耕後圖」是秦煒立先生的藏品，「點石齋畫報」是張錫昌先生提供的，為我們展示了江南古鎮的古代風情。

同濟大學的潘洪萱教授、紹興縣副縣長齊寬明、周莊的莊春地、胥家興和顧根源，南潯的姚勉勉、方一飛和王永年，烏鎮的汪家榮、王高升，甪直的江水生，吳江的沈志剛，同里的蔣鏊清，嘉善的金運通，西塘的楊善崗、王世霖、鍾強以及張蘇予，無錫市的陸俊千，吳縣的潘新新等諸位先生，不僅在保護古鎮的事情上出了不少力，還為本書提供了許多寶貴的資料和很多的幫助，為此謹致以衷心的感謝。

邵甬是我的得力助手，古鎮的保護和研究，就要靠他們年青人持之以恆的努力。

僅以此書拋磚引玉，尚祈各方關心、指教。

阮儀三
一九九七年十月於同濟大學

作者簡介

阮儀三

1934年生於蘇州，1961年畢業於上海同濟大學建築系，是著名城市規劃、歷史文化名城保護專家。現為上海同濟大學建築與城市規劃學院教授及博士生導師、國家歷史文化名城研究中心主任、全國歷史文化名城保護專家委員會委員、建設部同濟大學城市建設幹部培訓中心主任、建築史學術委員會委員、城市更新學術委員會委員。代表作有：《城市建設與規劃基礎理論》、《小城市總體規劃》、《中國江南水鄉》、《舊城新錄》、《古城留迹》、《中國歷史文化名城保護與規劃》、《平遙——中國保存最完整的古城》及 "The Trace of China's Ancient Towns" 等。

邵甬

1971年生於寧波，1993年畢業於同濟大學城市規劃系，並於1996年取得碩士學位，論文題目為《江南水鄉歷史城鎮的研究》。現為在職博士生，在上海同濟城市規劃設計研究院工作。

參考書目

中國江南水鄉　阮儀三著　同濟大學出版社1995年版

水鄉名鎮南潯　阮儀三著　同濟大學出版社1993年版

中國の水鄉都市　陳內秀信編　日本鹿島出版社1993年版

蘇州民居　中國建築工業出版社1991年版

浙江民居　中國建築技術發展中心建築歷史研究所　中國建築工業出版社1984年版

華夏意匠　李允　廣角鏡出版社1984年版

吳縣風物　李洲芳著　天津科技出版社

蒯祥與香山幫建築　吳縣政協編　天津科技出版社

明清江南市鎮探微　樊樹志著　復旦大學出版社1990年版

吳越文化　張荷著　遼寧教育出版社1992年版

越史叢考　蒙文通著　人民出版社1983年版

百越民族史論集　百越民族史研究會編　中國社會科學出版社1982年版

中國地方志集成・鄉鎮志專輯6、12、13、22上/下　江蘇古籍出版社、上海書店出版社

江蘇省名鎮志　江蘇省地方志編纂委員會編　江蘇古籍出版社

浙江省名鎮志　上海書店出版

吳江縣志　吳江市地方志編纂委員會編　江蘇科學技術出版社1994年版

清嘉錄　〔清〕顧祿撰　江蘇古籍出版社1986年版

百城煙水　〔清〕徐崧、張大純纂輯　江蘇古籍出版社1986年版

江南水鄉古鎮周莊　昆山縣周莊文史徵集組

桐鄉文史資料第六輯　桐鄉縣政協文史資料委員會

同里景區簡介　太湖風景區

浙江文史專輯　浙江人民出版社

周莊鎮志　上海三聯書店